数字普惠金融发展的影响研究

赵红丽　李静珂　黄咏梅　著

Wuhan University Press
武汉大学出版社

图书在版编目（CIP）数据

数字普惠金融发展的影响研究 ／ 赵红丽，李静珂，黄咏梅著．— 武汉 ： 武汉大学出版社，2024.3

ISBN 978-7-307-23908-1

Ⅰ．数… Ⅱ．①赵… ②李… ③黄… Ⅲ．数字技术－应用－金融业－研究－中国 Ⅳ．F832-39

中国国家版本馆 CIP 数据核字 (2023) 第 153511 号

责任编辑：周媛媛 责任校对：牟 丹 版式设计：文豪设计

出版发行：武汉大学出版社（430072 武昌 珞珈山）

（电子邮箱：cbs22@whu.edu.cn 网址：www.wdp.com.cn）

印刷：三河市京兰印务有限公司

开本：710×1000 1/16 印张：14.75 字数：240 千字

版次：2024 年 3 月第 1 版 2024 年 3 月第 1 次印刷

ISBN 978-7-307-23908-1 定价：68.00 元

前　言

近些年来，数字普惠金融的快速发展为我国的经济发展带来了诸多影响。普惠金融是数字普惠金融形成的基础，因此对数字普惠金融发展进行研究需要明确对普惠金融的认知。但关于普惠金融的定义长期以来一直未能形成统一。2015年，国务院首次明确了普惠金融的定义，即立足机会平等要求和商业可持续原则，以可负担的成本为有金融服务需求的社会各阶层和群体提供适当、有效的金融服务。相较于一般金融，普惠金融所强调的是面向更为广泛的服务对象，付出更低的金融产品成本。因此，普惠金融对于我国而言能够为农村地区居民、中小企业、低收入群体及老年人群体提供金融服务。同时，普惠金融在面向更为广泛的服务对象时，所提供的金融产品或服务具有成本更低、更加容易获得、产品或服务更为丰富等优势。另外，普惠金融强调不同阶层获得金融服务的平等性，正是基于这一特点，普惠金融相较于传统金融存在更大的风险。具体来看，数字普惠金融的发展使得金融服务对象更加大众化，包括农民和小微企业。通过数字化技术的应用，农民和小微企业可以更便捷地接触各种金融产品和服务，例如移动支付、小额贷款等。这无疑为他们的经济发展和生活提供了更多的便利和机会。正是由于普惠金融逐渐实现了数字化转变，能够在更大范围内向更多群体提供更为便捷的金融服务，因此，数字普惠金融在线上金融的基础上，通过大数据、云计算等技术打破金融之间存在的各种障碍，缩短用户获得金融服务的时间，降低人工成本，精简业务流程，最终提升金融服务的整体质量与效率。比如第三方支付的形成和发展使每笔支付需要付出的成本降低至两分钱，而互联网理财产品最低可以一分钱起投；再比如网络借贷不仅有着更低的利率，同时也不需要提供抵押物。

同时，数字普惠金融的发展推动了金融服务提供者的多元化。以往，传统金融机构主导金融服务的提供，缺乏多样性和个性化。但随着数字化技术的发展，新兴的金融科技公司和互联网金融平台兴起，为金融服务注入了新的活力和创新性。这些公司和平台能够根据不同群体的需求，提供个性化的金融产品和服务，满足用户多样化的金融需求。另外，数字普惠金融的发展使得金融服务的覆盖范围更加普遍化，包括低收入群体和农村居民。在传统金融体系下，由于各种因素的限制，低收入群体和农村居民常常面临金融服务的难题。而通过数字化技术的应用，他们可以轻松地进行移动支付、转账，甚至可以在手机上办理贷款等金融业务。这为他们提供了更多的金融选择和机会，可以帮助他们摆脱贫困，实现经济独立。数字普惠金融的发展也需要金融机构优化自身的金融服务内容，以提供多样化的金融服务。传统金融机构在数字化转型过程中，需要更新技术设备、建立新的服务模式，并加强风险管理和法律监管等方面的能力。只有这样，才能更好地满足不同群体的金融需求，促进经济的发展和社会的进步。

随着我国数字化基础设施建设的不断完善及相关信息技术的快速发展，数字普惠金融在业务方面快速扩张。第46次《中国互联网络发展状况统计报告》显示，截至2020年6月，我国网民规模已达9.4亿，较2020年3月新增网民3625万，互联网普及率达67%。在网络覆盖率不断提升的过程中，民众接入网络的门槛不断降低。整体上来看，我国互联网提速降费相关工作取得了一定进展，我国居民使用网络的成本不断下降。正因如此，数字普惠金融才获得了良好的发展机会，用户群体和业务不断扩大。

本书主要通过八章内容对数字普惠金融发展的影响进行分析，其中第一章主要进行相关理论概述，同时阐述了当前我国数字普惠金融的发展历程和现状。第二章主要分析了数字普惠金融发展过程中的影响因素，明确了哪些因素会对数字普惠金融的发展产生影响。第三章到第八章分别探究了数字普惠金融发展对我国经济高质量发展、区域经济增长、城市与农村收入差距、城乡居民消费差距、城乡居民消费支出及城乡居民风险金融资产配置等方面产生的影响，并且每一章都提出了相应的对策建议。

本书虽然经过不断修改和完善，但不足之处难免，恳请各位读者指正，笔者不胜感激。

目　　录

第一章　理论概述

数字普惠金融是一种新兴的金融服务形式，它借助数字技术和互联网平台，为传统金融无法覆盖的人群提供更加便捷、低成本、高效率的服务。对数字普惠金融相关理论进行分析不仅有助于深入了解数字普惠金融的本质特征、市场机制和发展趋势，还能够揭示数字普惠金融在区域经济增长、金融创新与稳定等方面的作用和意义。此外，对数字普惠金融相关理论的分析也能够为政策制定者提供借鉴和参考，帮助他们更好地推动数字普惠金融发展，实现金融普惠化和社会包容性的目标。

第一节　相关概念解析

数字普惠金融相关概念涉及多个领域，只有通过深入分析这些概念的内涵和外延，才能更好地理解数字普惠金融对社会、经济、金融等方面的影响，从而为数字普惠金融的发展提供有效的支撑和指导。同时，对数字普惠金融相关概念进行分析也能够帮助人们更好地认识数字普惠金融的内在逻辑和运作机制，提高数字普惠金融服务的质量和效率，推动数字普惠金融向更加广泛、深入的方向发展。因此，对数字普惠金融相关概念进行解析是了解数字普惠金融的必要基础。接下来我们将深入探讨数字普惠金融的相关概念，以更好地理解这一领域的理论基础。

一、普惠金融与互联网金融

（一）普惠金融

2015 年 12 月 31 日，国务院在《推进普惠金融发展规划（2016—2020 年）》中指出：普惠金融是指立足于机会平等要求和商业可持续原则，以可负担的成本为有金融服务需求的社会各阶层和群体提供适当、有效的金融服务。相较于一般金融，普惠金融所强调的是面向更为广泛的服务对象，降低金融产品成本。因此，普惠金融对于我国而言，能够为农村地区居民、中小企业、低收入群体及老年人群体提供金融服务。同时，普惠金融在面向更为广泛的服务对象时，所提供的金融产品或服务具有成本更低、更加容易获得、产品或服务更为丰富等优点。另外，普惠金融强调不同阶层获得金融服务的平等性——正是基于这一特点，普惠金融相较于传统金融存在更大的风险。

（二）互联网金融

互联网技术的快速发展为社会各个行业带来了新的发展机遇，同时也促进了不同行业之间的融合。互联网金融是互联网技术和金融相结合的产物，具体指的是在互联网等技术的支撑下促使资金实现融通的新型金融模式。互联网金融这一名称是在我国国内所形成的概念，在国外被称为数字金融。在互联网金融发展过程中，互联网支付、数字理财、数字保险相继诞生，并且这些新的金融形式形成了新型的金融服务业态。由于互联网本身具有覆盖范围广、传播速度快及不受时空限制等优点，因此在和传统金融进行融合的过程弥补了传统金融存在的不足，使其获得了多方面的优势，如交易成本降低、业务处理效率提升等。任何一种优势都促使更多的金融需求者可以获得金融服务，因此可以说互联网金融为普惠金融提供了更多的保障。

二、数字普惠金融

数字普惠金融脱胎于普惠金融，是普惠金融的升级。普惠金融又被称为包容性金融，这一概念最早是联合国在2003年提出的，于2005年传入我国并逐渐发展。2013年，党的十八届三中全会明确提出了要发展普惠金融。2015年，国务院首次对普惠金融进行了明确定义。随着互联网、大数据等先进数字技术的快速发展，金融领域的交易模式和服务模式得到了很大程度的优化。在我国进一步进行数字化改革的背景下，为了能够促使普惠金融快速发展，2016年，数字普惠金融被二十国集团（G20）列为重要议题之一。经过多轮会议交流讨论，G20各方对该议题达成了高度一致，顺利起草了多项数字普惠金融相关成果，并提交G20杭州峰会讨论通过。此次峰会也给出了数字普惠金融的定义，具体为：泛指一切通过使用数字金融服务以促进普惠金融的行动。在此次峰会之后，世界数字普惠金融的发展进入了新的发展阶段。数字普惠金融是普惠金融和数字技术的结合。需要注意的是，数字普惠金融不仅充分反映了数字技术对普惠金融发展的促进，而且反映了数字技术在与普惠金融融合的过程中对普惠金融的重塑。正是由于数字技术和普惠金融的相辅相成，才促使数字普惠金融能够充分发挥其应有作用。从整体上来看，数字普惠金融相较于传统金融具有以下几方面特点。

第一，数字普惠金融在数字技术的支撑下充分发挥了普惠作用，打破了时空限制和传统金融服务中存在的二八定律，整体上实现了对不同地区、不同层次及不同群体的覆盖，使金融覆盖广度大大提升。

第二，数字普惠金融弱化了金融的中介作用，降低了金融交易过程中的成本。一方面，数字普惠金融具有突出的数字化特点，并且可以通过互联网平台大范围提供互联网产品和服务，大大增强了金融服务的便利性，金融机构获得客户更加便捷，需要投入的成本更低。另一方面，在数字技术的支撑下，数字普惠金融的市场门槛大幅降低，更多的资金可以进入数字普惠金融市场，使资金成本进一步降低，进而促进金融交易成交率的提升，最终实现降低金融交易成本的目标。

第三，数字普惠金融在大数据、人工智能等技术的支撑下，实现了对各种金融风险的精准识别，从而降低了信息不对称所带来的各种金融风险。一方面，数字普惠金融在大数据技术的支撑下可以对相关数据进行搜集和分析，然后在这些信息中掌握资金需求者的实际情况，并进行精确匹配，从而降低信息不对称所带来的风险。另一方面，在大数据和人工智能等技术的支撑下，金融机构所进行的资金供给与资金需求者之间、风险与收益之间实现了更高的匹配度，从而提高了风险管理效率。

从总体上看，数字普惠金融就是一种以普惠和精准为基础与核心，在对成本进行控制实现可持续发展的基础上，通过各种数字技术为社会各阶层、各地区及不同群体提供金融产品和金融服务的新的金融形式。

第二节 理论基础

一、金融发展理论

传统经济理论更加侧重研究劳动、土地及技术等因素对经济发展所带来的影响，并没有将金融纳入其中进行分析。

在 20 世纪 60 年代末期，一批西方经济学家开始研究金融与经济之间的关系，由此开始才逐渐诞生了金融发展理论。自此之后，金融和经济发展之间的关系成了学术领域的重要研究课题之一。发展至今，金融发展理论已经形成了较为完善的体系，包括金融结构、金融深化及金融功能发展等方面的理论。其中，金融结构理论认为金融的发展表现本质上来看是金融结构的变化，并且指出金融结构主要指的是存在于金融市场中的各种工具、机构等。在金融结构理论发展过程中，其提出者雷蒙德·戈德史密斯（Raymond W. Goldsmith）还对全世界 35 个国家 100 多年的金融发展数据及经济发展资料进行了实证分析，发现在经济发展的过程中，不同阶段的金融结构会表现出不同的特点。同时，雷蒙德·戈德史密斯还使用金融相关比率去衡量一个国家金融的整体发展水平。最终他发现金融相关比率越高，则金融在经济方面的渗透度越高，同时在经济发展过程中金融所产生的作用越大。

金融深化理论于 1973 年被提出，也被称为金融自由化理论。金融深化理论认为世界范围内的所有发展中国家都存在较为明显的金融抑制现象，具体表现为这些国家存在利率管制、歧视性的税收政策及高准备金率等。金融深化理论认为这些问题都会阻碍金融市场的发展，甚至在严重时会扭曲整个金融市场，从而导致金融市场难以发挥其对资源进行合理配置的功能，最终阻碍经济的发展。其中，利率管制往往会导致一个国家金融市场的存款利率及贷款利率被人为压低，而较低的存款利率必然会打击储蓄者的存款积极性，较低的贷款利率则会刺激更多人贷款，这样就会导致整个金融市场供需失衡。在这样的情况下，政府往往会通过实施信贷配给对信贷进行管控，但是在这一过程中，政府往往倾向于按照自身的实际情况及偏好对信贷资金进行分配，这样就会导致市场规律无法发挥其应有作用，同时也容易滋生滥用权力的问题。因此，金融深化理论认为政府不应该通过各种方式对金融体系进行管制，而应该在合理的范围之内保障金融实现自由发展，这样才能够充分发挥金融市场的应有作用。

金融功能发展理论于 20 世纪 90 年代初期被提出。该理论从金融的基本功能出发讨论和分析了金融功能对经济发展带来的影响。同时设计了能够对金融功能进行衡量的指标，比如 bank 指标等。

新制度金融发展理论于 20 世纪末期被提出。该理论的出现开创了金融研究的新领域和新方向，在此之后越来越多的经济学家开始研究文化、法律和政治等方面对金融发展及经济发展所带来的影响。该理论认为在任何一个国家，法律体系越完善、社会信用程度越高、政治环境越稳定，那么，金融发展对经济发展所产生的促进作用就越明显，同时金融本身也会拥有更快的发展速度。

随着新制度金融发展理论的出现，社会因素被纳入金融发展和经济发展的分析框架中，这标志着金融发展理论研究进入了新的发展阶段。

二、金融排斥理论

1993 年，金融排斥这一概念被提出，指的是在经济社会中，部分社会群体无法获得金融服务的状态，也可以认为社会中一部分群体处于无法获得足够金融服务的状态。在金融排斥中，主要包含两种类型：第一种是处于被排斥状态中的群体无法接近及获得金融服务；第二种是处于被排斥状态中的群体在接近和获取金融服务的过程中需要突破诸多限制和阻碍，即需要付出更多的成本才能够获取金融服务。整体来看，金融排斥是一个较为复杂的概念，其中包含多方面内容，比如地理排斥、评价排斥、条件排斥、价格排斥等。如果一个群体处于金融排斥的环境中，那么这一群体的金融需求就难以得到满足，甚至其中还会有部分个体被完全排除在金融体系之外，使金融服务无法满足社会民众的实际需求。产生金融排斥存在诸多原因，整体上可以从需求和供给两个方面进行分析。首先，从需求者的角度来看，存在金融服务需求的需求者往往有不同的家庭收入情况或生产经营情况，所以不同的需求者会表现出不同的需求特点，这样就使金融机构在向这些需求者提供金融服务的过程中，首先会考虑这些需求者本身所有的财富及信用记录，这些方面都会导致金融机构对一些有正当金融需求的群体产生金融排斥。比如，一些金融需求者由于没有信用方面的信息，本身的资产也相对较少，那么金融机构往往不会向这类需求者提供金融服务。从供给的角度来看，一方面，金融机构为了控制风险，往往不会向中低收入群体提供金融服务；另一方面，金融机构在向低收入群体提供金融服务时，需要投入更多的服务成本，这一点与金融机构的逐利性相违背。因此，金融机构会对这些群体进行金融排斥。总之，金融排斥会给受到排斥的金融需求者带来诸多不利影响。

三、数字经济理论

数字经济理论是研究数字技术如何改变经济发展活动的理论。从目前来看，数字经济方面的研究成果更多集中在通过数字技术降低各种成本这一方面。数字经济活动能够促使五种经济成本得以降低，具体为搜索成本、复制成本、运输成本、追踪成本及验证成本。从搜索成本来看：搜索成本指的是在查找相关信息过程中付出的成本，每次进行信息收集都会涉及搜索成本。随着数字技术的发展，不仅信息搜索成本得以降低，而且促进了金融市场的发展。主要原因在于搜索成本的降低意味着消费者能够通过搜索更快找到自己所需的产品，并且付出的成本较低。在这种情况下，必然会使产品的销售量增加，这就是长尾效应。同时，由于搜索成本的降低，消费者往往会通过信息搜索来对比商品的价格，这样就能够为同类商品的价格带来更大的下行压力，从而降低产品的整体价格。另外，在较低搜索成本的基础上，各种大型数字平台能够更好地进行交易。从复制成本来看：存在于互联网中的商品相较于其他商品最大的区别在于，存在于互联网的商品是一种非竞争性商品，具体为这种商品不论是在数量还是质量方面，都可以在被一个人消费的同时不影响其他人消费。所以，在不考虑法律和技术影响的情况下，任何一个人都能以几乎为零的成本对信息进行复制。另外，低复制成本促使数字经济形成了边际效应递增和递减的特点，这就促使数字经济在聚集冷门商品的分散用户过程中，通过较低的边际成本去打开更大的市场，从而形成绝对优势。

具体来看，数字经济促使相关企业和服务商改变了自己原来的经营模式，通过使用新手段形成新的增长点。从运输成本来看：相较于低成本或无成本的复制而言，所有人都可以将存储的信息传输到互联网，并且这一过程的成本也接近于零。一些学者认为，信息成本的降低必然导致不同主体之间的距离为零，同时也会促使孤立的个人或企业有更多机会融入全球市场，还能让农村的消费者在互联网的支撑下去获得各种金融产品和金融服务。还有一些学者认为，在运输成本降低的大背景下，任何一个地区的企业或个人都可以进入全球供应链中进行生产或销售。除此之外，数字经济还打破了以往的创业模式，具体为：在以往的创业中需要投入较多的物质资料，但在数字经济中的创业者更多的则是依靠技术和创新创业，不仅降低了创业的门槛，还能为更多人提供创业的机会。从追踪成本来看：数字技术的快速发展使追踪客户的成本大幅降低，这样有利于实现信息增值。所以在当前，各种以大数据核心资源、云计算技术为基础的经济发展方式成为很多国家的重要发展方式之一。从验证成本来看：除跟踪成本下降外，数字技术的快速发展也让各种验证更加容易，并且在其发展过程中形成了数字声誉。比如，以往由于没有相关技术支撑，企业往往需要依靠不断提升产品质量来形成自己的品牌声誉，从而获得客户的信任。但是在数字经济背景下，一家企业会涉及众多的供应商，且这些供应商和潜在客户之间并不熟悉，这样就导致对于大部分中小企业来说，建立品牌声誉对其自身发展已不再有效。同时，企业需要建立自己的数字声誉，其中一种最为常见的方式就是在线评级系统，将买家和卖家的评级展示出来，以此来为其他的消费者或市场参与者提供参考。

数字普惠金融的发展正是得益于上述五种成本的降低。数字技术使基于互联网所产生的供应商开始为长尾市场提供金融服务，从而使农村地区或偏远地区的居民也可以在互联网的支撑下获得相关的金融产品和金融服务。

四、长尾理论

长尾理论由美国学者克里斯·安德森（Chris Anderson）于 2004 年提出。该理论指出，小众群体在一定条件的帮助下能够成为企业获得利润的重要支撑和来源，所以对于企业而言，应该在经营过程中重视这些小众群体，并且需要通过各种方式对这些小众群体进行开发，从而充分满足这些小众群体的实际需求。从整体来看，长尾理论的基本思想就是在充分满足边际成本不断下降的基础之上，通过不同的小众市场需求最终成为能够与主流市场相匹配的力量。

第三节　我国数字普惠金融发展历程及现状

数字普惠金融是一个较新的概念。为了能够更好地进行关于数字普惠金融的研究，需要对数字普惠金融的发展历史及现状进行全面的梳理和细致分析。普惠金融这一概念最早是联合国在 2003 年提出的，大部分国家高度重视和发展普惠金融，制定了各种可以促进普惠金融体系建设的政策与措施。从我国来看，也在普惠金融这一概念提出之后出台了相关支持政策，以此来推动普惠金融的发展。但是，由于我国的传统金融机构在进行普惠金融发展的过程中，无论是在业务渠道方面，还是在模式创新、商业可持续性发展等方面都遇到了诸多困难，存在多种暂时无法有效解决的问题，从而导致普惠金融发展受到阻碍。在后续的发展过程中，随着互联网技术的快速发展与互联网行业的快速扩张，数字信息技术逐渐在普惠金融领域得到广泛应用。正是在这种情况下，数字普惠金融应运而生。普惠金融和数字技术的结合促使普惠金融业务开始快速增长，并且打破了原来的发展形式。数字普惠金融是一种基于数字信息技术所形成的新式普惠金融形式，相较于传统金融具有高效率、低成本与强风控的优势，无论是在消费、保险服务、金融理财，还是在转账支付等方面，都得到了广泛应用。发展至今，数字普惠金融经历了多个发展阶段，并且数字普惠金融所覆盖的领域也在不断扩张。下面主要对数字普惠金融的整体发展历程及现状进行详细介绍与分析。

一、我国数字普惠金融的发展历程

（一）数字普惠金融的多阶段发展

数字普惠金融的发展建立在数字信息技术发展与革新的基础之上。随着各种新的数字信息技术（如大数据技术、人工智能技术等）在各个领域中的应用，数字普惠金融实现了多阶段发展。从数字信息技术和普惠金融融合方面来看，可以将数字普惠金融的发展分为四个阶段：第一个阶段是信息化阶段；第二个阶段是电子化阶段；第三个阶段是互联网金融阶段；第四个阶段是高度融合快速发展阶段。其中，在信息化阶段，数字普惠金融的主要发展特征为，通信和信息科技促使普惠金融开始进入全球化发展，并且主要是现代通信业在普惠金融领域中的应用。在电子化阶段，数字普惠金融的主要发展特征为，更加重视数据库技术的应用，并且服务范围、管理范围得到了一定程度的扩大，水平也在不断提升。在互联网金融阶段，数字普惠金融的主要发展特征为，以互联网技术为支撑，形成了更多新业务模式和新业态形式。此时，普惠金融无论是在覆盖面还是在服务精准程度方面都获得了大幅度的提升，同时标准化体系建设也处于不断完善的过程中。在高度融合快速发展阶段，数字普惠金融的主要发展特征为，主要以大数据技术、云计算技术及人工智能技术等为基础进行发展，大幅提升了传统金融机构的效率，同时也促使普惠金融实现了飞跃式的发展。

从目前来看，我国的数字普惠金融发展正处于互联网金融阶段。在这一阶段，我国的数字普惠金融主要体现以下几方面特征：第一，数字普惠金融的覆盖范围不断扩大。在移动互联网及各种客户端的支撑下，数字普惠金融逐渐打破了对线下各种载体的依赖，实现了即使在没有任何网点的地区也能获得金融服务或产品的目标。第二，数字普惠金融的客户群体大众化、金融服务个性化。互联网信息技术的快速发展及运用使长尾市场的边际成本不断降低，长尾人群也能更好地获得金融产品或金融服务。第三，在大数据、云计算等技术的支撑下，数字普惠金融实现了更快、更准确的风控。数字普惠金融可以通过各种交易信息及用户的行为数据，判断出不同客户的整体信用状况，并为不同客户提供不同的金融产品或服务。通过这一过程，数字普惠金融的风险防控能力得到提升。同时，对客户使用信息的数字化处理还可以有效加快金融产品或服务的提供速度，这样就促使长尾市场中的全体客户都能获得相同的信贷服务。第四，当前数字普惠金融的交易成本不断向低龄化方向发展。在数字普惠金融的模式下，金融服务的提供方和需求方都可以通过基于互联网的各种平台来实现信息的交流沟通及供需配对，这样就减少了金融机构线下提供金融服务和产品的支出，从而降低了金融经营和交易方面的成本。

（二）服务提供主体多元化

1. 传统金融机构业务互联网化阶段

从服务主体方面来看，我国数字普惠金融的发展可以分为两个阶段。在数字普惠金融发展过程中，初始阶段是互联网技术和金融机构业务开始融合的阶段。在这一阶段，传统金融机构为了降低自身成本，需要减少线下网点在人员及设备方面的支出，所以开始将自身的金融业务和互联网技术进行融合，然后通过网上银行或手机银行等方式向客户提供金融服务和产品。互联网信息技术的快速发展及与传统金融机构的融合，使传统金融机构的各种金融业务逐渐向线上转移，从而降低传统金融机构在线下的运营成本。同时，互联网信息技术和金融机构的融合也使传统金融机构的金融服务效率大大提升，比如在支付、账单查询、转账等方面的办理时间都得到了有效压缩。正是由于互联网技术的发展，传统金融机构的线下营业网点不再过于依赖一对一的服务模式，而是开始转向平台化服务模式，任何客户都可以通过各种互联网平台找到自己所需要的金融服务，从而满足自身的实际需求。这样在服务效率得到提升的同时，也降低了线下网点进行金融服务的成本。另外，在我国农村地区和偏远地区，由于基础设施方面存在各种问题，再加上人口分布较为分散，传统金融机构往往不愿在这些地区开展金融业务，主要是因为这些地区需要传统金融机构投入更多成本，同时也无法助力传统金融机构实现可持续发展。但是互联网技术的出现，帮助金融机构解决了这方面的问题，推动了传统金融机构相关金融业务的可持续发展。从整体上来看，在数字普惠金融发展的早期阶段，金融机构对互联网信息技术的应用使金融机构的服务质量得到了大幅提升。在这一阶段，数字普惠金融的主要供应主体为传统金融机构。

2. 互联网金融公司技术驱动阶段

随着互联网技术的快速发展，各大互联网公司不断在金融领域扩张自己的业务，正是在这一过程中促使数字普惠金融产生了新的业态和新的模式。比如，百度、阿里巴巴等互联网公司在依靠自身的流量优势和平台优势的基础上，开始大力发展自己的互联网金融业务。同时，这些公司在云计算、大数据等技术的支撑下，对有金融需求的用户群体进行了更为细致的划分，从而为不同的用户群体提供更具针对性和创新性的金融产品，最终构建多元化和个性化的金融服务体系。

在这一过程中，这些互联网公司的金融服务能力得到不断提升，并且所服务的群体数量也在不断扩大。正是由于这些互联网公司在金融领域的快速扩张，数字普惠金融才获得了更大的推动，实现了更加快速的发展。根据腾讯公布的数据，截至 2021 年底，微信日登录用户达 5.7 亿人，并且服务人口覆盖率达 70% 以上。与此同时，支付宝日活跃用户达 3.57 亿人。互联网公司在金融领域的快速发展促使数字普惠金融无论是在业务量方面还是在用户群体方面，都实现了快速增长。同时，各大互联网公司通过自身在科研方面的优势，不断向社会推出新的金融产品和服务，整体上引导了数字普惠金融的发展。至此，我国的数字普惠金融发展进入了互联网公司技术驱动阶段，同时技术的不断发展也使我国的数字普惠金融在技术驱动的支撑下开始进入高速发展阶段。

二、数字普惠金融创新模式

（一）数字创新

1. 互联网技术创新发展

当前，我国陆续出台了关于支持数字普惠金融发展的政策，为新兴产业的发展提供更多保障。同时，我国的传统金融在体制方面存在结构不合理、主体单一及调控机制不健全等问题，导致我国农村地区和偏远地区难以获得低成本且高效的金融服务。在这样的大环境下，通过数字技术对金融市场进行改革成为我国实现经济转型发展的重要途径。从我国的实际情况来看，我国在数字普惠金融技术方面的创新主要体现在区块链技术应用、大数据技术应用、移动互联网技术应用及信息安全技术应用等方面，在通常情况下以互联网为基础，以大数据、云计算等技术为处理方法。相较于传统的信息收集和分析方式，通过大数据技术能够使计算机分析各种信息的能力得到大幅提升，从而对所有存在于互联网的金融方面的业务如存款贷款、资金往来等信息进行收集处理，然后以此为基础对所有用户信息进行收集处理，从而形成具有针对性的结果，进而以此为基础确定各个用户的整体借贷能力，并且判断用户自身的风险水平。除了大数据技术，云计算技术可以通过分布式处理方式在短时间内对海量数据进行处理。金融机构通过云计算技术可以更好地获取各种数据，不仅可以降低金融机构投入的成本，而且效率也能得到巨大提升。移动互联网和移动终端的结合，使移动支付及互联网理财等有了更好的技术支撑。从目前来看，我国居民在生活中的各个方面实现了移动支付。比如，商场付款、水电费缴纳、网络购物、共享单车支付等，这些都是对移动支付生活化且常态化的运用。信息安全技术为网络化金融提供安全的重要保障，主要包含信息安全技术、信息确认技术等。正是在这些技术的基础上，各种新的金融模式得到了快速发展的机会。另外，各种先进数字技术在金融领域中的应用，也促使金融与实体经济实现了更好的融合，从而为金融创新提供了更多的技术支撑。各种先进技术打破了金融的时空限制，金融领域的相关数据呈现出更为明显的跨时空和跨区域特点，并且实现了高渗透率和高覆盖率的目标，最终促使金融普惠程度不断加大。

2. 互联网基础设施创新发展

2013 年到 2018 年，我国不断推进网络强国建设，我国的网络光缆总长度以每年超过 16% 的增速快速增长。比如，2013 年，我国网络光缆总长度为 1745.1 万千米，2014 年则达到 2046 万千米，同比增长 17.2%。2015 年，网络光缆总长度达到 2487.3 万千米，同比增长 21.6%。2016 年该数字达到了 3041 万千米，相较于上一年增速为 22.3%。2017 年，这一数字达到了 3747 万千米，增速为 23.2%。2018 年，这一数字为 4358 万千米，相较于上一年增速为 16.3%。除了网络光缆总长度，移动电话和智能手机的普及率也快速上升，截至 2022 年底，全国移动电话用户达 15.94 亿户，智能手机的普及率达 75% 以上。从互联网普及率来看，截至 2022 年 12 月，我国互联网普及率达 75.6% 左右。硬件设施是金融创新过程中的重要载体和基础支撑，硬件基础设施能够决定一个地区数字普惠金融整体的发展程度，同时硬件基础设施能够帮助消费者随时随地获得金融产品和服务。因此，硬件基础设施能够有效提升消费者进行金融消费的积极性，同时也能够充分满足用户本身分散化的金融需求，是数字普惠金融创新发展的重要动力。

（二）普惠创新

1. 金融主体

惠普金融的快速发展能够使城市与农村之间的差距不断缩小。从大量实例可以看出，普惠金融的快速发展能够对农村地区的经济和生活水平的提高产生显著的促进作用。在这一方面，我国很多学者进行了相关研究，发现数字普惠金融发展能够有效缩小城市与农村之间的收入差距，并且在促进区域经济增长方面也具有良好作用。

普惠中的"普"体现的是金融的广泛性和包容性，目的是对供需双方的关系进行统筹，主要强调三个方面：一是金融服务的对象需要大众化；二是金融服务的提供者需要多元化；三是金融覆盖范围需要普遍化。其中，金融服务对象的大众化指的是数字普惠金融在发展过程中需要打破传统金融追求利益的现状，能够吸引低收入群体，比如将农村居民、小微企业纳入金融服务对象，关注这些群体的实际金融需求，从而实现每个人都可以获得金融服务的目的。金融服务提供者的多元化指的是金融服务的提供者不能单一，这是因为在传统金融模式中，往往只有少部分群体或个体可以享受到金融机构所提供的金融服务，而其他的群体或个体想要获得金融机构提供的金融服务则较为困难，且渠道较少。所以，金融服务提供者的多元化主要在于金融机构在组织形式方面的创新，从而形成多元化的提供商。金融覆盖范围的普遍化指的是需要促使金融的覆盖范围更大，能够为更多的群体或个体提供金融服务。在传统金融模式中，往往只有小部分群体或个体能够从银行获得贷款服务，而低收入群体，特别是我国农村地区和偏远地区的居民往往难以获得银行的贷款服务。由于其本身收入水平较低，往往更需要信贷等金融服务来解决自己的资金需求。所以，当前金融机构需要对自身的金融服务内容进行优化，从而为存在这种需求的个体或群体提供多样化的金融服务。

从当前我国的市场现状来看，农民不仅收入较低，同时金融满足率较低，还存在严重的资金短缺问题。相关数据显示，2015 年到 2020 年，我国金融机构在农业方面的贷款余额增速整体呈现下降的发展趋势，具体如下所示：

2015 年，我国金融机构涉农贷款余额为 21.61 万亿元，相较于前一年，增速为 11.61%；2016 年，我国金融机构涉农贷款余额为 23.00 万亿元，相较于前一年，增速为 6.43%；2017 年，我国金融机构涉农贷款余额为 25.10 万亿元，相较于前一年，增速为 9.13%；2018 年，我国金融机构涉农贷款余额为 32.68 万亿元，相较于前一年，增速为 30.20%；2019 年，我国金融机构涉农贷款余额为 35.19 万亿元，相较于前一年，增速为 7.68%；2020 年，我国金融机构涉农贷款余额为 38.95 万亿元，相较于前一年，增速为 10.68%。[1]

数字普惠金融的形成和发展就是要为这些低收入群体提供更好的金融服务，所以从目前来看，实现金融的普惠性是我国进行金融体制改革的重要方向之一。

相关数据显示，2015 年到 2020 年，我国小微企业贷款余额增速也在不断下降，具体如下所示：

2015 年，我国小微企业贷款余额为 23.5 万亿元；2016 年，我国小微企业贷款余额为 27.3 万亿元，相较于前一年，增速为 16.17%；2017 年，我国小微企业贷款余额为 31.4 万亿元，相较于前一年，增速为 15.02%；2018 年，我国小微企业贷款余额为 34.1 万亿元，相较于前一年，增速为 8.60%；2019 年，我国小微企业贷款余额为 37.5 万亿元，相较于前一年，增速为 9.97%；2020 年，我国小微企业贷款余额为 43.2 万亿元，相较于前一年，增速为 15.20%。[2]

截至 2021 年底，全国中小微企业与商户超过 12 万户，但是这些企业和商户长期以来的贷款余额增速整体并不乐观。我国央行 2021 年的数据显示，我国大型企业银行综合贷款的成本为 6.54%，中型企业为 7.94%，小型企业则上升为 9.58%，这一数据也充分反映出我国的小微企业在融资方面需要付出更高的融资成本。[3]之所以会出现这种情况，主要是因为我国的小微企业无论是经营状况还是信用记录等方面都存在不稳定和不完善的问题。同时，小微企业的风险控制能力较差、经营规模较小、贷款的额度较低等问题，也导致小微企业需要付出更高的融资成本。另外，小微企业往往缺少抵押物，再加上小微企业具有分散性特点，金融机构需要投入更多的人力和物力对小微企业进行数据采集，这样就增加了金融机构的成本及风险，因此金融机构本质上并不愿意投入更多成本进行这方面的工作。

---

[1] 资料来源：观研咨询报告网、央行官网、银保监会网。

[2] 资料来源：智研咨询网、央行官网、银保监会网。

[3] 资料来源：中国政府网、央行官网、银保监会网。

2. 金融服务内容

普惠中的"惠"主要指的是金融服务不仅需要高效便捷，而且更需要安全可靠，强调的是金融的低成本和低门槛，并且价格还需要处于合理的区间。同时需要注意的是，"惠"并不意味着扶贫，更不是社会救助或社会资助，而是需要在保障金融机构实现发展的同时，能够实现低成本、低门槛及价格处于合理的区间。对于数字普惠金融来说，由于其主要借助网络进行发展，网络本身具有正外部性及规模效应，这样就使普惠金融逐渐实现了数字化转变，能够在更大范围内向更多群体提供更为便捷的金融服务。数字普惠金融主要是在线上金融的基础上，提升金融服务的整体质量与效率。比如，网络借贷不仅有更低的利率，同时不需要提供抵押物。

通过大数据技术所建立的金融风险管控体系，能够对借贷之前、借贷过程及借贷之后的每个环节进行精细化控制，同时也能够实现对用户的实时监控，保证金融借贷风险处于可控范围之内，因此数字普惠金融有效降低了金融风险。另外，数字普惠金融能够促使金融的获得性得到增强。数字普惠金融以互联网技术为基础，在业务处理程序方面更为简单、便捷，消费者会获得更高的满意度，同时也降低了金融需求者前往银行办理业务的成本。在数字普惠金融服务过程中，金融需求者不再受网点及地理位置的限制，只需通过智能手机或其他终端就可以进行金融借贷的申请，从而享受各种金融服务。从目前来看，支付宝、云闪付、理财通等金融服务平台推出的各种新的金融模式已经进入人们的日常生活，尤其是对农村地区和偏远山区而言，只需要有一部智能手机和网络，就可以随时随地获得各种金融服务。因此，数字普惠金融的发展解决了农村地区和偏远山区金融服务方面的问题。

数字普惠金融所提供的金融服务相较于传统金融服务更加丰富多样，不仅包含数字支付、数字化理财、数字化保险等方面的金融服务，而且包含保险、结算及信贷等方面的金融服务。

（三）金融创新

随着互联网技术的快速发展，金融与互联网技术实现了融合。在互联网技术和金融融合的基础上，我国的数字普惠金融也实现了创造性的突破。在金融创新方面范围较为广泛，不仅包括产品、资源，也包括主体等其他方面。从目前来看，我国数字普惠金融的创新主要表现在数字支付、线上融资、数字化保险及数字化征信等新模式方面。

在数字支付方面，目前关于数字支付的定义仍然没有形成统一。数字支付的主要功能就是连接买方、卖方和银行，发挥中介作用，从而帮助买卖双方实现资金的拨付与接收。数字支付的创新体现在很多方面：第一，数字支付创新体现在技术应用创新方面。移动互联网和二维码的发展，使数字支付有了新的技术支撑，人们在日常生活中只需要通过一部智能手机或其他移动设备就可以实现实时支付，比如支付宝、微信等。第二，数字支付创新体现在支付平台的创新。数字支付的发展促使第三方支付、电子支付等多种支付模式出现，搭建了线上线下一体化平台。第三，数字支付体现在对产业链的推动发展方面。比如，第三方支付促使银行与商家直接实现了深度融合，从而形成了电子支付产业链条。从目前来看，数字支付凭借其自身的优势已经成为我国支付领域使用范围最广、最为便捷的方式。即使是农村用户，数字支付也大大降低了他们往返银行的成本，使用户能够更方便地享受到金融服务。用户足不出户就可以进行相关费用的缴纳和网络购物，有效减少了在线下支付过程中携带现金所带来的不便。对于金融机构而言，数字支付则有效降低了金融机构的运输成本、储藏成本及管理成本，2015 年到 2020 年，我国的第三方支付整体呈现不断增长的发展趋势，并且每年的增速都处于较高水平，具体如下所示：

2015 年，第三方支付的笔数为 153.38 亿，支付金额为 9.22 万亿元；2016 年，第三方支付的笔数为 374.22 亿，支付金额为 24.72 万亿元；2017 年，第三方支付的笔数为 821.45 亿，支付金额为 49.48 万亿元；2018 年，第三方支付的笔数为 1639.02 亿，支付金额为 99.27 万亿元；2019 年，第三方支付的笔数为 2867.47 亿，支付金额为 143.26 万亿元；2020 年，第三方支付的笔数为 5306.10 亿，支付金额为 208.07 万亿元。[1]

在大数据基础上的线上投资是一种新型的业务模式，这一方面的创新主要体现在金融服务范围的不断扩大上。比如，在 P2P 借贷中，资金的供给方可以是各

---

[1] 数据来源：中国人民银行官网。

收入阶层人的闲置资金，实现了人人都是投资者的目标。对资金的借贷者而言，在通常情况下不需要任何抵押物与担保，只是根据自身实际需求来决定自己需要的金额，贷款平台则只需要根据资金需求者本身的信用评分来进行贷款决策，实现了人人都可借贷的目标。另外，线上融资创造了一种新意向的投资模式，比如，众筹就是通过相关平台发起项目，然后投资人通过平台去选择合适的投资项目，从而通过该项目的发展来获得回报。这种模式改变了传统金融中的高门槛投资，并且在一定程度上解决了信息不对称的问题。除此之外，线上融资的创新还体现在形成了一系列的新融资形式，比如各种消费信贷、农村金融等，具体如下所示：

在众筹方面，当前主要包括京东金融、苏宁金融、人人投等金融机构，其中京东金融的产品为京东众筹，苏宁金融的产品为苏宁众筹，人人投的产品为人人投众筹。

在传统的业务数字化方面，主要有工商银行、农业银行、建设银行等，其中工商银行推出了工银融 e 贷、农业银行推出了智动贷、建设银行推出了善融 e 贷。

在消费贷款方面，主要的金融机构有蚂蚁金服、腾讯，其中蚂蚁金服推出了蚂蚁花呗和蚂蚁借呗，腾讯则推出了微粒贷。

在供应链金融方面，主要的金融机构有苏宁金融和平安银行，其中苏宁金融推出的产品为企业信贷，平安银行推出的产品为橙 e 网。

这些新的金融产品通过线上融资的方式将小微企业及低收入群体纳入了金融服务范围，使小微企业的融资渠道得到拓展，也使低收入群体的资金需求得到满足，从而为资金需求方提供了更加便捷且高效的信用融资渠道。

数字化理财是数字普惠金融发展过程中的重要创新内容之一，主要包括基金类理财产品和智能投顾产品两种类型。其中，基金类理财产品的提供商不仅包括各大银行和基金公司，同时包括电子商务公司和互联网公司等。这些理财机构往往通过线上的方式和以移动客户端为基础去销售传统理财产品。相较于传统的销售模式，这种线上销售模式更加重视为用户提供个性化服务，并且在资金流动方面具有更高水平。同时，这些产品除了有投资功能，还有消费功能、转账功能等，更加符合现代人的消费需求。另外，这些理财产品往往门槛较低，并且有较高的收益，打破了传统金融的限制，即使是低收入群体也可以参与这样的理财，所以这种理财形式具有极强的普惠性。正是由于互联网金融理财的快速发展，诸多用户将自身的闲置资金投入理财产品。整体来看，随着互联网的快速发展，理财逐渐向人工智能理财方面发展，开始逐渐实现数字化资产配置。2016 年到 2020 年，我国互联网理财用户规模快速扩大，具体如下所示：

我国购买过互联网理财产品的用户规模，截至 2016 年 12 月，用户规模为 9890 万人，网民使用率为 13.5%[1]；截至 2017 年 6 月，用户规模达到 1.26 亿，网民使用率 16.8%[2]；截至 2018 年 6 月，用户规模达 1.69 亿，网民使用率为 21.0%[3]；截至 2019 年 6 月，用户规模达 1.70 亿，网民使用率为 19.9%[4]；截至 2020 年 3 月，用户规模达 1.63 亿，网民使用率达 18.1%[5]。

（四）集成创新

数字普惠金融实现了数字、普惠和金融的结合。需要注意的是，数字普惠金融并不是数字技术和普惠金融的简单叠加，而是普惠金融在互联网技术的支撑下与各种先进技术的结合，不仅将两者的优势进行了放大，同时促使金融水平得到提升。这些年，我国的数字普惠金融发展迅速，所覆盖的范围不断扩大，服务成本不断降低，能够充分满足用户多样化的资金需求。在集成创新方面，数字普惠金融创新主要体现在以下几个方面。

第一，数字普惠金融实现了金融服务场景化，数字普惠金融的普惠性质相较于传统金融有大幅增强。总体来看，数字普惠金融产品已经充分融入人们的日常生活，实现了金融产品和金融服务的生活化、场景化、移动化。当前，对这一特征表现最为明显且成熟的是第三方支付，无论是微信支付还是支付宝支付都广泛应用在人们的日常生活中，人们不仅通过这些支付方式进行网上购物，而且也会进行理财和借贷，实现了在现实购物过程中的支付。整体来看，数字普惠金融所实现的金融场景化服务是普惠的重要表现之一。

第二，数字普惠金融实现了金融产品个性化，用户体验得到改善。数字普惠

---

[1] 数据来源：中华人民共和国国家互联网信息办公室。

[2] 数据来源：CNNIC 发布的第 40 次《中国互联网络发展状况统计报告》。

[3] 数据来源：CNNIC 发布的第 42 次《中国互联网络发展状况统计报告》。

[4] 数据来源：CNNIC 发布的第 44 次《中国互联网络发展状况统计报告》。

[5] 数据来源：CNNIC 发布的第 45 次《中国互联网络发展状况统计报告》。

金融创新在产品方面主要表现为产品类型更加丰富，并且金融业务也不再像传统金融一样较为单一和严重的同质化，而是形成多种类型，比如线上融资、数字化保险等，更加重视用户体验。在各种先进数字技术的支撑下，金融服务的对象更加精准，还可以通过对数据的挖掘与分析来实现对用户需求的预判，最终形成更具针对性的服务产品。

第三，数字普惠金融实现了金融交易脱媒化，使交易成本降低。数字普惠金融以数字技术为支撑，在终端设备上完成资金交易，促使金融交易形成了脱媒性特点，从而实现了交易成本的降低。首先，在数字普惠金融中，金融的中介作用被弱化，这使金融产品或金融服务实现了与消费者的直接联系，缩减了金融交易的链条，从而降低了交易成本。其次，用户主要是在数字化平台的支撑下获得金融服务，所以减少了传统金融服务模式中用户需要到相关网点办理业务的成本。最后，金融机构可以通过线上方式进行交易，省去了设立现实物理网点及相关人员的成本。

第四，数字普惠金融实现了金融行业综合化，使金融规模效应得以提升。数字普惠金融的发展是新时代产业融合发展的重要表现。在数字技术的支撑下，无论是金融产业还是非金融产业都实现了一定程度的整合，从而将原本难以独立生存与发展的业务实现了融合，最终促进了技术与金融之间的有机结合。正是由于这种模式的发展，整个金融领域实现了优势互补，最终实现了产业的融合发展。

三、我国数字普惠金融业务现状

数字技术的快速发展，为数字普惠金融业务提供了更多的生存保障，使数字普惠金融业务实现了快速扩张。同时，在数字技术快速发展过程中，我国互联网用户规模也在不断扩大。第51次《中国互联网络发展状况统计报告》显示，截至2022年12月，我国网民规模达10.67亿，较2021年12月增长3549万，互联网普及率达75.6%。随着互联网影响力的提升，更多人开始使用互联网，并且随着科学技术的突破，用户使用互联网的门槛在不断降低。总体来看，互联网技术的快速发展不仅使我国网络速度得到提升，同时降低了用户使用互联网的成本，正因如此，数字普惠金融获得了更多、更好的发展机会，用户群体不断扩大，业务不断增加。

（一）数字支付发展情况

从目前来看，数字支付已经成为我国民众日常消费过程中用于支付的重要手段之一，并且已经逐渐替代现金支付。从整体发展过程来看，我国数字支付发展的过程可以划分为五个不同时期：第一个发展时期是信息技术被传统金融机构利用开展业务。在此时期，传统金融机构通过信息技术所开展的业务主要是不同银行之间的各种业务，且此时在数字支付的各种业务交易过程中要通过不同银行各自所建立的交易系统来完成支付。第二个发展时期是银行在原有基础上与除银行以外的其他金融机构进行合作，然后利用数字支付的方式处理这些方面的交易业务。第三个时期是不同银行之间开始大力推广自己的终端设备，旨在通过这些终端设备支撑自身的线下业务逐渐向线上转移。正是由于这一时期线下业务逐渐转向线上，数字支付的个人用户数量快速增加。第四个时期是数字支付的覆盖范围快速增加，数字支付已经渗透至人们日常生活的各个方面，给人们的日常生活带来了更多便利。第五个时期是移动支付开始快速发展，这一时期数字支付为人们所提供的支付服务无论是在提供主体方面，还是在服务模式方面都发生了巨大变化。比如，在这一阶段，支付宝、微信支付等第三方平台开始快速发展，并且凭借自身拥有的大量用户及各种电商业务成为数字支付的主导。其中，支付宝平台发展最为迅速。在支付宝诞生之后的几年时间内就成为我国最大的互联网支付机构。2017 年，支付宝的用户突破 5 亿。支付宝覆盖了全国几千万个中小商家，并且接入了 30 余个境外国家或地区的商户。从业务的范围来看，当前，我国的绝大部分地方可以使用支付宝进行支付。继支付宝之后，微信也快速发展起来，2017 年微信用户数量已达 9 亿，支付次数相较于前一年增长了 2.8 倍左右。从目前来看，微信支付也是人们日常生活中的重要支付方式之一。

（二）网络理财发展情况

在传统金融为主导的年代，投资理财对大部分居民而言并不常见，这是因为在传统金融服务体系中，如果居民想要进行投资理财就必须达到传统金融服务所要求的投资门槛。因此居民在进行投资理财的过程中，往往需要面对投资渠道不足等各种问题。在各种互联网理财产品诞生之前，居民要想在传统金融机构中进行投资理财需要有一定资质，需要符合金融机构的要求。比如在当时，居民要想在银行方面进行投资理财最低需要投资 5 万元。这样的门槛导致大部分居民无法进行投资理财。由于互联网技术的快速发展，传统金融机构在数字信息技术的支撑下进行各种投资理财业务的门槛不断降低，从而使具有小额投资意愿的投资者能够通过这一渠道进行投资。

比如，支付宝中的余额宝，是国内一款具有重要意义的互联网理财产品。余额宝不仅没有设置投资门槛，同时还为有投资意愿的投资者提供了财富管理的入门教育，使更多人开始关注互联网投资理财，使整个投资理财行业的原有生态被改变。余额宝于 2013 年推出，在推出之后的一年时间内就有超过 1 亿用户使用。2018 年末，余额宝用户超过 6 亿 [1]，在如此短的时间内，用户数量增加了将近 5 倍。在用户数量快速增加的同时，大部分用户通过余额宝所进行的投资理财金额数目较小，基本在几千元左右。由此可见，余额宝的投资理财相较于传统银行的投资理财具有十分突出的小微和分散特征。尽管余额宝的用户大部分为个人用户和小微企业，但是由于用户数量众多，也使余额宝形成了巨大的理财总量。截至 2020 年 6 月，余额宝的基金管理方天弘基金整体规模达 13525 亿元 [2]，属全国范围内最大规模。余额宝的快速发展也推动着我国其他互联网理财产品快速发展，各种与余额宝相似的互联网理财产品纷纷出现，比如微信中的理财通、苏宁易购的零钱宝等。在大量用户参与互联网理财的过程中，互联网理财市场规模也在不断扩大，从而使市场上出现了更多互联网理财产品，也使各种互联网理财产品得以快速发展。

（三）互联网保险发展情况

保险是金融服务的重要内容之一。在科学技术快速发展的过程中，保险也逐渐产生了新的变化，主要表现在以下几个方面：一是在数字技术的支撑下，无论是保险产品的销售渠道还是所采用的销售模式都向数字化和网络化方向发展。在传统保险业中，保险公司向用户销售各种保险产品需要通过大量保险销售人员在线下进行推销，比如销售人员可以通过上门拜访的方式或通过电话销售的方式推

---

[1] 数据来源：2019 基金业金融科技峰会。

[2] 数据来源：天天基金网。

销各种保险产品，这种方式不仅耗费大量人力，同时整体效率较低。随着网络在人们日常生活中的普及，互联网用户数量呈现爆炸式增长，从而使保险公司开始转变自身的销售模式，由线下销售转向线上销售，建立了多种方式并存的保险产品销售渠道。首先，很多保险公司开始采用与互联网平台进行合作的方式进行销售，比如与京东金融、蚂蚁金服等互联网公司进行合作来实现保险销售；平安保险和京东金融的合作、蚂蚁金服和多家保险公司的合作等。其次，很多保险公司利用自身建立的互联网平台进行保险产品的销售，比如平安保险推出了自己的平安金管家、中国人保推出了手机人保等。最后，保险公司所提供的各种保险产品逐渐实现互联网化，主要体现在：第一，保险公司的各种保险产品设计产生了巨大变化。大部分保险公司开始向互联网化方向发展，促使保险产品具有了更为明显的互联网行业特征，比如网络购物平台的运费保险、电子账户资金的保障险等。第二，保险公司的保险产品门槛不断降低，向亲民化方向发展。比如，蚂蚁金服所推出的各种互联网保险服务，都是先通过各种先进技术去收集和测算用户的实际需求信息，进而得出用户的实际需求，保险机构则以此为基础向用户提供更具有针对性的保险产品或服务，从而充分满足用户的实际需求。比如当前各大互联网平台为用户提供的各种医疗险产品就是一些为中低收入群体设计的保险种类。近年来，由于对互联网保险产品有了更为深入的认识，所以更多人开始接受互联网保险产品，这样就促使互联网保险整体市场规模快速扩大。根据相关统计数据，近些年来我国互联网保费从 2011 年的 32 亿元增长到了 2022 年的 4782.5 亿元，增长了近 149 倍。在这些互联网保险产品中，人身险所占比例的提升甚为迅速，从 2011 年的 7.54% 增长到了 2022 年的 86.7% 左右。[1] 从这也能看出，我国互联网保险行业发展十分迅速，并且其中以人身保险占主导地位，人身险是促进我国互联网保险行业快速发展的主要力量。

（四）互联网消费信贷发展情况

互联网消费信贷主要指的是在各种互联网平台的支撑下，用户从金融机构中获得资金用于自身各种消费的信贷。从当前互联网消费信贷实际发展情况来看，主要使用互联网信贷的用户是社会上的中低收入群体，为互联网消费信贷提供各

---

[1] 数据来源：CNNIC 第 51 次《中国互联网络发展状况统计报告》。

种信贷服务的主体主要为各大商业银行及电商社交类流量平台。其中，各大商业银行向用户提供信贷服务主要是通过自身所建立的互联网平台，或者是与已经成熟的互联网平台进行合作，主要以线上、线上和线下相结合的模式进行。同时，各大商业银行主要的服务对象是与自身有业务往来或使用自身产品的用户。相较于其他金融机构，商业银行能充分利用自身优势，再通过互联网平台的高效与快速使自身的消费信贷规模快速扩大。根据各大商业银行的官网数据显示，截至2022年底，我国商业银行的消费信贷余额达到了19万亿元左右。相较于上一年，各大商业银行在消费信贷业务方面都实现了一定程度的增长。除此之外，各大电商平台和社交平台通过自身所掌握的巨大流量也开展了各种消费信贷业务，并且这些电商平台和社交平台在自身优势的基础上，实现了消费信贷业务的快速增长。比如，蚂蚁金服、京东金融等平台，都向社会推出了自己的消费信贷业务。根据蚂蚁金服的官方数据，截至2020年，支付宝的花呗已经向市场投放了约1300亿元的借款额度，其中约有70%的信贷是以账单分期形式存在的，总额约900亿元。支付宝不仅推出了花呗这样的消费信贷产品，同时也推出了借呗这种小额贷款产品。借呗主要通过对用户的信息进行收集与分类，然后根据这些信息决定是否为有需求的用户提供贷款服务，以及向有需求的用户提供怎样的贷款服务，比如，应该向有需求的用户提供多大的贷款额度或应该使用哪种利率等，总体上实现了金融服务的多元化发展。支付宝官方数据显示，截至2020年，支付宝的借呗共向市场投放了约1700亿元的小额信贷，并且整体具有良好的风控，逾期率只有2.68%。从风控能力方面来看，支付宝的借呗超过了传统银行。除了支付宝，微信的微粒贷等消费信贷平台都实现了自身业务的快速发展。

第二章 数字普惠金融影响因素分析

第一节 数字普惠金融影响因素的理论分析

数字普惠金融已经存在了一段时间，并且已经产生了较多关于数字普惠金融的研究成果，关于数字普惠金融仍存在多种观点。从本质上看，数字普惠金融是基于普惠金融和互联网金融形成的事物，所以要想明确数字普惠金融的影响因素，不仅需要参考数字普惠金融方面的各种文献，同时也要充分参考互联网金融方面的相关文献。下面通过两方面因素来分析影响数字普惠金融的因素：一方面是经济因素；另一方面是社会因素。其中，经济因素主要包括传统金融发展程度、第三产业比重、对外开放程度等；社会因素主要包括政府干预程度、互联网发展程度等。另外，在此次分析过程中，主要对经济因素中的传统金融发展程度、社会因素中的政府干预程度及互联网发展程度进行分析。

一、主要变量分析

（一）传统金融发展程度

1. 替代论

根据替代论的观点，数字普惠金融中包含互联网金融的技术。该理论指出，互联网金融的快速发展使原有交易过程中所需要付出的成本不断降低，同时也促使交易效率获得提升，所以互联网金融在交易方面发挥着重要作用，它打破了原有的交易模式，消除了原有交易模式中的中介，整体上实现了无金融中介的交易模式。从这一方面来看，数字普惠金融的出现与发展对传统金融产生了巨大冲击，甚至数字普惠金融在某种程度上颠覆了传统金融的原有交易模式，主要原因在于数字普惠金融是互联网和普惠金融相结合所产生的一种新型金融模式。因此，相较于传统金融模式，无论是在投资还是在融资方面，数字普惠金融都已形成了一定的替代作用。

2. 补缺论

补缺论认为，数字普惠金融的发展并不是要取代传统金融，而是要对传统金融进行补充，提升金融的整体效率。该理论认为，之所以说数字普惠金融的发展是为了补足传统金融，主要原因是数字普惠金融本身结合了传统普惠金融和互联网金融的优点，如果从互联网金融方面来看，互联网的最大效用并不在于提升信息的总量，而在于使效率得到提升。互联网只是一个工具或载体，本身并不具有智慧，也不具有判断信息的能力。而传统金融在实际运行过程中没有互联网这种工具或载体作为支撑，主要依靠人来运行。数字普惠金融则能够充分利用互联网这一工具或载体的优势，同时其中也运用了人类的智慧。因此，数字普惠金融相较于传统金融，能够解决长期以来一直存在的信息不对称问题。

3. 互补论

互补论认为，一方面，在互联网技术的支撑下，数字普惠金融无论是在质量还是在效率方面都获得了巨大提升，同时数字普惠金融由于主要基于线上实现发展，所以相较于传统金融在各个方面都具有明显的技术溢出效应，从而促使整个金融业的生产效率得以提升。另一方面，从本质上看，互联网技术的使用是基于传统金融各个方面的创新，所以数字普惠金融是基于互联网金融和传统普惠金融的一种创新，并不能够取代传统普惠金融，数字普惠金融从本质上看仍然属于金融的范畴。

在互补论基础之上，本书认为数字普惠金融是一种在互联网技术支撑之下发展而来的对传统金融进行创新的金融模式。从我国实际情况来看，我国东部地区由于经济较为发达，因此传统金融发展情况良好，这也导致我国东部地区在金融方面有着更为明显的资金依赖。相较于我国东部地区，中、西部地区受各方面因素影响，传统金融发展较为落后，所以在数字普惠金融发展方面表现出了路径依赖性特征。但需要注意的是，正是由于我国中、西部地区传统金融发展落后，正好为数字普惠金融的发展留出了更大的空间，数字普惠金融在中、西部地区的发展速度较快，并且与东部地区相比，具有更多的优势。传统金融促进数字普惠金融的发展主要表现在：传统金融发展程度高的地区有着更为丰富的人才储备及金融知识储备，所以，传统金融无论是在人才还是在知识方面都可以进行输出，从而帮助数字普惠金融迅速发展。

（二）政府干预程度

1.政府干预的动机

从实际情况来看，在我国社会发展过程中，政府发挥着重要作用。在金融领域，数字普惠金融作为一种新型金融形式，对推动整个社会发展有重要作用，所以对于政府而言，必然会在数字普惠金融发展过程中形成一定的干预动机，并且这种干预与推动社会发展同样是通过宏观层面到微观层面的过程来实现的。金融的整体发展需要有相应的经济发展作为支撑，同时金融是经济发展的核心，所以经济发展也必然会影响金融领域的发展。数字普惠金融是在普惠金融基础之上所形成的一种新型金融形式，与传统金融相比，数字普惠金融有更强的金融聚集作用。因此，数字普惠金融相较于传统金融往往能够形成更为明显的创新溢出效应。在我国经济发展过程中，地方政府的财政能力在分税制改革之后被削弱，因此对于很多地方政府而言，如果新出现的经济主体能够推动地方经济的发展，那么这个新主体往往会被作为促进地方经济发展的重要手段，而数字普惠金融就是很多地方政府促进自身经济发展的重要手段之一。同时，还有很多地方政府将数字普惠金融作为自身财政税收能力得到加强的重要基础。从微观层面来看，融资难这一问题不仅对中小企业而言是一大难题，同时对地方政府来说也是长期以来难以解决的问题。从实际情况来看，我国大部分地方政府每年都需要支出大量资金来加快地方民生发展，而通常情况下地方政府没有足够能力为那些好的项目提供资金方面的支持，而在数字普惠金融的支持下可以实现资金方面的有效融资，这样就能够在促进企业实现更好发展的基础上促进当地经济实现高质量发展，同时也能够为当地政府创造更多税收。所以对政府而言，其在数字普惠金融发展方面具有强烈的干预动机。

2.政府进行干预的措施

从当前实际情况来看，政府对数字普惠金融进行干预往往是通过以下几方面措施来实现的，从而推动数字普惠金融发展。

第一，政府往往会在更大范围内对数字普惠金融理念进行推广，使更多人清晰了解数字普惠金融，提升数字普惠金融的接受度。因为数字普惠金融形成和发展的时间还较短，所以发展数字普惠金融，使金融可得性提高是一个长期的过程，需要社会各界共同努力。从金融机构的角度来看，由于金融机构本身存在的缺点，在发展数字普惠金融的过程中往往会形成自发性限制；从人民群众方面来看，一个新的事物出现或一个新的概念形成，要想让社会公众广泛接受需要一个长期的过程，同时公众在接受新鲜事物的过程中会长期处于被动状态，所以在其接受过程中需要面对更多困难。因此在当前，我国必须充分依靠政府的支持与鼓励，通过多种方式对数字普惠金融进行宣传，让公众充分了解数字普惠金融。

第二，政府会通过制定促进数字普惠金融发展的战略来促进数字普惠金融的发展。由于战略在通常情况下是由一个国家或各个地区统一制定的，所以对于数字普惠金融而言，在发展战略方面也需要高层来制定，同时需要在制定过程中充分协调各方利益来顺利实施，最终形成一系列的行动路线。数字普惠金融发展战略指的是对数字普惠金融这一概念进行具体化的过程，是具体行动的引导。在各种促进数字普惠金融发展的战略支撑下，政府内部的各个部门能够实现协调统一，并且能够使相关利益方积极参与其中，从而更好地整合相关资源，最终促进数字普惠金融的稳定发展。

第三，政府会通过不同方式对数字普惠金融发展情况进行监测。对政府而言，无论是在促进数字普惠金融发展过程中制定各种发展战略，还是通过相关政策为数字普惠金融发展提供更多支撑，都必须建立在充分掌握用户实际情况及金融发展情况的基础之上。这是因为数字普惠金融的发展需要掌握极其庞大的信息，其中不仅包含用户信息、金融产品信息，同时包含金融网点、金融结构等方面的实际情况。需要注意的是，要想掌握用户信息、金融产品信息及其他信息，往往需要政府投入资金与人力，这对于政府而言难以负担，所以政府在监测数字普惠金融发展过程中需要与金融机构进行合作，制定出能够准确合理评估数字普惠金融发展的指标体系，并且要充分保障这些指标体系能够与数字普惠金融的发展战略相适应。

第四，政府会通过具体措施来促进数字普惠金融的发展。在数字普惠金融发展过程中，政府需要发挥自身的带头作用，做发展的先行者。因为数字普惠金融的发展需要各个方面协调配合，所以政府需要在推动数字普惠金融发展过程中发挥自身的引领作用，同时要调整自己的态度，以合作者的态度与其他机构进行良好合作，并且要在充分遵循发展规律的基础上促使各方协调统一，并要积极投入实际行动中。

第五，维护数字普惠金融环境。在数字普惠金融发展过程中，政府往往会通过数字普惠金融手段为贫困人口或弱势群体提供更多相匹配的金融服务，使这些群体的金融可得性得到提升。需要注意的是，这并不意味着政府在这一工作的过程中可以不遵循市场规律。因此，政府在维护数字普惠金融环境的过程中应充分结合市场规律，通过各种政策或措施消除金融市场中存在的壁垒，为不同的群体提供平等的金融机会。从整体上看，政府的核心责任就是维护好数字普惠金融发展的环境。

3. 政府干预的理论基础

政府在推动数字普惠金融发展过程中可以通过因势利导的方式去帮助数字普惠金融领域打破知识和人才等方面的约束。尽管市场是资源配置最为有效的场所，但是在数字普惠金融发展过程中必须遵循市场规律和政府指导相结合。所以，适当的政府干预能够更好地促进数字普惠金融的发展。从我国的实际情况来看，由于我国中、西部地区数字普惠金融发展情况不佳，并且相较于东部地区远远落后，这可能是由于在推动数字普惠金融发展过程中在不同区域内产生了异化效应。在传统金融发展较差的地区，当地政府往往缺乏传统金融的支撑，因此这些地区的地方政府在金融知识储备、人才储备等方面和经济发达地区存在较大的差距，导致这些地区的地方政府在推动数字普惠金融发展的过程中缺乏相应的理念、战略，同时也未对数字普惠金融发展进行实时监测，也未在维护环境方面制定有效措施，这样不仅无法促进数字普惠金融的发展，反而产生了相反的效果。完全依靠市场规律来促进数字普惠金融的发展，最终不仅难以发挥市场规律的优势，甚至可能导致数字普惠金融发展陷于低水平均衡陷阱中不能自拔。

（三）互联网发展程度

1. 主要推动方式

从实际情况来看，任何一个地区如果拥有较高的互联网发展水平就意味着该地区相关基础设施服务会更加完善，尤其是在支付方面，互联网快速发展促使支付更加便利与可靠。同时，对于传统金融而言，互联网整体发展水平越高就越能为传统金融机构提供更多支撑，同时也能够促使传统金融机构在自身原有基础上形成新的金融模式及产生更多的新型金融机构，这些新型金融机构能够向原本无法获得或难以获得金融产品或服务的群体提供更加便捷且成本更低的金融产品或服务。

2. 互联网促进数字普惠金融发展的理论基础

在数字普惠金融发展过程中，数字技术不仅是其中的重要支撑，同时也是数字普惠金融发展的重要方向，特别是一些电商平台的快速发展和电子支付方式的兴起，都为数字普惠金融的发展创造了良好的先决条件。可以说，数字技术的发展与进步是数字普惠金融能够形成和发展的基础。同时，传统金融机构会受到环境条件的限制，在通常情况下，传统金融要想为农村地区或偏远地区提供各种金融服务或金融产品需要投入大量人力和物力，这对传统金融机构而言是不能忽视的成本，而且投入更多成本与金融机构本身的逐利性不相符，所以大部分传统金融机构希望能够通过数字普惠金融这种更加高效且低成本的方式来为农村地区或偏远地区提供更多的金融服务和金融产品。因此，互联网的发展能够促进数字普惠金融的发展，而数字普惠金融的发展能够促使金融机构在提供金融产品或服务的过程中降低成本，从而促使整个金融领域得到更好的发展。

移动支付的发展使电子支付的便利性得到极大提升，同时也帮助电子支付突破了在环境方面存在的壁垒，从而解决了农村地区金融产品与金融服务严重不足的问题。从目前的实际情况来看，随着互联网支付的快速发展，新金融和旧金融之间的交替不断加速，已经成为数字普惠金融发展的重要力量来源。

二、其他变量分析

（一）经济发展水平

金融发展是经济发展的重要组成部分，所以任何形式的金融在发展过程中都必须有经济支撑。一般来说，金融整体发展程度与当地经济的发展水平呈正相关关系。换言之，如果一个地区有较高的经济发展水平，那么在该地区就必然会拥有良好的金融市场。造成这一情况的主要原因在于：如果一个地区整体经济发趋势良好，那么这种良好发展趋势就能够为该地区的经济继续向前发展提供保障，这样就会使人们更加看好经济的未来发展，使人们形成更多的投资行为，从而让更多资金进入良好发展的技术领域，最终减少金融排斥现象。同时，更多的资金流入市场能够为数字普惠金融的发展提供更多支撑，加快数字普惠金融发展的步伐，增加金融机构的数量。在此基础上，金融所覆盖的范围会不断扩大，能够推出更为丰富的金融服务和金融产品。对普通大众而言，人们可以从各种金融产品和服务中满足自身的金融需求，最终对数字普惠金融的发展产生更大的推动作用。因此，经济发展水平是影响数字普惠金融发展的重要因素之一。

（二）第三产业比重

不同地区的产业比重会存在一定差异，通常情况下拥有合理产业比重的地区经济发展情况更好，所以，根据产业比重能够看出某一地区产业政策的重点。不同地区在经济发展过程中，都会充分结合自身的实际情况选择适合自身经济发展的方向。一般来说，如果一个地区农业较为发达，那么该地区的第二产业和第三产业在经济结构中的占比往往较低，这样就会导致该地区金融服务需求较为单一，所以这一地区不利于金融机构的生存与发展，金融机构往往不会提供更为丰富的金融产品和金融服务。同时，由于金融机构不会向这一地区提供各种金融产品和金融服务，也会导致这一地区产生较为严重的金融排斥问题，从而影响这一地区数字普惠金融的总体发展。如果一个地区第三产业发展良好，在产业结构中占据较高比重，那么该地区必然有着良好的工商业发展水平，同时也表示该地区的居民有更高的精神层面追求，所以需要有更多的金融产品来满足其需求。具体来说，第三产业与数字普惠金融有较高的契合度，能够反映数字普惠金融的发展情况，即如果一个地区第三产业所占比重较大，那么该地区往往会有良好的数字普惠金融发展水平。所以在这里将第三产业比重作为影响因素之一进行研究。

（三）对外开放程度

一个国家或地区的对外开放程度如何，可以从以下两个方面判断：第一个方面是一个国家或地区对外开放的积极程度，具体体现为一个国家或地区主动提升自身的对外贸易活动；第二个方面是该国家或地区处于被动状态时的对外开放程度，主要体现在该国家或地区所颁布的各种关于外商投资的优惠政策的多少和程度，以及关于保护国内市场政策的多少和程度。但需要注意的是，如果在短期内对外贸易开放步伐过大，往往会引起国内市场出现水土不服的问题。比如，在扩大贸易开放程度之后，国内市场会受到外部压力和资本市场的冲击，从而导致国内整体市场受到影响，商品价格开始产生波动，从而导致整个市场产生更为强烈的不确定性，进而导致金融行业整体发展水平受到限制。所以，如果贸易开放是建立在脱离了金融实际发展情况基础之上的开放，就会对金融发展产生限制，甚至产生严重危害。从当前来看，尽管我国已经有高程度的对外贸易开放，但是从我国内部实际情况来看，金融发展仍然处于较低水平。正是由于金融发展水平和对外开放程度的不对等，两者难以进行良好的配合。同时，近几十年来尽管我国对外贸易快速发展，但是在金融产业方面整体发展仍较为缓慢，这就导致我国在国际市场竞争过程中并不占据优势，需要面对来自各个方面的压力，导致我国国内市场出现更多不确定性。在这样的形势下，无论是国外投资者还是国内投资者都会因为国内市场的不确定性而产生恐惧心理，不愿意在资本市场进行投资，导致我国资本市场的投资和融资需求减少。因此从实际情况来看，对外开放程度和金融发展水平的不一致是导致对外开放程度难以促进金融实现稳定、快速发展的根本原因。所以，在这里将对外开放程度作为影响因素之一进行研究。

（四）收入水平提高

数字普惠金融相较于传统金融是一种面向所有金融需求对象的金融模式，能够向所有有金融需求的群体提供金融产品和服务，但是从实际情况来看，数字普惠金融发展过程中的主要对象是农村居民。这是因为在数字普惠金融诞生之前，农村地区的农户往往无法获得传统金融机构的金融产品和金融服务。随着我国经济的快速发展，人民生活水平开始快速提高，特别是我国农村地区收入水平自改革开放以来获得了大幅提高，这样就使农村居民有了更多的金融需求。在金融需求快速增长的情况下，数字普惠金融在农村地区快速发展。同时，随着农村地区居民收入水平的提高，农村地区居民开始购入更多资产，这样就对金融机构关于个人信用评级的结果产生影响，具体是农户的个人信用评级有一定程度的提升，所以收入水平的提高能够影响数字普惠金融的整体发展。事实上，各大金融机构在为不同地区农户提供金融服务或金融产品的过程中，必然会结合这一地区的实际情况，比如对当地的人口规模及当地的人均收入等因素进行衡量，只有达到一定要求，银行和其他金融机构才会在这些地区建立自己的营业网点，只有这样才能够满足金融机构的利益追求。上述这一过程也适用于数字普惠金融发展，主要原因在于数字普惠金融从本质上来看仍然是普惠金融，因此也必然会考虑当地的人口规模和人均收入水平。同时，无论是农村居民还是城市居民，其收入水平的提高必然会带动金融产品需求的提升，这样又能够促进数字普惠金融的发展。需要注意的是，一个地区收入水平的快速提高会促使居住于当地的居民财富快速增长，所以这一地区的居民往往会形成较高的储蓄率，从而使这些居民能够自给自足，这样就会减少居民的借贷需求，因此，收入水平的提高对数字普惠金融的发展所带来的影响暂时不能确定。

（五）地理因素

在数字普惠金融发展过程中，地理因素也会对其发展产生影响。因此，在此次实证分析过程中以经济地理学理论为基础构建了一个充分考量地理因素的视角。在传统经济地理学中，主要考量的是地理因素和自然环境在不同地区所产生的影响，并且会分析这些影响之间的差异化。但是传统经济地理学却无法解释当前在一些没有良好自然条件或是拥有较多自然资源的地区却有着较好的金融业发展这一方面的问题。正是由于传统经济地理学存在的缺陷，才促使新经济地理学诞生。新经济地理学的核心思想是两个原本条件相似的地区可能会在发展过程中因为一些偶然因素而导致产业聚集，从而导致两个原本相似的地区有着不同的发展情况。

在本次分析研究中，将地理因素分为不同方面来进行，具体为交通、人口、通信等。其中，交通主要指的是一个地区的整体交通便利程度，人口主要指的是一个地区的人口聚集程度，通信主要指的是一个地区的通信便利程度。一般来说，有良好交通情况及通信强化的地区，金融方面的基础性设施建设也较为完善，金融机构在这些地区开设网点或进行其他方面的建设往往只需要较低的成本，所以金融机构愿意在这些地区建立自己的分支机构。这样不仅能够使这一地区的用户获得各种金融服务或金融产品的成本降低，还能够使这一地区的数字普惠金融更好地发展。如果一个地区人口较为密集，并且有着较强的人口流动性，也会使金融机构在这些地区建设分支机构，这是因为对于金融机构而言，所需要投入的成本会降低，这对于金融机构来说是一种利好，所以金融机构在进行网点设置时会充分考虑人口规模。因此，在这里将人口密度作为重要的影响因素之一进行分析研究。

（六）人口受教育水平

科学技术的快速发展使智力因素成为影响整个社会发展的主导因素，而智力因素需要有人力资源作为支撑。所以在当前，人力资源是社会能够实现快速发展的重要资源，这一点对于金融产业的发展也是如此。另外，要想促进金融产业的发展，社会整体诚信程度是许多因素中重要的影响因素，而要使社会整体诚信程度提升就需要让人口素质得到加强，而人口素质的加强又需要加强教育，从而使所有人的受教育水平得到提高。对于金融行业而言，无论是业务方面的发展，还是整个行业实现升级都需要相应的金融人才作为人力资源支撑，而这些人才无论在知识方面还是在技能方面的提升都需要有较高的教育水平作为支持。从整体上看，如果一个国家的整体受教育水平处于不断上升的过程，那么必然会促使人们对金融方面的知识有更为深入的了解，从而使金融投资方式得以拓展，人们也能够理性地看待各种金融决策，这些对于整个金融行业的发展都是重要的利好。另外，良好的诚信环境是促进社会更好发展的重要内容之一，所以需要营造良好的诚信文化氛围。从目前来看，我国正在对自身的诚信体系进行完善，这样必然会促使我国的金融市场从原有的状态逐渐转向追求高诚信的状态。需要注意的是，诚信文化氛围的形成是一个长期过程，并且需要建立在一个国家所有人综合素质获得提升的基础之上，即需要人口的受教育水平不断提升。因此，在这里将人口受教育水平作为影响因素之一进行分析研究。

（七）城乡收入差距

从我国当前城乡之间收入差距较大的实际情况来看，城市与农村收入差距较大是我国迫切需要解决的问题之一。之所以会出现这一问题，主要原因在于当前我国存在城乡二元结构现象。城乡二元结构现象不仅导致我国城市和农村地区存在收入差距过大的问题，而且也导致在我国农村地区出现较为严重的资金外流问题。根据国务院发布的统计数据，从改革开放到进入 21 世纪，我国农村地区从邮政储蓄、农村信用合作社等方面净流出的资金已经达到 10000 亿元以上。这种资金外流现象极大地影响了我国农村地区的经济发展。同时，我国城市与农村之间存在二元结构现象，农村地区是这种二元结构的低收入部分，所以必然会产生融资困难的问题，而资金外流现象进一步加剧了这一问题的严重性，导致我国农村地区长期以来存在巨大资金缺口。另外，我国农村地区这种巨大资金缺口往往难以通过融资的方式来解决，因此我国农村地区在实际发展过程中逐渐形成了一些非正常金融。从实际情况来看，这些非正常金融诞生之后短期内似乎解决了我国农村地区存在的资金缺口问题。但从长远来看，由于这些非正常金融与正常的社会秩序及金融发展规律不相符，因此存在较大的安全隐患，一个较弱的金融风险就会导致这种非正常金融崩溃，从而进一步对我国农村地区的金融造成打击。所以，数字普惠金融的出现与发展是解决当前我国农村地区存在的金融问题的重要途径，这是因为数字普惠金融不仅能够填补我国农村地区的资金供给缺口，同时也可以在正常秩序之内保障金融安全。通常情况下，有着良好收入水平的地区更能获得资本的青睐，所以资本会倾向于流入城市之中，这就导致我国农村地区长期以来存在金融排斥问题，导致数字普惠金融指数下降。所以，在这里将城乡收入差距作为重要影响因素之一进行分析研究。

第二节　数字普惠金融影响因素的实证研究

本节主要研究的是数字普惠金融发展过程中出现的区域差异及造成这种区域差异的影响因素。具体过程为：首先，根据拥有的相关资料和信息提出假设；其次，使用泰尔指数（Theil index）分解及收敛法进行分析；再次，以我国东、中、西部三个区域为基础对相关影响因素进行分析；最后，使用不同方法进行变量研究。

一、数据来源及假设

（一）研究假设

从实际情况来看，数字普惠金融是一种在传统金融基础上发展而来的新金融模式，所以数字普惠金融从本质上看是对传统金融的延续与创新。正是由于数字普惠金融建立在传统金融的基础之上，因此数字普惠金融整体呈现出较强的路径依赖，而这种路径依赖使我国经济相对发达的东部地区在数字普惠金融发展指数方面领先于中、西部地区两倍的发展趋势。因此，在这里提出假设1：传统金融发展水平高的地区数字普惠金融发展水平也高。

政府在金融领域中能够进行宏观调控，在市场规律的配合之下也会对数字普惠金融的发展产生一定的影响。对我国中、西部地区来说，数字普惠金融指数相较于东部地区存在较大差距，这可能是因为政府的宏观调控对我国中、西部地区数字普惠金融的发展起到了反助推作用，即可能是因为政府不恰当的干预，从而阻碍了数字普惠金融的发展。在政府干预这一变量方面，从目前来看还不能够直接获得关于这一方面的指标，所以必须通过其他的代理变量来对政府干预水平进行表示。在这里使用财政压力这一变量来表示政府的干预程度。根据前文内容，在地方政府财政能力遭到削弱的情况下，通过数字普惠金融的发展来缓解财政压力是地方政府进行干预的重要动机。在此基础上提出假设2：政府干预程度较大的地区数字普惠金融发展水平较高，政府干预在传统金融不发达地区有反促进作用。

在金融领域，信息不对称和信息成本较高是影响金融发展的重要问题。但是，随着互联网的普及，这些问题带来的影响得以减弱，所以认为，互联网发展水平能够对数字普惠金融的发展产生影响，特别是对我国中、西部地区来说，由于这些地区传统金融发展程度较低，因此形成了更加有利于数字普惠金融发展的优势。在这里将互联网发展水平作为影响因素之一进行分析研究。在此基础上提出假设3：数字普惠金融发展程度与当地互联网发展水平存在正相关关系。在传统金融不发达的地区，互联网发展水平能够通过潜在的比较优势助推当地的发展。

（二）数据来源

在实证分析过程中，所有没有进行特殊说明的数据都来自《中国统计年鉴》和wind数据库。

被解释变量为数字普惠金融指数，计算方法主要来自北京大学数字普惠金融指数中的计算方法。

解释变量主要包括经济因素、社会因素。经济因素中包含的变量如下：传统金融发展程度，这一变量的计算方法是存贷款总额和GDP总额比值与人均GDP进行回归，处于回归线以下的说明该地区的传统金融不发达，处于回归线以上的说明该地区传统金融较发达；经济发展水平，主要是将人均GDP作为代理变量来进行计算；第三产业比重，这一变量的计算方法是第三产业产值与GDP的比值；对外开放程度，这一变量的计算方法是进出口总额与GDP的比值；收入水平，这一变量的计算方法是当年GDP和前一年GDP差值与前一年GDP的比值。社会因素中包含的变量如下：政府干预程度，这一变量的计算方法是财政预算支出和财政收入差值与GDP的比值；互联网发展水平，以互联网上网人数进行计算；地理因素，这一变量主要是以人口密度作为衡量依据；受教育水平，这一变量的计算方法是高等院校在校学生人数和常住人口的比值；城乡收入差距，这一变量的计算方法是城乡居民人均可支配收入的比值。

1. 数字普惠金融指数

在数字普惠金融指数方面，主要使用北京大学数字金融研究中心所发布的《北京大学数字普惠金融指数（2011—2020）》来构建数字普惠金融指标体系。该指数的数据源于蚂蚁金服企业内部数据，主要通过覆盖广度、使用深度及数字支持服务三个方面来进行数据采集，在此之下设有24个指标。除此之外，当前关于数字普惠金融的相关文献极少涉及定量研究，并且在定量研究中对于指数的构建及权重确定存在不同的观点，目前尚没有形成统一的框架。所以，在这里采用了权威数据进行分析研究。在该数字普惠金融指数中有2011年到2020年的数据。本小节所构建的数字普惠金融指标如下所示：

一级维度主要包括覆盖广度、使用深度和数字支持服务程度。覆盖广度主要包含账户覆盖率，具体指标为每万人所拥有的支付宝账号数量、支付宝内绑卡用户比例、每个支付宝账号绑定银行卡数的平均值。使用深度主要包括支付业务、信贷业务、保险业务、投资业务、征信业务。其中，支付业务的具体指标有人均支付笔数、人均支付金额、活跃用户数占年活跃一次及以上比例。信贷业务中主要包含个人用户和小微经营者，其中个人用户方面的具体指标是每 1 万支付宝成年用户中互联网消费贷的用户数、人均贷款笔数、人均贷款金额，小微经营者的具体指标有每 1 万支付宝成年用户中互联网小微经营贷的用户数、小微经营者户均贷款笔数、小微经营者平均贷款金额。保险业务的具体指标主要有每 1 万支付宝成年用户中使用保险的用户数、人均保险笔数、人均保险金额。投资业务的具体指标有每 1 万支付宝成年用户中进行互联网投资理财的人数、人均投资笔数、人均投资金额。征信业务的具体指标有每 1 万支付宝成年用户中使用金融信用的生活服务人数、自然人中人均调用次数。数字支持服务程度主要包括便利性和金融服务成本。其中，便利性的具体指标有移动支付笔数所占比例、移动支付金额所占比例，金融服务成本方面的具体指标有小微经营者平均贷款利率、个人平均贷款利率。

数字普惠金融指数具体如下所示：

北京市：2011 年这一指数为 79.41，2012 年这一指数为 150.65，2013 年这一指数为 215.62，2014 年这一指数为 235.36，2015 年这一指数为 276.38，2016 年这一指数为 286.37，2017 年这一指数为 329.94，2018 年这一指数为 368.54，2019 年这一指数为 399.00，2020 年这一指数为 417.88。

天津市：2011 年这一指数为 60.58，2012 年这一指数为 122.96，2013 年这一指数为 175.26，2014 年这一指数为 200.16，2015 年这一指数为 237.53，2016 年这一指数为 245.84，2017 年这一指数为 284.03，2018 年这一指数为 316.88，2019 年这一指数为 344.11，2020 年这一指数为 361.46。

河北省：2011 年这一指数为 32.42，2012 年这一指数为 89.32，2013 年这一指数为 144.98，2014 年这一指数为 160.76，2015 年这一指数为 199.53，2016 年这一指数为 214.36，2017 年这一指数为 258.17，2018 年这一指数为 282.77，2019 年这一指数为 305.06，2020 年这一指数为 322.70。

山西省：2011 年这一指数为 33.41，2012 年这一指数为 92.98，2013 年这一指数为 144.22，2014 年这一指数为 167.66，2015 年这一指数为 206.30，2016 年这一指数为 224.81，2017 年这一指数为 259.95，2018 年这一指数为 283.65，2019 年这一指数为 308.73，2020 年这一指数为 325.74。

内蒙古自治区：2011 年这一指数为 28.89，2012 年这一指数为 91.68，2013 年这一指数为 146.59，2014 年这一指数为 172.56，2015 年这一指数为 214.55，2016 年这一指数为 229.93，2017 年这一指数为 258.50，2018 年这一指数为 271.57，2019 年这一指数为 293.89，2020 年这一指数为 309.39。

辽宁省：2011 年这一指数为 43.29，2012 年这一指数为 103.53，2013 年这一指数为 160.07，2014 年这一指数为 187.61，2015 年这一指数为 226.40，2016 年这一指数为 231.41，2017 年这一指数为 267.18，2018 年这一指数为 290.95，2019 年这一指数为 311.01，2020 年这一指数为 326.29。

吉林省：2011 年这一指数为 24.51，2012 年这一指数为 87.23，2013 年这一指数为 138.36，2014 年这一指数为 165.62，2015 年这一指数为 208.20，2016 年这一指数为 217.07，2017 年这一指数为 254.76，2018 年这一指数为 276.08，2019 年这一指数为 292.77，2020 年这一指数为 308.26。

黑龙江省：2011 年这一指数为 33.58，2012 年这一指数为 87.91，2013 年这一指数为 141.40，2014 年这一指数为 167.80，2015 年这一指数为 209.93，2016 年这一指数为 221.89，2017 年这一指数为 256.78，2018 年这一指数为 274.73，2019 年这一指数为 292.87，2020 年这一指数为 306.08。

上海市：2011 年这一指数为 80.19，2012 年这一指数为 150.77，2013 年这一指数为 222.14，2014 年这一指数为 239.53，2015 年这一指数为 278.11，2016 年这一指数为 282.22，2017 年这一指数为 336.65，2018 年这一指数为 377.73，2019 年这一指数为 410.28，2020 年这一指数为 431.93。

江苏省：2011 年这一指数为 62.08，2012 年这一指数为 122.03，2013 年这一指数为 180.98，2014 年这一指数为 204.16，2015 年这一指数为 244.01，2016 年这一指数为 253.75，2017 年这一指数为 297.69，2018 年这一指数为 334.02，2019 年这一指数为 361.93，2020 年这一指数为 381.61。

浙江省：2011 年这一指数为 77.39，2012 年这一指数为 146.35，2013 年这一指数为 205.77，2014 年这一指数为 224.45，2015 年这一指数为 264.85，2016 年这一指数为 268.10，2017 年这一指数为 318.05，2018 年这一指数为 357.45，2019 年这一指数为 387.49，2020 年这一指数为 406.88。

安徽省：2011 年这一指数为 33.07，2012 年这一指数为 96.63，2013 年这一指数为 150.83，2014 年这一指数为 180.59，2015 年这一指数为 211.28，2016 年这一指数为 228.78，2017 年这一指数为 271.60，2018 年这一指数为 303.83，2019 年这一指数为 330.29，2020 年这一指数为 350.16。

福建省：2011 年这一指数为 61.76，2012 年这一指数为 123.21，2013 年这一指数为 183.10，2014 年这一指数为 202.59，2015 年这一指数为 245.21，2016 年这一指数为 252.67，2017 年这一指数为 299.28，2018 年这一指数为 334.44，2019 年这一指数为 360.51，2020 年这一指数为 380.13。

江西省：2011 年这一指数为 29.74，2012 年这一指数为 91.93，2013 年这一指数为 146.13，2014 年这一指数为 175.69，2015 年这一指数为 208.35，2016 年这一指数为 223.76，2017 年这一指数为 267.17，2018 年这一指数为 296.23，2019 年这一指数为 319.13，2020 年这一指数为 340.61。

山东省：2011 年这一指数为 38.55，2012 年这一指数为 100.35，2013 年这一指数为 159.30，2014 年这一指数为 181.88，2015 年这一指数为 220.66，2016 年这一指数为 232.57，2017 年这一指数为 272.06，2018 年这一指数为 301.13，2019 年这一指数为 327.36，2020 年这一指数为 347.81。

河南省：2011 年这一指数为 28.40，2012 年这一指数为 83.68，2013 年这一指数为 142.08，2014 年这一指数为 166.65，2015 年这一指数为 205.34，2016 年这一指数为 223.12，2017 年这一指数为 266.92，2018 年这一指数为 295.76，2019 年这一指数为 322.12，2020 年这一指数为 340.81。

湖北省：2011 年这一指数为 39.82，2012 年这一指数为 101.42，2013 年这一指数为 164.76，2014 年这一指数为 190.14，2015 年这一指数为 226.75，2016 年这一指数为 239.86，2017 年这一指数为 285.28，2018 年这一指数为 319.48，2019 年这一指数为 344.40，2020 年这一指数为 358.64。

湖南省：2011 年这一指数为 32.68，2012 年这一指数为 93.71，2013 年这一指数为 147.71，2014 年这一指数为 167.27，2015 年这一指数为 206.38，2016 年这一指数为 217.69，2017 年这一指数为 261.12，2018 年这一指数为 286.81，2019 年这一指数为 310.85，2020 年这一指数为 332.03。

广东省：2011 年这一指数为 69.48，2012 年这一指数为 127.06，2013 年这一指数为 184.78，2014 年这一指数为 201.53，2015 年这一指数为 240.95，2016 年这一指数为 248.00，2017 年这一指数为 296.17，2018 年这一指数为 331.92，2019 年这一指数为 360.61，2020 年这一指数为 379.53。

广西壮族自治区：2011 年这一指数为 33.89，2012 年这一指数为 89.35，2013 年这一指数为 141.46，2014 年这一指数为 166.12，2015 年这一指数为 207.23，2016 年这一指数为 223.32，2017 年这一指数为 261.94，2018 年这一指数为 289.25，2019 年这一指数为 309.91，2020 年这一指数为 325.17。

海南省：2011 年这一指数为 45.56，2012 年这一指数为 102.94，2013 年这一指数为 158.26，2014 年这一指数为 179.62，2015 年这一指数为 230.33，2016 年这一指数为 231.56，2017 年这一指数为 275.64，2018 年这一指数为 309.72，2019 年这一指数为 328.75，2020 年这一指数为 344.05。

重庆市：2011 年这一指数为 41.89，2012 年这一指数为 100.02，2013 年这一指数为 159.86，2014 年这一指数为 184.71，2015 年这一指数为 221.84，2016 年这一指数为 233.89，2017 年这一指数为 276.31，2018 年这一指数为 301.53，2019 年这一指数为 325.47，2020 年这一指数为 344.76。

四川省：2011 年这一指数为 40.16，2012 年这一指数为 100.13，2013 年这一指数为 153.04，2014 年这一指数为 173.82，2015 年这一指数为 215.48，2016 年这一指数为 255.41，2017 年这一指数为 267.80，2018 年这一指数为 294.30，2019 年这一指数为 317.11，2020 年这一指数为 334.82。

贵州省：2011 年这一指数为 18.47，2012 年这一指数为 75.87，2013 年这一指数为 121.22，2014 年这一指数为 154.62，2015 年这一指数为 193.29，2016 年这一指数为 209.45，2017 年这一指数为 251.46，2018 年这一指数为 276.91，2019 年这一指数为 293.51，2020 年这一指数为 307.94。

云南省：2011 年这一指数为 24.91，2012 年这一指数为 84.43，2013 年这一指数为 137.90，2014 年这一指数为 164.05，2015 年这一指数为 203.76，2016 年这一指数为 217.34，2017 年这一指数为 256.27，2018 年这一指数为 285.79，2019 年这一指数为 303.46，2020 年这一指数为 318.48。

西藏自治区：2011 年这一指数为 16.22，2012 年这一指数为 68.53，2013 年这一指数为 115.10，2014 年这一指数为 143.91，2015 年这一指数为 186.38，2016 年这一指数为 204.73，2017 年这一指数为 245.57，2018 年这一指数为 274.33，2019 年这一指数为 293.79，2020 年这一指数为 310.53。

陕西省：2011 年这一指数为 40.96，2012 年这一指数为 98.24，2013 年这一指数为 148.37，2014 年这一指数为 178.73，2015 年这一指数为 216.12，2016 年这一指数为 229.37，2017 年这一指数为 266.85，2018 年这一指数为 295.95，2019 年这一指数为 322.89，2020 年这一指数为 342.04。

甘肃省：2011 年这一指数为 18.84，2012 年这一指数为 76.29，2013 年这一指数为 128.39，2014 年这一指数为 159.76，2015 年这一指数为 199.78，2016 年这一指数为 204.11，2017 年这一指数为 243.78，2018 年这一指数为 266.82，2019 年这一指数为 289.14，2020 年这一指数为 305.50。

青海省：2011 年这一指数为 18.33，2012 年这一指数为 61.47，2013 年这一指数为 118.01，2014 年这一指数为 145.93，2015 年这一指数为 195.15，2016 年这一指数为 200.38，2017 年这一指数为 240.20，2018 年这一指数为 263.12，2019 年这一指数为 282.65，2020 年这一指数为 298.23。

宁夏回族自治区：2011 年这一指数为 31.31，2012 年这一指数为 87.13，2013 年这一指数为 136.74，2014 年这一指数为 165.26，2015 年这一指数为 214.70，2016 年这一指数为 212.36，2017 年这一指数为 255.59，2018 年这一指数为 272.92，2019 年这一指数为 292.31，2020 年这一指数为 310.02。

新疆维吾尔自治区：2011 年这一指数为 20.34，2012 年这一指数为 82.45，2013 年这一指数为 143.40，2014 年这一指数为 163.67，2015 年这一指数为 205.49，2016 年这一指数为 208.72，2017 年这一指数为 248.69，2018 年这一指数为 271.84，2019 年这一指数为 294.34，2020 年这一指数为 308.35。

从上述内容所展示的数据可以看出，我国 31 个省级行政区（不包括香港、澳门和台湾，下同）从 2011 年到 2020 年，数字普惠金融指数实现了跨越式发展。同时也可以看出，在 2011 年，全国 31 个省（自治区、直辖市）数字普惠金融发展存在不平衡的问题，不同地区有巨大的差异，但是在 2011 年之后，不同地区之间的差异正在不断缩小；在全国范围内，排在前三位的地区没有变化，基本上是上海市、北京市与浙江省；居于首位的上海市从 2011 年开始，数字普惠金融指数从 2011 年的 80.19 逐渐上升至 2020 年的 431.93，增长 438.6%。而排在最末位的西藏自治区，数字普惠金融指数从 2011 年的 16.22 上升至 2020 年的 310.53，增长 1814%。这些数据充分说明，在传统金融不发达的地区形成了能够促进数字普惠金融发展的比较优势，与传统金融较为发达的地区相比，表现为具有突出的追赶效应。

2. 传统金融发展水平指数

传统金融发展程度是按照金融发展和经济发展的适配性进行衡量的，相关指标的建构方式以银行人民币存款总额占 GDP 比重和同年人均 GDP 的对数值进行回归来作为代理变量。最终的结果如图 2-1 和图 2-2 所示。

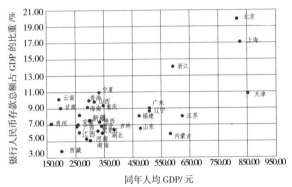

图 2-1 2011 年我国不同省份传统金融发展情况

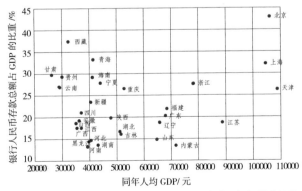

图 2-2 2020 年我国不同省份传统金融发展情况

从图 2-1 和图 2-2 可以看出，处在回归线之上的是传统金融较发达的城市，处于回归线之下的则是传统金融欠发达的城市。最终的回归结果显示，北京市、上海市和浙江省都是传统金融发达的地区，而天津市、江苏省及内蒙古自治区等则是传统金融不发达的地区。传统金融的发达程度并不是一个常量，而是处于不断变化中，主要体现在：一方面，尽管代理变量的指标是一个 0 到 1 的变量，但是同为一个级别区域，其数值可以发生变化。比如，尽管辽宁省这一指标的值一直为 1，但是 2011 年辽宁省的值离回归线较近，而到了 2020 年则离回归线越来越远，这反映出辽宁省的传统金融发展程度可能从之前的不发达转变为更不发达。另一方面，一些区域有可能从原来的发达变为不发达，或者从不发达转变为发达，比如西藏自治区在 2011 年位于回归线以下，但是在 2020 年则位于回归线之上；再比如四川省，在 2011 年位于回归线之上，但是在 2020 年则位于回归线之下。以上所述说明不同区域之间传统金融的发展程度处于不断变化之中，并非一成不变。

二、数字普惠金融发展的差异分析

（一）泰尔指数分解实证检验

泰尔指数能够反映出一个区域发展的不平衡性，将不同年份的数字普惠金融指数的泰尔指数值进行纵向比较，就可以看出数字普惠金融指数不平衡性的演变过程。一般来说，泰尔指数越大，表明数字普惠金融指数在不同区域之间的发展越不平衡。在这里将泰尔指数分解为两部分：一部分是区域内差异；另一部分是区域间差异，同时设置了表示三大地带的泰尔指数，这里对三大地带的划分是按照中国统计年鉴的标准，具体如下所示：

东部地带：北京市、天津市、河北省、辽宁省、上海市、江苏省、浙江省、福建省、山东省、广东省、海南省。

中部地带：山西省、吉林省、黑龙江省、安徽省、江西省、河南省、湖北省、湖南省。

西部地带：内蒙古自治区、广西壮族自治区、重庆市、四川省、贵州省、云南省、西藏自治区、陕西省、甘肃省、青海省、宁夏回族自治区、新疆维吾尔自治区。

根据泰尔指数分级的相关计算，并且以全国和东部、中部、西部三个区域为基础将数字普惠金融指数分别进行分解计算，最终的结果为：

2011 年，总的泰尔指数分解结果为 0.2884，区域之间的泰尔指数分解结果为 0.0357，区域内部的泰尔指数分解结果为 0.2526，西部地带的泰尔指数分解结果为 0.2255，中部地带的泰尔指数分解结果为 0.0641，东部地带的泰尔指数分解结果为 0.3405。

2012 年，总的泰尔指数分解结果为 0.2466，区域之间的泰尔指数分解结果为 0.0167，区域内部的泰尔指数分解结果为 0.2299，西部地带的泰尔指数分解结果为 0.2551，中部地带的泰尔指数分解结果为 0.0677，东部地带的泰尔指数分解结果为 0.2998。

2013 年，总的泰尔指数分解结果为 0.2445，区域之间的泰尔指数分解结果为 0.0175，区域内部的泰尔指数分解结果为 0.2770，西部地带的泰尔指数分解结果为 0.2777，中部地带的泰尔指数分解结果为 0.0621，东部地带的泰尔指数分解结果为 0.2824。

2014 年，总的泰尔指数分解结果为 0.2495，区域之间的泰尔指数分解结果为 0.0198，区域内部的泰尔指数分解结果为 0.2297，西部地带的泰尔指数分解结果为 0.2897，中部地带的泰尔指数分解结果为 0.0651，东部地带的泰尔指数分解结果为 0.2790。

2015 年，总的泰尔指数分解结果为 0.2602，区域之间的泰尔指数分解结果为 0.0226，区域内部的泰尔指数分解结果为 0.2376，西部地带的泰尔指数分解结果为 0.3074，中部地带的泰尔指数分解结果为 0.0685，东部地带的泰尔指数分解结果为 0.2795。

2016 年，总的泰尔指数分解结果为 0.2701，区域之间的泰尔指数分解结果为 0.0231，区域内部的泰尔指数分解结果为 0.2385，西部地带的泰尔指数分解结果为 0.3084，中部地带的泰尔指数分解结果为 0.0693，东部地带的泰尔指数分解结果为 0.2831。

2017 年，总的泰尔指数分解结果为 0.2754，区域之间的泰尔指数分解结果为 0.0264，区域内部的泰尔指数分解结果为 0.2414，西部地带的泰尔指数分解结果为 0.3095，中部地带的泰尔指数分解结果为 0.0721，东部地带的泰尔指数分解结果为 0.2854。

2018 年，总的泰尔指数分解结果为 0.2881，区域之间的泰尔指数分解结果为 0.0298，区域内部的泰尔指数分解结果为 0.2452，西部地带的泰尔指数分解结果为 0.3102，中部地带的泰尔指数分解结果为 0.0752，东部地带的泰尔指数分解结果为 0.2873。

2019 年，总的泰尔指数分解结果为 0.2893，区域之间的泰尔指数分解结果为 0.0357，区域内部的泰尔指数分解结果为 0.2486，西部地带的泰尔指数分解结果为 0.3123，中部地带的泰尔指数分解结果为 0.0765，东部地带的泰尔指数分解结果为 0.2895。

2020 年，总的泰尔指数分解结果为 0.2901，区域之间的泰尔指数分解结果为 0.0369，区域内部的泰尔指数分解结果为 0.2513，西部地带的泰尔指数分解结果为 0.3156，中部地带的泰尔指数分解结果为 0.0798，东部地带的泰尔指数分解结果为 0.3023。

从上述结果能够看出，2011 年到 2015 年，总的泰尔指数分解结果呈现出先降低后提升的趋势，这反映我国数字普惠金融发展差距经历了由缩小到扩大的过程。2015 年到 2020 年，总的泰尔指数呈现不断上升的趋势，这反映我国数字普惠金融发展差距呈现不断扩大的趋势。从区域之间和区域内分解结果可以看出，泰尔指数主要由组内差异构成，这反映我国三大地带之间的差异较小，反而是各个地带中不同省会之间的差异较大，充分说明数字普惠金融指数所存在的不平衡性主要是区域内的不平衡性。

从三大地带的内部差异来看，东部经济带内部不同区域的数字普惠金融发展呈现出最大的差异，中部经济带内部不同区域数字普惠金融发展的差异最小，西部经济带泰尔指数呈现出不断扩大的趋势，且基数较大。中部经济带泰尔指数没有产生明显的发展趋势，并且基数保持在较低水平。东部经济带的泰尔指数从 2011 年到 2015 年呈现出不断缩小的趋势，但是在 2015 年之后呈现出不断扩大的趋势，但是扩大程度较弱。这说明我国西部经济带内部数字普惠金融发展水平整体呈现出不断分化的发展趋势；中部经济带内部数字普惠金融发展水平整体较为均衡，尽管随着时间变化会有一定变动，但是整体变化不大；东部经济带内部的数字普惠金融发展水平尽管在发展初期形成了较大的差异，但是随着时间的推

移，这种差异在不断减小，但是差距在当前仍然保持较高水平。

（二）收敛性分析结果

1. δ 收敛

δ 收敛主要指的是不同地带数字普惠金融的离差随着时间的不断变化所呈现的不断降低态势。在这里主要采用对应系数来进行 δ 收敛。最终的 δ 收敛分析结果如下所示：

2011 年，全国的分析结果为 0.4571，西部的分析结果为 0.3327，中部的分析结果为 0.1318，东部的分析结果为 0.2738。2012 年，全国的分析结果为 0.2205，西部的分析结果为 0.1401，中部的分析结果为 0.0574，东部的分析结果为 0.1663。2013 年，全国的分析结果为 0.1658，西部的分析结果为 0.0990，中部的分析结果为 0.0521，东部的分析结果为 0.1321。2014 年，全国的分析结果为 0.1284，西部的分析结果为 0.0714，中部的分析结果为 0.0476，东部的分析结果为 0.1143。2015 年，全国的分析结果为 0.0916，西部的分析结果为 0.0505，中部的分析结果为 0.0308，东部的分析结果为 0.0938。2016 年，全国的分析结果为 0.0823，西部的分析结果为 0.0456，中部的分析结果为 0.0258，东部的分析结果为 0.0789。2017 年，全国的分析结果为 0.0792，西部的分析结果为 0.0411，中部的分析结果为 0.0251，东部的分析结果为 0.0687。2018 年，全国的分析结果为 0.0791，西部的分析结果为 0.0385，中部的分析结果为 0.0242，东部的分析结果为 0.0652。2019 年，全国的分析结果为 0.0699，西部的分析结果为 0.0371，中部的分析结果为 0.0231，东部的分析结果为 0.0631。2020 年，全国的分析结果为 0.0684，西部的分析结果为 0.0321，中部的分析结果为 0.0201，东部的分析结果为 0.0521。

从上述结果能够看出数字普惠金融发展的整体波动程度，最终所获得的数值越小表示波动程度越小，同时也表示收敛性越明显。可以发现，我国数字普惠金融的 α 收敛结果呈现出逐年减小的发展趋势，表明经济带内的波动趋于收敛。同时，从不同经济带来看这一结论也同样成立。其中，西部地带的收敛程度最大，东部次之，中部经济带收敛程度最小。

2. β 收敛

β 收敛主要衡量的是增量和存量之间的关系，能够充分体现不同经济带之间某个变量是否在发展过程中出现了潜在的比较优势。在数字普惠金融方面，前文已经发现我国东部经济带在早期数字普惠金融发展中处于较高水平，中、西部经济带的数字普惠金融指数处于较低水平。如果想要实现潜在的比较优势，数字普惠金融增长率应该体现东部低、中部和西部高的规律。如果没有体现这些规律，那么数字普惠金融指数差距只会随着时间不断增长，在东部和中、西部经济带呈现越来越大的差距。β 收敛可以分为绝对 β 收敛和条件 β 收敛。其中，绝对 β 收敛认为数字普惠金融指数应该存在一个绝对稳态，具体为任何经济带不论受到哪种因素的影响，最终都会处于一种日常状态中。条件 β 收敛则充分考虑了外部因素所带来的影响，并且认为只有具有相似的初始条件及在结构特征方面相似的地区才能够最终收敛到同一种稳态中。

以相关数据为基础得到的 β 收敛结果如下所示：

绝对 β 收敛结果：

全国的每年初始数字普惠金融发展水平值为 -0.516***，东部经济带的每年初始数字普惠金融发展水平值为 -0.473***，中部经济带的每年初始数字普惠金融发展水平值为 -0.543***，西部经济带的每年初始数字普惠金融发展水平值为 -0.541***。

R 方值：全国为 0.961，东部经济带为 0.940，中部经济带为 0.979，西部经济带为 0.972。

调整 R 方值：全国为 0.961，东部经济带为 0.939，中部经济带为 0.978，西部经济带为 0.971。

全国方面结果为收敛，东部经济带结果为收敛，中部经济带结果为收敛，西部经济带结果为收敛。

条件 β 收敛结果：

每年初始数字普惠金融发展水平：全国 β 收敛结果为 -0.580***，东部经济带 β 收敛结果为 -0.565***，中部经济带 β 收敛结果为 -0.930***，西部经济带 β 收敛结果为 -0.672***。

传统金融发展程度：全国 β 收敛结果为 -0.012，东部经济带 β 收敛结果为 -0.027，中部经济带 β 收敛结果为 -0.021，西部经济带 β 收敛结果为 -0.019。

财政压力：全国 β 收敛结果为 –0.025，东部经济带 β 收敛结果为 –0.676，中部经济带 β 收敛结果为 –0.452，西部经济带 β 收敛结果为 –0.012。

互联网发展水平：全国 β 收敛结果为 0.018，东部经济带 β 收敛结果为 –0.051，中部经济带 β 收敛结果为 –0.012，西部经济带 β 收敛结果为 –0.045*。

经济发展水平：全国 β 收敛结果为 0.055*，东部经济带 β 收敛结果为 0.201，中部经济带 β 收敛结果为 0.143，西部经济带 β 收敛结果为 0.080。

第三产业比重：全国 β 收敛结果为 0.268*，东部经济带 β 收敛结果为 0.173，中部经济带 β 收敛结果为 0.364，西部经济带 β 收敛结果为 0.654*。

对外开放程度：全国 β 收敛结果为 –0.0189，东部经济带 β 收敛结果为 –0.0810，中部经济带 β 收敛结果为 –0.065，西部经济带 β 收敛结果为 –0.0170。

人口密度：全国 β 收敛结果为 0.001，东部经济带 β 收敛结果为 0.015，中部经济带 β 收敛结果为 0.018，西部经济带 β 收敛结果为 0.021。

人口受教育水平：全国 β 收敛结果为 0.640，东部经济带 β 收敛结果为 –9.082，中部经济带 β 收敛结果为 –5.324，西部经济带 β 收敛结果为 1.137。

城乡收入差距：全国 β 收敛结果为 0.002，东部经济带 β 收敛结果为 0.089，中部经济带 β 收敛结果为 0.023，西部经济带 β 收敛结果为 –0.023**。

收入水平提高：全国 β 收敛结果为 –0.401*，东部经济带 β 收敛结果为 –0.665*，中部经济带 β 收敛结果为 –0.784*，西部经济带 β 收敛结果为 –1.201**。

R 方值：全国 β 收敛结果为 0.973，东部经济带 β 收敛结果为 0.967，中部经济带 β 收敛结果为 0.973，西部经济带 β 收敛结果为 0.982。

调整 R 方值：全国 β 收敛结果为 0.971，东部经济带 β 收敛结果为 0.955，中部经济带 β 收敛结果为 0.964，西部经济带 β 收敛结果为 0.977。

β 是收敛系数，当该系数小于 0 时才表示 β 假说成立，具体为数字普惠金融指数会随着时间推移趋向于收敛。如果该系数大于 0，则表示数字普惠金融指数存在发散特征。从每年初始数字普惠金融发展水平的收敛结果可以看出，不管是绝对 β 收敛还是条件 β 收敛，最终得出的系数都为负数，这反映数字普惠金融的发展的确存在潜在的比较优势，即在那些数字普惠金融指数较低的地区数字普惠金融发展速度更快，这样就缩小了这些地区与数字普惠金融指数较高地区之间的差距。同时，从绝对 β 收敛也可以看到我国东部经济带的收敛性最小，从条件 β 收敛可以看到我国西部经济带的收敛性最大。

从上述内容的差异性分析可以发现，数字普惠金融的发展在我国不同经济带的确存在一定差异。要想了解对数字普惠金融发展产生影响的因素有哪些，并且了解这些影响因素在不同区域是否存在差异，就需要对这些影响因素进行更为深入的对比分析：第一，需要将全国 31 个省（自治区、直辖市）（不含港、澳、台地区）作为一个整体进行分析研究，这样才能从中发现哪些是主要的影响因素；第二，再将区域划分为东部、中部、西部的基础上进行研究，以期能够分析出不同影响因素在不同区域内所产生作用存在的差异。

三、影响因素的混合回归分析

根据前文内容的介绍，本小节主要研究的是传统金融发展程度、互联网发展水平及政府干预程度对数字普惠金融发展所产生的影响。所以，在这里首先进行假设，即所有个体都拥有完全相同的回归方程，然后使用混合回归来进行不同影响因素大小的粗略估计。

（一）全国31个省级行政区的实证结果

混合回归结果如下：

传统金融发展程度方面：不加入任何交互项的回归结果为 -0.305***，加入"传统金融发展程度与财政压力"的回归结果为 -0.170*，加入"传统金融发展程度与互联网发展程度"的回归结果为 -1.565***，同时加入"传统金融发展程度与财政压力"和"传统金融发展程度与互联网发展程度"的回归结果为 -1.233。

财政压力方面：不加入任何交互项的回归结果为 0.642***，加入"传统金融发展程度与财政压力"的回归结果为 0.803*，加入"传统金融发展程度与互联网发展程度"的回归结果为 0.642**,同时加入"传统金融发展程度与财政压力"和"传统金融发展程度与互联网发展程度"的回归结果为 0.694**。

互联网发展程度方面：不加入任何交互项的回归结果为 0.258***，加入"传统金融发展程度与财政压力"的回归结果为 0.240*，加入"传统金融发展程度与互联网发展程度"的回归结果为0.177**，同时加入"传统金融发展程度与财政压力"和"传统金融发展程度与互联网发展程度"的回归结果为0.190**。

经济发展水平方面：不加入任何交互项的回归结果为0.370***，加入"传统金融发展程度与财政压力"的回归结果为0.265*，加入"传统金融发展程度与互联网发展程度"的回归结果为0.344*，同时加入"传统金融发展程度与财政压力"和"传统金融发展程度与互联网发展程度"的回归结果为0.316**。

第三产业比重方面：不加入任何交互项的回归结果为1.088*，加入"传统金融发展程度与财政压力"的回归结果为1.282**，加入"传统金融发展程度与互联网发展程度"的回归结果为1.9194**，同时加入"传统金融发展程度与财政压力"和"传统金融发展程度与互联网发展程度"的回归结果为1.232**。

对外开放程度方面：不加入任何交互项的回归结果为-0.553***，加入"传统金融发展程度与财政压力"的回归结果为-0.495**，加入"传统金融发展程度与互联网发展程度"的回归结果为-0.567***，同时加入"传统金融发展程度与财政压力"和"传统金融发展程度与互联网发展程度"的回归结果为-0.545***。

人口密度方面：不加入任何交互项的回归结果为0.047，加入"传统金融发展程度与财政压力"的回归结果为0.013，加入"传统金融发展程度与互联网发展程度"的回归结果为0.046，同时加入"传统金融发展程度与财政压力"和"传统金融发展程度与互联网发展程度"的回归结果为0.035。

人口受教育水平方面：不加入任何交互项的回归结果为11.927，加入"传统金融发展程度与财政压力"的回归结果为12.774，加入"传统金融发展程度与互联网发展程度"的回归结果为15.47*，同时加入"传统金融发展程度与财政压力"和"传统金融发展程度与互联网发展程度"的回归结果为14.932*。

城乡收入差距方面：不加入任何交互项的回归结果为-0.077，加入"传统金融发展程度与财政压力"的回归结果为-0.092，加入"传统金融发展程度与互联网发展程度"的回归结果为-0.095，同时加入"传统金融发展程度与财政压力"和"传统金融发展程度与互联网发展程度"的回归结果为-0.096。

收入水平提高方面：不加入任何交互项的回归结果为-7.702***，加入"传统金融发展程度与财政压力"的回归结果为-7.782*，加入"传统金融发展程度与互联网发展程度"的回归结果为 –7.537***，同时加入"传统金融发展程度与财政压力"和"传统金融发展程度与互联网发展程度"的回归结果为 –7.601***。

"传统金融发展程度与财政压力"方面：加入"传统金融发展程度与财政压力"之后的回归结果为 –0.656**，同时加入"传统金融发展程度与财政压力"和"传统金融发展程度与互联网发展程度"的回归结果为 –0.211。

传统金融发展程度与"传统金融发展程度与互联网发展程度"方面：加入"传统金融发展程度与互联网发展程度"的回归结果为 0.173**，同时加入"传统金融发展程度与财政压力"和"传统金融发展程度与互联网发展程度"的回归结果为 0.134。

R 方值：不加入任何交互项的回归结果为 0.809，加入"传统金融发展程度与财政压力"的回归结果为 0.817，加入"传统金融发展程度与互联网发展程度"的回归结果为 0.819，同时加入"传统金融发展程度与财政压力"和"传统金融发展程度与互联网发展程度"的回归结果为 0.819。

调整 R 方值：不加入任何交互项的回归结果为 0.796，加入"传统金融发展程度与财政压力"的回归结果为 0.817，加入"传统金融发展程度与互联网发展程度"的回归结果为 0.805，同时加入"传统金融发展程度与财政压力"和"传统金融发展程度与互联网发展程度"的回归结果为 0.804。

从上述结果能够看出，在没有加入交互项时，传统金融发展程度的系数显著为负，财政压力和互联网发展程度指标的系数显著为正，同时调整后的 R^2 系数处于较高位置，这充分验证了前面内容中提出的假设 1、假设 2 的第一个假设和假设 3 的第一个假设。具体来看，传统金融发展水平高的地区往往其数字普惠金融发展水平也较高，而传统金融发展水平较低的地区其数字普惠金融发展水平也较低，因此传统金融发展程度系数为负。同时，政府干预程度较大的地区其数字普惠金融发展水平较高，所以财政压力的系数为正。另外，数字普惠金融的发展程度与某一地区的互联网发展程度呈正相关关系，即数字普惠金融发展水平较高的地区，其互联网发展程度的系数为正。

在加入财政压力这一交互项之后，传统金融发展程度与财政压力交互项的系数显著为负，反映在传统金融发展不发达的地区，政府所进行的干预在促进数字普惠金融发展方面有一定副作用。从整体来看，尽管政府干预能够促进数字普惠金融的发展，但是这种促进作用在有着较为发达的传统金融地区体现得更为明显。在加入财政压力和传统金融发展程度这一交互项之后，传统金融发展程度指标的显著性与绝对值都有一定程度减小，就是这两个负值，反映财政压力这一交互项的加入对传统金融发展程度指标有一定的挤出效应。

在加入互联网发展程度这一交互项之后，系数都十分显著，并且在拟合度方面有所提升，最终的判定系数也有一定程度提升，反映互联网发展程度加入其中能够解释原本没有涉及的一部分内容。同时，加入互联网发展程度并没有对其他因素产生挤出效应，反映出地区潜在的比较优势是基于互联网发展程度提升得以实现的。这一结果验证了前文提到的假设3的第二个假设，具体为：在传统金融不发达的地区，互联网发展水平的提高能够促使这一地区形成潜在的比较优势，从而促进当地数字普惠金融的发展。同时加入财政压力和互联网发展程度之后，尽管这两个方面仍然符合预期，但是系数不显著。同时传统金融发展程度系数也不显著，反映出这两个交互项并不是同时产生作用的。具体来看：尽管政府干预在传统金融的基础上对数字普惠金融发展产生作用，互联网发展程度也在传统金融基础上对数字普惠金融发展产生作用，但两者并不是同时产生作用，而是交替产生作用，而且如果从作用效率方面来看，互联网发展程度的作用更大。

（二）东部、中部、西部的实证结果

在上述分析结果的基础上再对数字普惠金融进行分区域研究，以此来分析各个变量在东部、中部及西部地区所产生作用的差异。最终统计分析的结果如下。

传统金融发展程度方面：东部经济带分析结果为0.406，中部经济带分析结果为–0.28**，西部经济带分析结果为0.278。

财政压力方面：东部经济带分析结果为7.755**，中部经济带分析结果为0.44，西部经济带分析结果为2.307。

互联网发展程度方面：东部经济带分析结果为–0.111，中部经济带分析结果为0.285**，西部经济带分析结果为0.613***。

经济发展水平方面：东部经济带分析结果为1.935***，中部经济带分析结果为0.347，西部经济带分析结果为1.628***。

第三产业比重方面：东部经济带分析结果为1.945*，中部经济带分析结果为3.157**，西部经济带分析结果为–0.586。

对外开放程度方面：东部经济带分析结果为–0.291，中部经济带分析结果为–1.049，西部经济带分析结果为6.632***。

人口密度方面：东部经济带分析结果为–0.100，中部经济带分析结果为0.144，西部经济带分析结果为–0.177。

人口受教育水平方面：东部经济带分析结果为–89.236，中部经济带分析结果为11.589，西部经济带分析结果为21.151。

城乡收入差距方面：东部经济带分析结果为–0.205，中部经济带分析结果为–0.477*，西部经济带分析结果为0.909*。

收入水平提高方面：东部经济带分析结果为–5.932***，中部经济带分析结果为–6.520***，西部经济带分析结果为–8.730***。

R 方值：东部经济带分析结果为0.861，中部经济带分析结果为0.848，西部经济带分析结果为0.930。

调整 R 方值：东部经济带分析结果为0.830，中部经济带分析结果为0.817，西部经济带分析结果为0.906。

通过上述分析结果可以看出，在对各个变量进行对比与分析之后，影响因素的系数及显著性都产生了一定变化。首先从横向来看：在传统金融发展水平方面，我国东部经济带和中部经济带最终的系数都不是显著为正，主要原因在于我国的东部经济带和中部经济带有较高的金融发展水平，所以传统金融发展水平在这两个经济带所产生的作用已不够明显，而我国西部经济带由于传统金融发展水平较为落后，所以传统金融发展程度的提升依然能够对数字普惠金融发展产生显著作用。在政府干预方面，最终得出的系数绝对值东部经济带最高，中部经济带次之，西部经济带最低，同时在东部经济带政府干预变量通过了显著性检验，反映政府对金融市场的干预的确存在差异性。在东部经济带，由于这一经济带的政府在金融发展的过程中已经积累了丰富的知识储备，所以进行的干预较为恰当，从而对数字普惠金融发展影响显著。在互联网发展程度方面，在不同的经济带存在一定差异，主要表现为互联网发展程度在中部经济带和西部经济带都显著为正，充分反映出互联网发展程度可以促使传统金融不发达的经济带获得比较优势，从而有效促进数字普惠金融的发展。但是在我国东部经济带，由于传统金融已经进入成熟的发展阶段，所以并没有形成基于互联网发展水平的比较优势，因此对数字普惠金融发展的促进作用不明显。在其他变量方面，基本与前述的结果相一致，因此在下面的内容中仅仅对一些不符合预期而且有着较大显著性的变量进行说明：第一，对外开放程度在我国中部经济带显著表现为正，这一结果与前文内容的结果不相符。根据实际情况来看，我国中部经济带没有形成对外贸易的区位优势，所以可以分析出我国中部经济带进行对外贸易的公司或服务企业基本规模较小，而这些规模较小的企业或公司不方便进行直接融资，所以更多会转向数字借贷，这样就推动了数字普惠金融的发展。人口受教育水平最终的分析结果显示，在我国东部经济带显著表现为负，反映出我国东部经济带由于人口受教育水平普遍较高而阻碍了数字普惠金融的发展。之所以会出现这种情况，可能是因为我国东部经济带金融较为发达，并且这一经济带的居民普遍掌握了相关的金融知识，因此这一经济带的居民有更强的防风险意识，导致这一地区的居民会对数字普惠金融中的风险进行防范，从而阻碍数字普惠金融的发展。

从纵向来看，我国东部经济带对数字普惠金融发展产生影响的正向因素主要包括政府的干预程度、经济发展水平、第三产业比重；负向因素主要包括人口受教育水平、收入水平提高。我国西部经济带对数字普惠金融发展的正向因素主要包括传统金融发展程度、互联网发展程度、第三产业比重；负向因素主要包括城乡收入差距、收入水平提高。我国中部经济带对数字普惠金融发展产生影响的正向因素主要包括互联网发展程度、经济发展水平、对外开放程度；负向因素主要包括收入水平提高。

四、影响因素的面板回归分析

由于此次分析所使用的数据不仅包含 2011 年到 2020 年的年度数据，同时也包含全国 31 个省级行政区的截面数据，所以此次市场分析的数据为面板数据，可以进行面板回归。在面板回归中主要通过固定效应面板模型和随机效应面板模型来进行回归分析。其中，固定效应面板模型的本质是进行遗漏变量偏误的处理，消除不可观测且与自变量相关的固定因素所产生的影响。随机效应面板模型则是在固定效应面板模型的基础上认为随机变量和解释变量不相关，但是在表现形式上基本相同。

在实际进行具体模型设定的过程中还充分参考了 Hausman 检验。该检验从本质上认为固定效应面板模型和随机效应面板模型形式相同，如果最终的检验结果接受原假设，那么使用哪种模型都可行。但是拒绝原假设，这说明固定效应面板模型中的个体异质性不能被忽略，此时就不能采用随机效应面板模型进行分析，只能使用固定效应面板模型来进行分析。

（一）全国31个省级行政区的实证结果

对全国 31 个省级行政区进行影响因素的面板回归分析主要是将 31 个省级行政区分别通过 4 个模型来进行面板回归分析，并且分别进行随机效应面板回归分析和固定效应面板回归分析，最后进行 Hausman 检验。无任何交互项为模型一，加入财政压力这一交互项为模型二，加入互联网发展程度这一交互项为模型三，加入上述两项为模型四。

模型一不加入任何交互项与模型二加入财政压力的回归分析结果：

传统金融发展程度方面：模型一随机效应面板回归分析结果为 –0.305***，模型一固定效应面板回归分析结果为 –0.048；模型二随机效应面板回归分析结果为 –0.170*，模型二固定效应面板回归分析结果为 –0.119。

财政压力方面：模型一随机效应面板回归分析结果为 0.642***，模型一固定效应面板回归分析结果为 –4.158***；模型二随机效应面板回归分析结果为 0.803***，模型二固定效应面板回归分析结果为 –4.180***。

互联网发展程度方面：模型一随机效应面板回归分析结果为 0.258***，模型一固定效应面板回归分析结果为 1.444***；模型二随机效应面板回归分析结果为 0.240***，模型二固定效应面板回归分析结果为 1.524***。

经济发展水平方面：模型一随机效应面板回归分析结果为 0.371***，模型一固定效应面板回归分析结果为 1.766***；模型二随机效应面板回归分析结果为 0.265*，模型二固定效应面板回归分析结果为 1.765***。

第三产业比重方面：模型一随机效应面板回归分析结果为 1.088*，模型一固定效应面板回归分析结果为 0.858；模型二随机效应面板回归分析结果为 1.282**，模型二固定效应面板回归分析结果为 0.820。

对外开放程度方面：模型一随机效应面板回归分析结果为 –0.553***，模型一固定效应面板回归分析结果为 –0.234；模型二随机效应面板回归分析结果为 –0.495***，模型二固定效应面板回归分析结果为 –0.238。

人口密度方面：模型一随机效应面板回归分析结果为 0.048，模型一固定效应面板回归分析结果为 0.385***；模型二随机效应面板回归分析结果为 0.013，模型二固定效应面板回归分析结果为 0.422***。

人口受教育水平方面：模型一随机效应面板回归分析结果为 11.923，模型一固定效应面板回归分析结果为 –88.203**；模型二随机效应面板回归分析结果为 12.774，模型二固定效应面板回归分析结果为 –90.594**。

城乡收入差距方面：模型一随机效应面板回归分析结果为 –0.077，模型一固定效应面板回归分析结果为 –0.463**；模型二随机效应面板回归分析结果为 –0.092，模型二固定效应面板回归分析结果为 –0.477**。

收入水平提高方面：模型一随机效应面板回归分析结果为 –7.702***，模型一固定效应面板回归分析结果为 –4.817***；模型二随机效应面板回归分析结果为 –7.782***，模型二固定效应面板回归分析结果为 –4.689***。

传统金融发展程度与财政压力方面：模型一随机效应面板回归分析结果为 –0.656**，模型二固定效应面板回归分析结果为 0.192。

调整 R 方值：模型一随机效应面板回归分析结果为 0.905，模型一固定效应面板回归分析结果为 0.957；模型二随机效应面板回归分析结果为 0.903，模型二固定效应面板回归分析结果为 0.957。

Hausman 检验方面：模型一的值为 14.65***，模型二的值为 13.97***。

模型三加入互联网发展程度和模型四同时加入财政压力与互联网发展程度的回归分析结果：

传统金融发展程度方面：模型三随机效应面板回归分析结果为 –1.569***，模型三固定效应面板回归分析结果为 0.483；模型四随机效应面板回归分析结果为 –1.233，模型四固定效应面板回归分析结果为 0.758。

财政压力方面：模型三随机效应面板回归分析结果为0.650***，模型三固定效应面板回归分析结果为–4.192***；模型四随机效应面板回归分析结果为0.694***，模型四固定效应面板回归分析结果为–4.196***。

互联网发展程度方面：模型三随机效应面板回归分析结果为0.179***，模型三固定效应面板回归分析结果为1.158***；模型四随机效应面板回归分析结果为0.190***，模型四固定效应面板回归分析结果为1.605***。

经济发展水平方面：模型三随机效应面板回归分析结果为0.354***，模型三固定效应面板回归分析结果为1.772***；模型四随机效应面板回归分析结果为0.316**，模型四固定效应面板回归分析结果为1.776***。

第三产业比重方面：模型三随机效应面板回归分析结果为1.213*，模型三固定效应面板回归分析结果为0.887；模型四随机效应面板回归分析结果为1.232**，模型四固定效应面板回归分析结果为0.920。

对外开放程度方面：模型三随机效应面板回归分析结果为–0.579***，模型三固定效应面板回归分析结果为–0.222；模型四随机效应面板回归分析结果为–0.545***，模型四固定效应面板回归分析结果为–0.214。

人口密度方面：模型三随机效应面板回归分析结果为0.050，模型三固定效应面板回归分析结果为0.426***；模型四随机效应面板回归分析结果为0.035，模型四固定效应面板回归分析结果为0.424***。

人口受教育水平方面：模型三随机效应面板回归分析结果为15.258，模型三固定效应面板回归分析结果为–92.845**；模型四随机效应面板回归分析结果为14.932*，模型四固定效应面板回归分析结果为–93.600***。

城乡收入差距方面：模型三随机效应面板回归分析结果为–0.097，模型三固定效应面板回归分析结果为–0.456**；模型四随机效应面板回归分析结果为–0.092，模型四固定效应面板回归分析结果为–0.444**。

收入水平提高方面：模型三随机效应面板回归分析结果为–7.547***，模型三固定效应面板回归分析结果为–4.707***；模型四随机效应面板回归分析结果为–7.601***，模型四固定效应面板回归分析结果为–4.729***。

传统金融发展程度与财政压力方面：模型三随机效应面板回归分析结果

为 –0.211，模型四固定效应面板回归分析结果为 –0.106。

传统金融发展程度与互联网发展程度方面：模型三随机效应面板回归分析结果为 0.174***，模型三固定效应面板回归分析结果为 –0.078；模型四随机效应面板回归分析结果为 0.134，模型四固定效应面板回归分析结果为 –0.112。

调整 R 方值：模型三随机效应面板回归分析结果为 0.908，模型三固定效应面板回归分析结果为 0.957；模型四随机效应面板回归分析结果为 0.906，模型四固定效应面板回归分析结果为 0.957。

Hausman 检验方面：模型三的值为 13.85***，模型四的值为 13.70***。

在上述 4 个模型检验过程中都拒绝了原假设，这反映出应该使用固定效应模型进行检验，但是也能够看出在使用随机效应模型进行检验所得出的各个系数都具有较高的显著性。同时，观察数据可以发现采用面板回归模型及采用混合回归模型最终得出的结果相差较小，所以在这里仅对存在差异的地方进行说明：第一，传统金融发展程度、第三产业比重、对外开放程度在使用随机效应分析时所得出的结果都具有显著性，但是在采用固定效应时所得出的结果不显著；第二，地理因素、人口受教育水平、城乡收入差距三个方面在使用随机效应时结果都不显著，但是在使用固定效应时都显著；第三，政府干预在采用随机效应时显著为正，采用固定效应时显著为负，反映出政府干预对数字普惠金融的发展具有较强的不确定性。同时，如果不考虑个体异质性，那么从整体上看政府干预具有促进作用。如果考虑个体异质性，政府干预则会产生抑制数字普惠金融发展的作用。所以，我国政府在进行干预的过程中必须考虑不同地区的实际情况，因地制宜，这样才能够促进数字普惠金融的发展。

除此之外，从上述的结果还可以看出，在考虑一个因素对数字普惠金融发展所产生的影响时，不能仅从一个方面来进行分析，而应考虑综合情况，通过多个模型来进行回归分析。

（二）东部、中部和西部经济带的实证结果

使用随机效应和固定效应面板回归模型对东部、中部和西部经济带的数字普惠金融发展进行对比分析，最终结果如下所示。

传统金融发展程度方面：东部经济带随机效应面板回归分析结果为 0.406，

东部经济带固定效应面板回归分析结果为 0.000；西部经济带随机效应面板回归分析结果为 –0.291**，西部经济带固定效应面板回归分析结果为 –0.120；中部经济带随机效应面板回归分析结果为 0.278，中部经济带固定效应面板回归分析结果为 –0.387*。

财政压力方面：东部经济带随机效应面板回归分析结果为 7.755***，东部经济带固定效应面板回归分析结果为 –3.572***；西部经济带随机效应面板回归分析结果为 0.473，西部经济带固定效应面板回归分析结果为 –1.007；中部经济带随机效应面板回归分析结果为 2.307，中部经济带固定效应面板回归分析结果为 –0.431。

互联网发展程度方面：东部经济带随机效应面板回归分析结果为 –0.111，东部经济带固定效应面板回归分析结果为 2.517***；西部经济带随机效应面板回归分析结果为 0.291***，西部经济带固定效应面板回归分析结果为 1.502*；中部经济带随机效应面板回归分析结果为 0.613***，中部经济带固定效应面板回归分析结果为 2.761***。

经济发展水平方面：东部经济带随机效应面板回归分析结果为 1.935***，东部经济带固定效应面板回归分析结果为 2.904***；西部经济带随机效应面板回归分析结果为 0.392，西部经济带固定效应面板回归分析结果为 1.828**；中部经济带随机效应面板回归分析结果为 1.628***，中部经济带固定效应面板回归分析结果为 –0.385。

第三产业比重方面：东部经济带随机效应面板回归分析结果为 1.945*，东部经济带固定效应面板回归分析结果为 0.617；西部经济带随机效应面板回归分析结果为 3.155**，西部经济带固定效应面板回归分析结果为 1.081；中部经济带随机效应面板回归分析结果为 –0.586，中部经济带固定效应面板回归分析结果为 0.803。

对外开放程度方面：东部经济带随机效应面板回归分析结果为 –0.291，东部经济带固定效应面板回归分析结果为 0.363；西部经济带随机效应面板回归分析结果为 –1.027，西部经济带固定效应面板回归分析结果为 1.399；中部经济带随机效应面板回归分析结果为 6.632***，中部经济带固定效应面板回归分析结果为

6.118**。

人口密度方面：东部经济带随机效应面板回归分析结果为 –0.100，东部经济带固定效应面板回归分析结果为 –0.461；西部经济带随机效应面板回归分析结果为 0.168，西部经济带固定效应面板回归分析结果为 0.212；中部经济带随机效应面板回归分析结果为 –0.177，中部经济带固定效应面板回归分析结果为 1.363**。

人口受教育水平方面：东部经济带随机效应面板回归分析结果为 –89.236***，东部经济带固定效应面板回归分析结果为 –104.128*；西部经济带随机效应面板回归分析结果为 10.707，西部经济带固定效应面板回归分析结果为 –162.598**；中部经济带随机效应面板回归分析结果为 21.151，中部经济带固定效应面板回归分析结果为 –127.924*。

城乡收入差距方面：东部经济带随机效应面板回归分析结果为 –0.205，东部经济带固定效应面板回归分析结果为 1.239***；西部经济带随机效应面板回归分析结果为 –0.501*，西部经济带固定效应面板回归分析结果为 –1.265**；中部经济带随机效应面板回归分析结果为 0.909**，中部经济带固定效应面板回归分析结果为 0.148。

收入水平提高方面：东部经济带随机效应面板回归分析结果为 –5.932***，东部经济带固定效应面板回归分析结果为 –3.211***；西部经济带随机效应面板回归分析结果为 –6.445***，西部经济带固定效应面板回归分析结果为 –2.962**；中部经济带随机效应面板回归分析结果为 –8.710***，中部经济带固定效应面板回归分析结果为 –7.308***。

调整 R 方值：东部经济带随机效应面板回归分析结果为 0.916，东部经济带固定效应面板回归分析结果为 0.959；西部经济带随机效应面板回归分析结果为 0.903，西部经济带固定效应面板回归分析结果为 0.967；中部经济带随机效应面板回归分析结果为 0.959，中部经济带固定效应面板回归分析结果为 0.981。

Hausman 检验方面：东部经济带的值为 10.11***，西部经济带的值为 13.04***，中部经济带的值为 8.49***。

从上述结果可以看到，使用面板回归对东部、中部、西部经济带进行分析与采用混合回归的结果基本一致，下面仅对不一致的地方进行说明：第一，通过上述结果可以看出数字普惠金融的发展在互联网发展程度的基础上促使传统金融发展水平较为落后的地区形成了比较优势，所以我国东部经济带互联网发展水平方面的系数为负，而中部和西部经济带在互联网发展水平系数方面为正。第二，人口密度在中部经济带使用固定效应模型时最终的结果显著为正，反映我国中部经济带对地理方面优势有更好的利用，促使数字普惠金融的受益范围扩大。第三，人口受教育水平在使用固定效应进行分析时最终结果显著为负，说明在考虑个体异质性之后，不同地带由于人口受教育水平的提升，该地带的风险防范能力得到提升，从而抑制了数字普惠金融在这一地带的发展。第四，城乡收入差距在东部经济带使用固定效应分析时结果显著为正，说明东部经济带在城乡收入方面存在较大差距，并且这种差距越大越有利于数字普惠金融的发展。之所以会出现这种情况，主要原因是我国东部发达地区相较于西部较为落后的地区城乡收入差距过大，东部地区较不富裕人口想要通过创业或者其他方式提高自身的收入、缩小与其他人差距的意愿更强，从而促使这些人通过更为便捷的数字普惠金融来获取相应的资金。

五、影响因素的空间计量研究

前文已经阐明地方政府具有发展数字普惠金融的动机，这是因为发展数字普惠金融能够促使当地的财政收入增加，特别是在政府面临巨大财政压力的情况下，发展数字普惠金融能够有效缓解这种压力。在这样一种充满竞争的环境中，不同地方政府之间必然会相互效仿，这样就促进了不同地区之间生产要素的流动，从而使数字普惠金融在不同地区之间形成了空间相关性。所以，在这里需要通过空间自相关检验来探究数字普惠金融是否具有空间相关性。

（一）空间自相关检验

1. 全域空间自相关检验

全域空间自相关检验指的是在全部范围之内进行检验。对于数字普惠金融而言，全域空间自相关是将数字普惠金融指数基于整个空间进行检验，最终的相关性表现为一个具体的数值。如果该数值为正数，那么就表明存在正相关关系；如果该数值为负数，那么就表明存在负相关关系。除此之外，还有另外一种特殊情况，即该数值为0，这表明数字普惠金融指数不存在空间相关性。

经过检验最终得出的全域莫兰指数如下所示。

在数字普惠金融指数方面：2011 年莫兰指数为 0.212***，2012 年莫兰指数为 0.172***，2013 年莫兰指数为 0.131**，2014 年莫兰指数为 0.151**，2015 年莫兰指数为 0.122**，2016 年莫兰指数为 0.134**，2017 年莫兰指数为 0.125**，2018 年莫兰指数为 0.136**，2019 年莫兰指数为 0.142**，2020 年莫兰指数为 0.153**。

传统金融发展程度方面：2011 年莫兰指数为 0.082**，2012 年莫兰指数为 0.152***，2013 年莫兰指数为 0.208**，2014 年莫兰指数为 0.257**，2015 年莫兰指数为 0.271**，2016 年莫兰指数为 0.282**，2017 年莫兰指数为 0.293**，2018 年莫兰指数为 0.295**，2019 年莫兰指数为 0.301**，2020 年莫兰指数为 0.312**。

财政压力方面：2011 年莫兰指数为 0.222***，2012 年莫兰指数为 0.227***，2013 年莫兰指数为 0.223**，2014 年莫兰指数为 0.214**，2015 年莫兰指数为 0.231***，2016 年莫兰指数为 0.222**，2017 年莫兰指数为 0.231**，2018 年莫兰指数为 0.234**，2019 年莫兰指数为 0.256**，2020 年莫兰指数为 0.251**。

互联网发展程度方面：2011 年莫兰指数为 0.100**，2012 年莫兰指数为 0.099***，2013 年莫兰指数为 0.089**，2014 年莫兰指数为 0.085**，2015 年莫兰指数为 0.081**，2016 年莫兰指数为 0.082**，2017 年莫兰指数为 0.084**，2018 年莫兰指数为 0.086**，2019 年莫兰指数为 0.081**，2020 年莫兰指数为 0.084**。

经济发展水平方面：2011 年莫兰指数为 0.190***，2012 年莫兰指数为 0.188***，2013 年莫兰指数为 0.174**，2014 年莫兰指数为 0.161**，2015 年莫兰指数为 0.147**，2016 年莫兰指数为 0.142**，2017 年莫兰指数为 0.136**，2018 年莫兰指数为 0.132**，2019 年莫兰指数为 0.143**，2020 年莫兰指数为 0.146**。

第三产业比重方面：2011 年莫兰指数为 −0.099，2012 年莫兰指数为 −0.099，2013 年莫兰指数为 −0.091，2014 年莫兰指数为 −0.078，2015 年莫兰指数为 −0.047，2016 年莫兰指数为 −0.052，2017 年莫兰指数为 −0.072，2018 年莫兰指数为 −0.063，

2019 年莫兰指数为 –0.054，2020 年莫兰指数为 –0.062。

对外开放程度方面：2011 年莫兰指数为 0.016，2012 年莫兰指数为 –0.004，2013 年莫兰指数为 0.000，2014 年莫兰指数为 0.008，2015 年莫兰指数为 0.026，2016 年莫兰指数为 0.013，2017 年莫兰指数为 0.005，2018 年莫兰指数为 –0.003，2019 年莫兰指数为 0.001，2020 年莫兰指数为 0.009。

人口密度方面：2011 年莫兰指数为 –0.234***，2012 年莫兰指数为 –0.140**，2013 年莫兰指数为 –0.135**，2014 年莫兰指数为 –0.130*，2015 年莫兰指数为 –0.102，2016 年莫兰指数为 –0.113，2017 年莫兰指数为 –0.123，2018 年莫兰指数为 –0.154，2019 年莫兰指数为 –0.146，2020 年莫兰指数为 –0.123。

人口受教育水平方面：2011 年莫兰指数为 0.184***，2012 年莫兰指数为 0.169***，2013 年莫兰指数为 0.173***，2014 年莫兰指数为 0.182***，2015 年莫兰指数为 0.195***，2016 年莫兰指数为 0.212***，2017 年莫兰指数为 0.232***，2018 年莫兰指数为 0.245**，2019 年莫兰指数为 0.246***，2020 年莫兰指数为 0.278***。

城乡收入差距方面：2011 年莫兰指数为 0.183***，2012 年莫兰指数为 0.141**，2013 年莫兰指数为 0.129**，2014 年莫兰指数为 0.124**，2015 年莫兰指数为 0.152***，2016 年莫兰指数为 0.153**，2017 年莫兰指数为 0.157**，2018 年莫兰指数为 0.162**，2019 年莫兰指数为 0.164**，2020 年莫兰指数为 0.174**。

收入水平提高方面：2011 年莫兰指数为 0.019，2012 年莫兰指数为 0.034，2013 年莫兰指数为 0.122**，2014 年莫兰指数为 0.054*，2015 年莫兰指数为 0.115*，2016 年莫兰指数为 0.123*，2017 年莫兰指数为 0.124*，2018 年莫兰指数为 0.135*，2019 年莫兰指数为 0.134*，2020 年莫兰指数为 0.135**。

从上述结果可以看出，数字普惠金融指数的莫兰指数大于 0，这说明数字普惠金融指数存在空间正相关性，所以可以使用空间计量模型来进行分析。在其他方面，比如传统金融发展程度、经济发展水平及人口受教育水平等方面最终结果也大于 0，说明也存在空间相关性，所以在这里使用空间杜宾模型来进行效应的分解。

2. 局部空间相关性检验

相较于全域，局部是一种细化。全域空间相关性检验只能得出数字普惠金融整体上是否存在空间相关性，以及这种存在具有怎样的相关性。而局部空间相关性检验则是能够将这样的相关性更加直观地表现出来，同时也能够将这种相关性在局部空间中进行刻画。在局部空间相关性检验中，横坐标表示的是每个地区数字普惠金融指数，纵坐标则表示这一地区和周边地区加权之后的数字普惠金融指数。同时，横坐标和纵坐标将整个图形分为4个部分，其中第一象限是高高组合，第二象限是低高组合，第三象限是低低组合，第四象限是高低组合。通过这样的图形融合能够更加直观地看到数字普惠金融指数所存在的空间集聚现象。如果在最终结果中，第一象限和第三象限内存在较多的地区，那么就表明数字普惠金融指数存在空间正相关性；如果第二象限和第四象限内存在的地区较多，则表明为空间负相关。如果所有地区在整个图形之内均匀分布，那么表示不存在空间相关性。

最终结果显示，存在于第一象限和第三象限内的地区较多，有着主导数据的趋势，这表明数字普惠金融发展存在向相近城市趋向聚集的态势。同时，最终结果的斜率为正，这表明数字普惠金融存在空间正相关性（如图2-3所示）。

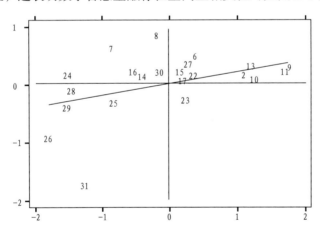

图2-3 局部空间相关性检验

（二）空间滞后和空间误差模型

在进行莫兰指数检验之后，如果变量之间的确存在空间相关性，那么进行一般的OLS（ordinary least squares，普通最小二乘法）或多元性回归分析不能获得准确结果。所以，在这里需要建立空间计量模型。在这一方面，无论是空间滞后模型、空间误差模型，还是空间杜宾模型都已经十分完善，所以可以通过这些模型来进行回归分析。

1. 全国 31 个省级行政区的实证结果

使用空间滞后模型和空间误差模型对数字普惠金融指数进行影响因素分析，最终的结果如下。

传统金融发展程度方面：空间滞后模型随机效应分析结果为 –1.153***，空间滞后模型固定效应分析结果为 –0.024；空间误差模型随机效应分析结果为 –0.122***，空间误差模型固定效应分析结果为 –0.067。

财政压力方面：空间滞后模型随机效应分析结果为 0.316***，空间滞后模型固定效应分析结果为 –0.263；空间误差模型随机效应分析结果为 0.111，空间误差模型固定效应分析结果为 0.002。

互联网发展程度方面：空间滞后模型随机效应分析结果为 0.097***，空间滞后模型固定效应分析结果为 1.250***；空间误差模型随机效应分析结果为 0.073***，空间误差模型固定效应分析结果为 1.785***。

经济发展水平方面：空间滞后模型随机效应分析结果为 0.091，空间滞后模型固定效应分析结果为 0.002；空间误差模型随机效应分析结果为 0.057，空间误差模型固定效应分析结果为 1.015***。

第三产业比重方面：空间滞后模型随机效应分析结果为 –0.506*，空间滞后模型固定效应分析结果为 –0.822**；空间误差模型随机效应分析结果为 –0.612**，空间误差模型固定效应分析结果为 1.397***。

对外开放程度方面：空间滞后模型随机效应分析结果为 0.314***，空间滞后模型固定效应分析结果为 0.461***；空间误差模型随机效应分析结果为 0.363***，空间误差模型固定效应分析结果为 0.079。

人口密度方面：空间滞后模型随机效应分析结果为 –0.003，空间滞后模型固定效应分析结果为 0.112*；空间误差模型随机效应分析结果为 –0.045，空间误差模型固定效应分析结果为 0.091**。

人口受教育水平方面：空间滞后模型随机效应分析结果为 7.136，空间滞后模型固定效应分析结果为 –26.797；空间误差模型随机效应分析结果为 11.558***，空间误差模型固定效应分析结果为 –11.046。

城乡收入差距方面：空间滞后模型随机效应分析结果为 –0.127，空间滞后模型固定效应分析结果为 –0.840***；空间误差模型随机效应分析结果为 –0.954***，空间误差模型固定效应分析结果为 –0.932**。

收入水平提高方面：空间滞后模型随机效应分析结果为 –1.602***，空间滞后模型固定效应分析结果为 –4.707***；空间误差模型随机效应分析结果为 –7.601***，空间误差模型固定效应分析结果为 –4.729***。

Rho：空间滞后模型随机效应分析结果为 0.833***，空间滞后模型固定效应分析结果为 0.724***。

Lambda：空间误差模型随机效应分析结果为 0.969***，空间误差模型固定效应分析结果为 0.957***。

调整 R 方值：空间滞后模型随机效应分析结果为 0.965，空间滞后模型固定效应分析结果为 0.978；空间误差模型随机效应分析结果为 0.708，空间误差模型固定效应分析结果为 0.937。

Hausman 检验方面：空间滞后模型的值为 102.86***，空间误差模型的值为 88.01***。

从上述数据可以看到，在考虑空间区位因素之后各个影响因素的作用具体为：第一，传统金融发展程度仍然会对数字普惠金融发展产生显著影响，但是在考虑到个体异质性之后这种影响有一定程度弱化。第二，政府干预程度依然能够对数字普惠金融发展产生促进作用，但是这一作用只有在使用随机效应空间滞后模型时才具有显著性。第三，互联网发展程度仍然是促进数字普惠金融发展的重要力量之一。第四，经济发展水平的不断提升对数字普惠金融发展所产生的推动作用在任何时候都可以发生，但是仅在固定效应空间误差模型方面这一作用才具有显著性。第五，在考虑空间因素之后，第三产业比重显示出一定的不确定性，主要表现在使用空间滞后模型得出的结果为负，而使用空间误差模型得出的结果为正，并且这两种模型所得出的结果都具有显著性。同时，第三产业比重的正向影响远远超过负向影响，所以在这里可以认为第三产业比重对数字普惠金融的发展仍然会起到促进作用。第六，对外开放程度的最终结果显著为正，这一结果与之前的所有论证都不一致。之所以会出现这种情况，是因为加入空间因素后，对外开放程度更高的是沿海地区，这些地区相互之间具有频繁的资金往来，所以也会促数字普惠金融的发展。第七，其他变量方面所得出的结果与前文进行的论证结果基本一致，所以在这里不再进行详细论述。

但需要注意的是，无论是使用空间滞后模型，还是使用空间误差模型，最终所得出的空间项都显著为正。这一结果也充分反映出在数字普惠金融发展的过程中，其本身存在空间相关性，具体为数字普惠金融发展程度较高的地区往往能够促进该地区和周边地区数字普惠金融的发展。

2. 东部、中部与西部经济带的实证结果

在这一部分仅采用固定效应面板模型来对东、中、西部的影响因素进行分析，最终结果如下。

传统金融发展程度方面：东部经济带空间滞后模型分析结果为 0.000，东部经济带空间误差模型分析结果为 0.000；西部经济带空间滞后模型分析结果为 0.018，西部经济带空间误差模型分析结果为 –0.110；中部经济带空间滞后模型分析结果为 –0.200**，中部经济带空间误差模型分析结果为 –0.102*。

财政压力方面：东部经济带空间滞后模型分析结果为 –1.365，东部经济带空间误差模型分析结果为 1.371；西部经济带空间滞后模型分析结果为 0.616，西部经济带空间误差模型分析结果为 –0.667；中部经济带空间滞后模型分析结果为 2.205，中部经济带空间误差模型分析结果为 –1.416。

互联网发展程度方面：东部经济带空间滞后模型分析结果为 2.221***，东部经济带空间误差模型分析结果为 2.369***；西部经济带空间滞后模型分析结果为 1.223***，西部经济带空间误差模型分析结果为 1.487**；中部经济带空间滞后模型分析结果为 1.162***，中部经济带空间误差模型分析结果为 0.874***。

经济发展水平方面：东部经济带空间滞后模型分析结果为 0.146，东部经济带空间误差模型分析结果为 1.180*；西部经济带空间滞后模型分析结果为 0.525，西部经济带空间误差模型分析结果为 0.272；中部经济带空间滞后模型分析结果为 –0.354，中部经济带空间误差模型分析结果为 –0.108。

第三产业比重方面：东部经济带空间滞后模型分析结果为 –0.755，东部经济带空间误差模型分析结果为 1.846*；西部经济带空间滞后模型分析结果为 –0.323，西部经济带空间误差模型分析结果为 1.322；中部经济带空间滞后模型分析结果

为 –1.274*，中部经济带空间误差模型分析结果为 0.805。

对外开放程度方面：东部经济带空间滞后模型分析结果为 0.281*，东部经济带空间误差模型分析结果为 0.123；西部经济带空间滞后模型分析结果为 0.929**，西部经济带空间误差模型分析结果为 0.471；中部经济带空间滞后模型分析结果为 3.388***，中部经济带空间误差模型分析结果为 1.963***。

人口密度方面：东部经济带空间滞后模型分析结果为 –0.685***，东部经济带空间误差模型分析结果为 –0.158；西部经济带空间滞后模型分析结果为 0.015，西部经济带空间误差模型分析结果为 –0.067；中部经济带空间滞后模型分析结果为 0.813***，中部经济带空间误差模型分析结果为 0.612***。

人口受教育水平方面：东部经济带空间滞后模型分析结果为 –20.346，东部经济带空间误差模型分析结果为 –21.434；西部经济带空间滞后模型分析结果为 –134.244***，西部经济带空间误差模型分析结果为 –98.938***；中部经济带空间滞后模型分析结果为 8.140，中部经济带空间误差模型分析结果为 6.011。

城乡收入差距方面：东部经济带空间滞后模型分析结果为 0.375**，东部经济带空间误差模型分析结果为 0.007；西部经济带空间滞后模型分析结果为 –0.505*，西部经济带空间误差模型分析结果为 –0.476**；中部经济带空间滞后模型分析结果为 0.258，中部经济带空间误差模型分析结果为 0.555***。

收入水平提高方面：东部经济带空间滞后模型分析结果为 –0.470，东部经济带空间误差模型分析结果为 –0.092；西部经济带空间滞后模型分析结果为 0.635，西部经济带空间误差模型分析结果为 1.132；中部经济带空间滞后模型分析结果为 –1.394*，中部经济带空间误差模型分析结果为 0.887。

Rho：东部经济带空间滞后模型分析结果为 0.732***；西部经济带空间滞后模型分析结果为 0.769***；中部经济带空间滞后模型分析结果为 0.759***。

Lambda：东部经济带空间误差模型分析结果为 0.922***；西部经济带空间误差分析结果为 0.956***；中部经济带空间误差模型分析结果为 0.976***。

调整 R 方值：东部经济带空间滞后模型分析结果为 0.987，东部经济带空间误差模型分析结果为 0.925；西部经济带空间滞后模型分析结果为 0.984，西部经济带空间误差模型分析结果为 0.889；中部经济带空间滞后模型分析结果为 0.988，中部经济带空间误差模型分析结果为 0.020。

Hausman 检验方面：东部经济带空间滞后模型的值为 87.19***，东部经济带空间误差模型的值为 63.54***；西部经济带空间滞后模型的值为 18.73***，西部经济带空间误差模型的值为 34.35**；中部经济带空间滞后模型的值为 54.41***，中部经济带空间误差模型的值为 53.72***。

在充分考虑空间因素之后所得出的结果与之前的研究结果存在一定差异，对比后其中较为明显的因素形成原因如下：第一，传统金融发展程度在我国东部经济带依然没有对数字惠普金融的发展产生显著的推动作用，但是在我国中部、西部经济带传统金融发展程度对于推动数字普惠金融发展却有着显著影响；第二，政府干预程度在我国东部发达地区对数字普惠金融的发展能够产生显著的推动作用，但是在中部、西部地区具有一定的抑制作用；第三，互联网发展程度无论在东部经济带还是在中部、西部经济带，都能够推动数字普惠金融的发展；第四，加入空间因素之后，对外开放程度越高的地区其数字普惠金融发展越好；第五，东部、西部经济带没有有效利用地理因素所带来的影响，而中部经济带却利用这一因素推动了自身的数字普惠金融发展；第六，在充分考虑空间因素之后，人口受教育水平的提高在我国西部经济带能够提高人们的金融风险防范意识，所以阻碍了西部地区数字普惠金融的发展；第七，空间项最终的结果均显著为正，反映出数字普惠金融发展存在空间溢出效应。

（三）空间杜宾模型及效应分解

从上述分析结果能够得出不仅被解释变量产生空间相关性，同时解释变量之间也存在空间相关性，所以在这里需要使用空间杜宾模型来进行检验。

1. 全国 31 个省级行政区的实证结果

使用随机效应的杜宾模型对相关数据进行分析，最终得到的结果如下。

传统金融发展程度方面：主项回归系数分析结果为 –0.133***，滞后项回归系数分析结果为 0.001，直接效应分析结果为 –0.178**，间接效应分析结果为 –1.350，总效应分析结果为 –1.529。

财政压力方面：主项回归系数分析结果为 0.196，滞后项回归系数分析结果为 0.043，直接效应分析结果为 0.279，间接效应分析结果为 2.657，总效应分析结果为 2.936。

互联网发展程度方面：主项回归系数分析结果为 0.102***，滞后项回归系数分析结果为 0.213，直接效应分析结果为 0.138***，间接效应分析结果为 1.051，总效应分析结果为 1.189。

经济发展水平方面：主项回归系数分析结果为 0.108*，滞后项回归系数分析结果为 −0.566**，直接效应分析结果为 −0.071，间接效应分析结果为 −5.205，总效应分析结果为 −5.276。

第三产业比重方面：主项回归系数分析结果为 −0.235，滞后项回归系数分析结果为 0.103，直接效应分析结果为 −0.303，间接效应分析结果为 −2.815，总效应分析结果为 −3.118。

对外开放程度方面：主项回归系数分析结果为 0.207***，滞后项回归系数分析结果为 0.123，直接效应分析结果为 0.287*，间接效应分析结果为 2.389，总效应分析结果为 2.676。

人口密度方面：主项回归系数分析结果为 −0.015，滞后项回归系数分析结果为 −0.019，直接效应分析结果为 −0.038，间接效应分析结果为 −0.651，总效应分析结果为 −0.689。

人口受教育水平方面：主项回归系数分析结果为 10.904**，滞后项回归系数分析结果为 11.118，直接效应分析结果为 19.531，间接效应分析结果为 261.781，总效应分析结果为 281.312。

城乡收入差距方面：主项回归系数分析结果为 −0.134**，滞后项回归系数分析结果为 −0.048，直接效应分析结果为 −0.182，间接效应分析结果为 −1.474，总效应分析结果为 −1.656。

收入水平提高方面：主项回归系数分析结果为 −1.485***，滞后项回归系数分析结果为 −0.092，直接效应分析结果为 −2.001***，间接效应分析结果为 −14.870*，总效应分析结果为 −16.871*。

调整 R 方值：主项回归系数分析结果为 0.911。

Hausman 检验方面：主项回归系数的值为 352.72***。

在空间杜宾模型分析中充分考虑了空间滞后基础上解释变量和被解释变量对

被解释变量的影响，因此最终得到的系数与空间误差模型相类似。从上述结果可以看到，主项都具有显著性，具体为传统金融发展程度与互联网发展程度都表现出显著的正向影响，而财政压力则表现为不显著的正向影响，其他变量不再一一赘述。杜宾模型的空间效应分解结果显示，直接效应没有间接效应所产生的作用大，但是在显著性方面却超过间接效应。以传统金融发展程度和互联网发展程度为例，一个地区传统金融发展程度和互联网发展程度都可以显著影响到该地区数字普惠金融的实际发展，但是这样的影响所产生的作用较小。而相邻地区传统金融发展程度和互联网发展程度则能够对当地的数字普惠金融发展产生较大的作用，但是这种作用不显著，具体表现为在这里并不能够十分确定这种影响一定可以发挥出作用。

从间接效应的结果来看，所有的符号都与直接效应相一致，并且所有的绝对值都大于直接效应的绝对值，但是基本不显著。这种结果充分说明这样的间接效应尽管能够产生影响，但是这种影响作用微乎其微。所以，在考虑数字普惠金融影响因素的过程中，可以忽略这种间接效应所产生的影响，而直接去关注和分析直接效应。

在上述检验的基础之上再使用固定效应进行数字普惠金融影响因素的空间杜宾分解，最终的结果如下。

传统金融发展程度方面：主项回归系数分析结果为0.049，滞后项回归系数分析结果为0.233**，直接效应分析结果为0.102**，间接效应分析结果为1.501***，总效应分析结果为1.603***。

财政压力方面：主项回归系数分析结果为0.011，滞后项回归系数分析结果为–1.390*，直接效应分析结果为–0.290，间接效应分析结果为–7.813**，总效应分析结果为–8.104**。

互联网发展程度方面：主项回归系数分析结果为1.682***，滞后项回归系数分析结果为0.224，直接效应分析结果为1.990**，间接效应分析结果为8.294***，总效应分析结果为10.284***。

经济发展水平方面：主项回归系数分析结果为1.003*，滞后项回归系数分析结果为–0.765**，直接效应分析结果为1.003***，间接效应分析结果为0.098，总效应分析结果为1.101。

第三产业比重方面：主项回归系数分析结果为0.711，滞后项回归系数分析结果为 0.121，直接效应分析结果为 0.825，间接效应分析结果为 3.201，总效应分析结果为 4.026。

对外开放程度方面：主项回归系数分析结果为 0.169，滞后项回归系数分析结果为 0.131，直接效应分析结果为 0.207，间接效应分析结果为 0.897，总效应分析结果为 1.104。

人口密度方面：主项回归系数分析结果为 0.192***，滞后项回归系数分析结果为 0.064，直接效应分析结果为 0.236***，间接效应分析结果为 1.323*，总效应分析结果为 1.559**。

人口受教育水平方面：主项回归系数分析结果为 –31.944**，滞后项回归系数分析结果为 –222.707***，直接效应分析结果为 –80.893***，间接效应分析结果为 –1390.408***，总效应分析结果为 –1471.301***。

城乡收入差距方面：主项回归系数分析结果为 –0.474**，滞后项回归系数分析结果为 0.344，直接效应分析结果为 –0.452**，间接效应分析结果为 0.111，总效应分析结果为 –0.344。

收入水平提高方面：主项回归系数分析结果为 –0.546，滞后项回归系数分析结果为 –0.095，直接效应分析结果为 –0.632，间接效应分析结果为 –2.558，总效应分析结果为 –3.190。

调整 R 方值：主项回归系数分析结果为 0.986。

Hausman 检验方面：主项回归系数的值为 352.72***。

通过固定效应对影响因素进行分析之后可以发现，无论是回归系数的显著性还是效用分解结果的显著性都获得了一定程度的增加。尤其需要注意的是，在使用随机效应时，传统金融发展程度的系数显著为负，但是传统金融发展程度的滞后项不显著为正。而在使用固定效应进行分析之后，这一结果正好相反，具体为传统金融发展程度的主项系数显著为正，滞后项系数也显著为正。这一结果充分反映出，在考虑个体异质性之后，周边地区传统金融发展对数字普惠金融所产生的作用会更加显著。所以，需要更加重视滞后项的作用。

2. 东部、中部与西部经济带的实证结果

由于 Hausman 检验支持固定测量模型，所以在这里只对东、中、西部使用固定效应空间杜宾模型进行检验，以此得出主项和滞后项对东、中、西部经济带所产生影响的差异性，最终结果如下。

传统金融发展程度方面：东部经济带主项分析结果为 0.000，东部经济带滞后项分析结果为 0.000；西部经济带主项分析结果为 0.016，西部经济带滞后项分析结果为 0.316；中部经济带主项分析结果为 –0.112***，中部经济带滞后项分析结果为 –0.251***。

财政压力方面：东部经济带主项分析结果为 –1.026，东部经济带滞后项分析结果为 –1.165；西部经济带主项分析结果为 –0.862，西部经济带滞后项分析结果为 –6.904**；中部经济带主项分析结果为 –2.189***，中部经济带滞后项分析结果为 –6.182**。

互联网发展程度方面：东部经济带主项分析结果为 3.155**，东部经济带滞后项分析结果为 –2.741**；西部经济带主项分析结果为 1.830***，西部经济带滞后项分析结果为 6.150***；中部经济带主项分析结果为 0.803***，中部经济带滞后项分析结果为 2.392***。

经济发展水平方面：东部经济带主项分析结果为 1.727***，东部经济带滞后项分析结果为 1.575；西部经济带主项分析结果为 –0.387，西部经济带滞后项分析结果为 –1.598**；中部经济带主项分析结果为 –0.465*，中部经济带滞后项分析结果为 –0.187。

第三产业比重方面：东部经济带主项分析结果为 1.222，东部经济带滞后项分析结果为 8.843**；西部经济带主项分析结果为 –2.801，西部经济带滞后项分析结果为 –9.254***；中部经济带主项分析结果为 0.996**，中部经济带滞后项分析结果为 4.532***。

对外开放程度方面：东部经济带主项分析结果为 0.545***，东部经济带滞后项分析结果为 2.223***；西部经济带主项分析结果为 1.683**，西部经济带滞后项分析结果为 0.045；中部经济带主项分析结果为 1.378***，中部经济带滞后项分析结果为 –4.502**。

人口密度方面：东部经济带主项分析结果为 –0.751***，东部经济带滞后项分析结果为 –0.502；西部经济带主项分析结果为 0.169**，西部经济带滞后项分析结果为 0.499***；中部经济带主项分析结果为 0.119，中部经济带滞后项分析结果为 1.015**。

人口受教育水平方面：东部经济带主项分析结果为 –42.859*，东部经济带滞后项分析结果为 –309.758**；西部经济带主项分析结果为 –166.226***，西部经济带滞后项分析结果为 –72.867；中部经济带主项分析结果为 –50.426***，中部经济带滞后项分析结果为 –343.932***。

城乡收入差距方面：东部经济带主项分析结果为 0.128，东部经济带滞后项分析结果为 1.633***；西部经济带主项分析结果为 –0.917***，西部经济带滞后项分析结果为 2.150**；中部经济带主项分析结果为 0.394***，中部经济带滞后项分析结果为 –1.334***。

收入水平提高方面：东部经济带主项分析结果为 1.473**，东部经济带滞后项分析结果为 –4.468***；西部经济带主项分析结果为 1.418**，西部经济带滞后项分析结果为 –7.325***；中部经济带主项分析结果为 –1.699***，中部经济带滞后项分析结果为 –5.411***。

Rho：东部经济带分析结果为 0.475***；西部经济带分析结果为 0.262；中部经济带分析结果为 –0.070。

调整 R 方值：东部经济带分析结果为 0.995；西部经济带分析结果为 0.994；中部经济带分析结果为 0.988。

Hausman 检验方面：东部经济带的值为 101.64***；西部经济带的值为 58.66***；中部经济带的值为 23.12***。

从上述分析结果可以发现：第一，传统金融发展程度只在我国的中部经济带有显著性影响，同时滞后项所产生的影响相较于主项更大，这充分反映出一个地区及周边地区的传统金融发展程度比该地区传统金融发展程度更加能够促进数字普惠金融的发展。第二，政府干预程度在中部和西部经济带都具有一定的反作用，其中在西部经济带滞后项所产生的作用相较于主项具有更为显著的作用。但是在中部经济带，无论是滞后项还是主项都有显著性的负影响，充分反映出政府如果进行不恰当的干预就会影响当地数字普惠金融的发展，同时这种不恰当的干预也会影响到该地区及周边地区数字普惠金融的发展。第三，互联网发展程度在任何时候都可以对数字普惠金融产生推动作用。同时，除了东部经济带以外，互联网发展程度滞后项会对数字普惠金融发展产生一定的阻碍作用。第四，在东部经济带，对数字普惠金融发展产生正向影响的因素主要包括经济发展水平、互联网发展程度、收入水平提高、对外开放程度；负向因素主要有人口密度和人口受教育水平。第五，对我国西部经济带数字普惠金融发展产生影响的正向因素主要包括互联网发展程度、人口密度、对外开放程度、收入水平提高；产生负向影响的因素主要包括第三产业比重、城乡收入差距、人口受教育水平。第六，对中部经济带数字普惠金融产生正向影响的因素主要包括传统金融发展程度、互联网发展程度、第三产业比重、对外开放程度及城乡收入差距；负向因素主要包括政府干预程度、人口受教育水平、人均收入增长及经济发展水平。

第三节　主要结论与建议

一、主要结论

本章主要是通过 2011 年到 2020 年全国 31 个省级行政区面板数据分析的方式找出影响数字普惠金融指数的因素，最终得出以下几方面的结论：首先，我国数字普惠金融指数存在不平衡性，并且这种不平衡性经历了先缩小后扩大的发展过程。从前述内容中得出的泰尔指数组内分解结果和总的分解结果能够看出，泰尔指数中存在的差异主要是由组内差异构成的，这反映出我国三大地带之间所存在的差异较小，而各个地带中不同省级行政区之间存在较大差异。同时还得出，各个省级行政区之间存在较大差异是数字普惠金融发展过程中存在区域差异的主要原因。从 σ 收敛的最终结果可以看出，我国数字普惠金融整体上呈现出逐年减小的发展趋势，具体为在地区内产生的波动随着时间推移趋于收敛，且从不同区域来看这一结论也同样成立。其中，我国西部经济带有着最高的收敛程度，中部经济带次之，东部经济带有着最小的收敛程度。β 收敛结果反映出数字普惠金融发展水平较低的地区往往比有良好数字普惠金融发展水平的地区有更快的发展速度。其次，传统金融发展水平能够对数字普惠金融的发展产生重要影响，并且这种影响为正向影响。政府干预程度也能够产生正向影响，但是政府干预程度所产生的影响存在一定差异，具体为如果一个地区传统金融发展水平较为落后，那么该地区的政府干预不仅不能促进数字普惠金融的发展，反而会形成一定阻碍。互联网技术能够进一步促使数字普惠金融发展速度加快，因此互联网发展水平对数字普惠金融的发展有显著的促进作用，并且在传统金融较为落后的地区这种作用更加明显。另外，互联网发展水平还能够促进传统金融较为落后的地区形成比较优势。经济发展水平也能够产生一定的推动作用，城乡收入差距则会对数字普惠金融的发展产生明显的阻碍。所以在当前，对于我国而言需要正确认识城乡收入差距这一问题，应通过各种方式缩小城乡收入差距，从而促进数字普惠金融的发展。最后，东部、中部和西部三个区域对数字普惠金融发展产生影响的主要因素存在一定差异。其中，受传统金融发展水平更多影响的主要是西部经济带，受互联网发展程度影响的是中部经济带和西部经济带，主要受政府干预影响的是东部经济带。

二、对策建议

（一）与当地区域特色结合，促进数字普惠金融发展

要想促进数字普惠金融的发展，就必须制定差异化的发展战略。在此过程中，首先需要当地相关部门根据本地的实际情况，通过各种方式使数字普惠金融发展和传统金融发展之间的差距缩小。比如，在我国东部经济带，由于已经有较为发达的传统金融，所以就应该将数字普惠金融发展的侧重点放在增强金融服务的创新性方面，投入更多来发展新的业态。而在我国西部经济带，由于传统金融发展水平较低，所以应该使金融服务的覆盖范围得到提升。其次相关部门应该为数字普惠金融的发展提供更多的金融支持和技术支持，从而使金融领域的基础设施建设得到完善，这样才能更有效促进数字普惠金融的发展。

（二）借助科技力量推动数字普惠金融发展

各种先进数字技术的使用能够使金融机构在向金融对象提供金融产品和金融服务的过程中成本不断降低，同时也能够使金融产品 / 服务的需求者获得金融产品 / 服务的成本降低。通过这一过程，能够逐渐改变人们获得金融产品和金融服

务的方式，从而促使数字普惠金融实现进一步发展。具体来看，我国在当前首先需要将技术的创新与突破作为发展的动力来源，并且要作为实现金融创新的重要支撑，这样才能够开辟一条属于我国数字普惠金融发展的独有道路。我国需要在农村地区更加广泛地应用数字技术，有效提升农村地区数字普惠金融的可获得性，同时需要通过数字技术的应用来促进数字普惠金融创新，使数字普惠金融能够覆盖更大的范围，从而促使数字普惠金融的普及性得到有效提升。

（三）推动教育发展，缩小城乡差距

促进数字普惠金融发展是一个漫长的过程，不可能一蹴而就。从当前来看，尽管我们发现在数字普惠金融发展过程中存在一些不良资本占据主导的问题，但是在当前必须相信市场本身的选择功能，可以通过市场规律来剔除这些不良资本。首先，我国应该做到以相信市场为基础，不断提升人民群众的金融防范意识。只有人民群众都拥有了相关知识，都能够形成判断信息优劣的能力，才能够促使市场的作用得到更大发挥。其次，我国政府应该通过各种方式去提高人民群众的受教育水平，通过不同的方式或途径来使人们能够深刻认识金融，提高自身金融素养。最后，我国政府应该通过制定各种政策来解决当前存在的城乡收入差距较大的问题，比如可以通过农业扶持政策来解决城乡收入差距较大的问题。

第三章　数字普惠金融发展对我国经济高质量发展的影响

数字普惠金融是指以数字技术为基础，借助互联网、大数据等手段，将金融服务送达普通民众及中小微企业，助力其获得便捷、安全、高效、低成本的金融服务。在我国经济高质量发展的进程中，数字普惠金融正成为越来越重要的推动力量。它不仅能够促进经济双轮驱动，推动消费升级和创新发展，还能够增强金融服务的普惠性、可持续性和包容性，进而为我国经济高质量发展注入新的活力和动力。本章将探讨数字普惠金融发展对我国经济高质量发展的影响，并归纳总结其未来发展方向与重要意义。

第一节　数字普惠金融对经济高质量发展的作用机制

数字普惠金融是一种独特的金融服务模式，其核心理念是利用数字技术和金融工具为广大民众提供更加便捷、高效、安全的金融服务。在当前经济高质量发展的背景下，数字普惠金融已成为促进经济可持续增长和社会公平正义的关键手段。本节旨在探讨数字普惠金融对经济高质量发展的作用机制，并深入分析其在推动经济创新、提高金融普惠性和促进消费升级等方面所发挥的重要作用。我们相信，数字普惠金融的不断发展与普及将为建设更加繁荣、稳健、可持续的中国经济发挥越来越重要的作用。

一、数字普惠金融对经济高质量发展的促进作用

促进经济高质量发展是我国五大发展理念的核心要义之一，需要从创新、协调、绿色、开放、共享5个方面来进行，以此来实现多元化平衡发展。在现代经济发展过程中，金融是其中重要的推动力，能够有效推动经济的发展。数字普惠金融作为信息时代金融方面的一种服务创新，主要是通过数字技术的支撑使资金

供给成本及交易成本降低，同时还能够消除金融交易中存在的时空限制，从而为整个社会的不同阶层提供更高质量的金融服务，最终实现金融服务精准和普惠的统一。从目前来看，数字普惠金融的发展十分契合经济高质量发展所提出的新要求，因此是当前经济发展重要的服务方式之一，能够使经济高质量发展的目标得以实现。

第一，创新是促进历史进一步发展的重要动力，创新目前已经成为各个国家实现经济高质量发展的重要内容，并且占据了核心位置，是信息时代促使整个经济社会得以发展的驱动力。在整体发展过程中，任何经济主体要想实现在创新基础上的发展都较为困难，因此对于经济主体来说必须投入更多力量开展科技创新攻关，这是实现各个领域技术快速发展的必经之路。科技创新活动的开展需要有大量资金作为支撑，通常情况下科技创新活动的开展具有高风险性，且回报周期较长，这样就导致很多企业在开展科技攻关的过程中需要有更多的资金作为支撑，但是在这一过程中企业往往会受到融资方面的约束。这方面的问题对于小微企业而言往往体现得更为明显。数字普惠金融的出现有效缓解了企业在科技创新活动中所面临的融资困境，为各个企业进行科技创新活动提供了更多保障。首先，数字普惠金融主要是在数字技术的基础之上对各个行业或区域的商流、资金流等方面的数据进行收集整理，然后通过大数据技术来分析计算从而准确把握各方面的数据信息，提升借贷双方的匹配度。这样不仅能够降低借贷双方的交易成本，还能够减少借贷双方出现融资摩擦的概率。同时，数字普惠金融还可以使金融服务效率大幅提升。其次，在数字技术的支撑下，数字普惠金融的资金来源呈现出多元化发展趋势。因此，在数字普惠金融中拥有多元化的投资者，这样能使资金供给水平得到有效增加，减轻企业融资过程中所需要投入的成本，从而间接推动企业的科技创新活动。最后，数字普惠金融对企业进行的科技创新活动带来的支撑不仅体现在融资方面，还体现在融资方式的创新方面。从当前实际情况来看，数字普惠金融采用的融资方式与企业进行的创新创业活动更加契合，能够充分满足企业创新创业活动的资金需求，从而有效促进区域创新发展。

第二，从协调角度来看，产业协同和城乡区域联动发展是促进经济高质量发展的重要内容。长期以来，我国一直存在产业发展不协调及城乡二元结构明显的问题，这些问题都会导致我国区域发展的不平衡。之所以会出现这些问题，我国金融体系不够完善是其中的重要原因。我国金融体系在制度上存在缺陷主要表现在以下两个方面：①我国的金融资源往往是从收益率较低的行业逐渐转向收益率较高的行业，特别是从第一产业逐渐向第二产业和第三产业转移，这样的金融转移导致我国的产业结构畸形发展；②我国的金融资源不断从农村涌向城市，导致城市和农村之间的发展差异不断扩大。这两个方面导致我国的金融资源长期以来都聚集在一些有较高收益的行业或有更好发展前景的区域内，甚至一些金融资源只在金融系统内部空转，这样不仅导致我国经济发展产生了不协调的问题，同时也对我国经济高质量发展产生了负面影响。数字普惠金融的本质在于普惠和精准的统一，这种本质特点促使数字普惠金融能够促进我国经济实现兼顾效率公平的发展。具体来看，数字普惠金融的发展不仅能够促使金融体系向收益高的方向聚集和改变，还能够促使资金进入处于弱势的产业中或地区中，然后在大数据技术的支撑下实现资金需求方和供给方的精准匹配，从而降低企业进行融资的成本。同时，数字普惠金融能够打破时空限制，并且在数据整理效率方面相较于传统普惠金融有了大幅提升，因此数字普惠金融在风险识别能力方面效率更高，这样就降低了金融交易过程中存在的各种信息不对称的风险。另外，由于数字普惠金融不受时空限制，数字普惠金融本身的普惠性能够在更大范围内得到充分发挥，从而使不同地区都获得相同的金融资源和服务，这样能够更好地促进不同区域的协调发展。

第三，经济高质量发展过程中，绿色发展也是重要的环节。在经济发展过程中，人与自然之间的和谐发展在实现经济高质量发展方面发挥了重要作用。在普惠金融中，绿色金融能够通过金融体系带来的正面影响促使环境得到改善，也能够使资源得到有效利用。长期以来，信息不对称及数据隔离问题导致绿色金融发展受到各方面限制。但是数字普惠金融相较于传统普惠金融其本身就具有绿色属性。一方面，数字普惠金融本身所具有的数字特性使以数字普惠金融为基础所展开的各种金融交易都是以数据信息的方式呈现的，相较于传统普惠金融的交易方式对整个环境有着更高的友好程度。另一方面，在绿色发展过程中，对环境问题所产生的外部性进行内部化是实现绿色发展的重要方式和内容，而数字普惠金融本身是一种金融创新形式，其本身就具有外部性，所以充分借助数字普惠金融本身的数字特性，能够实现资源的重新配置，促使绿色金融资源向有着绿色生产方式或环境友好型的企业倾斜，从而改善生态系统的建设，最终形成数字普惠金融配置金融资源与生态环境保护的良性循环。

第四，数字普惠金融是实现我国对外开放政策的重要保障。对外开放是我国基本国策之一，在对外开放过程中，每当外部环境发生变化或国际形势紧张的情况发生时，我国都通过对外开放来稳定国内的产业链供应，并且通过开放促进了我国的经济发展。因此，整体来看，对外开放十分符合我国经济深入融入世界经济发展的趋势。实行开放发展，不仅是从我国历史经验教训总结而来的必然选择，而且是我国未来能够实现经济良好发展的重要体现。一个国家的贸易结构不仅来自该国本身经济发展相较于其他国家的优势，更多的是来自该国家本身经济发展所达到的层次。在这一论断的基础上，数字普惠金融以数字技术为支撑，能够为外向型生产企业提供更为精准及成本更低的资金支持，这样就促使外向型生产企业生产规模得以扩大，市场份额也能够得到提升。另外，数字普惠金融还能够从资金层面为外向型生产企业进行的创新提供支撑。数字普惠金融可以实现对金融资源的重新配置，这样就能够为我国产业结构的优化升级提供资金方面的支撑，促使我国从低端产业链逐渐进入中高端产业链，从而提升我国在与其他国家贸易过程中的优势。除此之外，数字普惠金融所支持的急速到账、快速支付及支付追踪等功能为资本跨境流动带来更多便利，并且数字普惠金融所采用的数字加密技术也保障了数字交易过程的安全。正是由于数字技术所带来的各种便利，我国经济发展获得了更多优势。

第五，人民幸福安康是推动经济高质量发展的最终目的。对于经济高质量发展来说，发展过程中所获得的发展成果是否能够充分满足全体人民的需求及实现全体人民对这一成果的共享是衡量经济高质量发展的重要标准之一。对数字普惠金融来说，金融普惠是其核心属性，具体为通过普惠金融服务促进不同阶层共享经济社会发展所带来的各种成果，这一目标和经济高质量发展的最终目标相一致。在数字技术的支撑之下，普惠金融被改造，使数字普惠金融的服务对象相较于以往得到了极大的拓展，并且各种网络借贷、众筹及第三方支付等新的金融服务模式逐渐产生和发展，使农村居民也能够得到其本身所需要的金融服务。同时，数字普惠金融能够为这一部分人的创业与消费提供资金来源。因此，数字普惠金融能够满足我国民众不断增长的生活需求，是当前我国共享经济快速发展的重要渠道之一。

综上所述，数字普惠金融对社会的整体发展存在多个维度的促进作用，并且这种多维度与经济高质量发展的内涵相统一。所以，数字普惠金融从创新、协调、绿色、开放、共享 5 个方面对经济高质量发展起到重要的促进作用。

二、数字普惠金融在经济高质量发展中所产生的门槛效应

从前述内容可以看出，数字普惠金融能够推动经济高质量发展，同时经济高质量发展也需要有新金融体系的支撑。从目前关于两者的研究来看，很多学者对两者之间关系的研究主要集中于数字普惠金融对经济高质量发展所带来的各种影响，尤其是数字普惠金融是否真的能够对经济高质量发展起到推动作用。但是，数字普惠金融对经济高质量发展所产生的门槛效应却极少有人进行探索。第一，在数字时代，不同事物之间的关系更为复杂，不再表现为线性关系，所以对于数字普惠金融对经济高质量发展是否产生了门槛效应这一方面的研究十分必要和重要，但是从实际情况来看，这一方面的相关研究不仅数量较少，同时大部分研究仍停留在初级讨论阶段，还需要进一步进行深入讨论。第二，数字普惠金融在具有强大功能的同时也必然会存在一定不足。比如，数字普惠金融作为一种金融服务方式，其所服务的主体往往是财富占有量较少，并且长期难以得到传统金融服务的群体，比如低收入者、老年人等，这就导致数字普惠金融对经济高质量发展的促进存在一定限制，具体为数字普惠金融有其自身的发展区间，如果处于这一区间内，那么数字普惠金融就会对经济高质量发展产生十分显著的促进作用；但是如果超过这一区间，那么数字普惠金融就会对其他金融服务模式的发展产生阻碍或限制，从而给其他群体的发展带来各种不利影响，进而导致经济高质量发展的目标难以实现。

三、数字普惠金融对经济高质量发展动态效率的影响

数字普惠金融在发展过程中对整个经济社会所产生的影响不仅体现在多个方

面，同时拥有多个层次。数字普惠金融所带来的各种影响也在不断增加，从最初的电子支付与互联网金融等发展到包括传统金融行业各个方面的数字普惠金融体系，比如货币基金业务、信贷业务、投资业务等。尽管数字普惠金融的服务对象有一定特定性，但数字普惠金融对经济高质量发展所产生的影响是多层次和多方面的。从前文可以看出，数字普惠金融从 5 个方面对经济高质量发展产生影响。与此同时，经济高质量发展并不是简单的经济实现增长，而是具有丰富的内涵，经济高质量发展对社会发展而言具有多维性。所以，数字普惠金融的发展对于经济高质量发展不仅有一定的门槛效应，同时也形成了一定的加速效应，具体来说就是数字普惠金融的发展能够加速经济高质量发展这一目标的实现。主要原因在于：一方面，数字普惠金融的发展对经济高质量发展所产生的促进作用不能简单地进行叠加，而是在经济运行过程中相互进行叠加，这样就使数字普惠金融能够有效加速经济高质量发展目标的实现；另一方面，数字普惠金融和传统普惠金融都是实现经济高质量发展的重要路径。从目前来看，传统普惠金融在促进经济高质量发展方面已经得到证实，数字普惠金融是以传统普惠金融为基础通过数字技术所进行的改造和升级，这样就使数字普惠金融相较于传统普惠金融更加能够发挥普惠金融本身的普惠性与精准性。总之，数字普惠金融不仅能够促进经济的高质量发展，而且能够加速经济高质量发展最终目标的实现。所以从整体上看，数字普惠金融能够提高经济高质量发展的动态效率。

第二节　数字普惠金融发展对经济高质量发展影响的实证分析

在这一部分以探究数字普惠金融对经济高质量发展效率的影响为基础，同时借助相应模型来对数字普惠金融对经济高质量发展所产生的影响进行探讨。在这一部分内容中，首先提出了数字普惠金融对经济高质量发展的影响假设；其次对此次实证分析过程中所使用的样本数据及变量进行了说明和界定；最后在实证目的的基础之上构建相对应的模型，对数字普惠金融所带来的影响进行多维度和多层次的分析，同时进行稳健性检验，以此来检验整个研究结果的可靠性。

一、研究假设

（一）数字普惠金融促进经济高质量发展

经济高质量发展需要从前述内容所提到的 5 个方面来统一进行，并且需要实现多元化平衡发展。金融是现代经济发展的重要加速器，同时也是重要动力之一。在数字技术的支撑下，数字普惠金融使得资金方面的供给成本、交易成本降低，同时也为融资主体提供了更为方便的服务方式，也提供了高质量与高效率相结合的金融服务，实现了金融服务普惠性和精准性的统一，这一点充分契合了经济高质量发展所提出的要求。总体上看，数字普惠金融对社会发展所产生的促进作用具有多个维度，而正是由于这一特点使数字普惠金融的发展与经济高质量发展相统一。据此提出假设 1：数字普惠金融能够促进经济高质量发展。

数字普惠金融的核心属性是普惠性，而这一核心属性能够兼顾经济社会发展过程中的效率问题及公平问题，从而对经济体系的健康运行产生积极影响，同时在整个社会稳定运行过程中也发挥着重要作用。数字普惠金融本身的普惠性是建立在数字技术的突破创新之上的。首先，数字普惠金融通过数字技术的发展能够在更大范围内收集用户的信息，并且能够在海量的数据信息中对有价值的信息进行收集和挖掘，同时减少在金融服务过程中存在的信息不对称问题，也能够降低投资过程或融资过程中存在的各种道德风险。其次，数字技术的发展使金融市场门槛降低，并且使资金供给不断增加，因此企业和其他融资主体在资金获取及资金使用方面需要付出的成本更低，而成交的效率则不断提高。数字技术能够对海量信息数据进行挖掘和分析，在资金配置的过程中对风险的管理效率得以提升，从而降低风险，实现资金的精准对接。最后，数字技术的优势所带来的资金配置效应能够为整个经济的运行提供融资方面的支持，从而使经济实现高质量发展。因此，在假设 1 的基础之上，提出假设 1.1：数字惠普金融数字化程度能够对经济高质量发展起到相应的促进作用。

近年来，随着数字技术的快速发展，数字普惠金融在我国覆盖的范围越来越广泛，这样就促使数字普惠金融逐渐打破了传统金融中存在的二八定律，那些长期以来受到资金歧视所影响的客户，能够通过数字惠普金融获得更多的金融支撑，从而使数字普惠金融能够为各种小微企业、创业主体或处于偏远地区的居民等弱势群体提供资金上的支持。也正是由于数字惠普金融能够为这些弱势群体提供金融服务，所以在一定程度上解决了我国存在的不同地区之间发展不平衡的问题，从而促使我国经济不发达地区也能在更多资金的支持下实现更大的发展。比如，我国一些山区在得到更多资金支持之后获得了更好的发展，并且形成了自己的产业体系甚至是区域发展体系，这样不仅使社会主义的分配体系得到了更大优化，还使人民群众实现了自己追求美好生活的目标，最终促进了经济高质量发展。从这些内容可以看出，数字技术的快速发展，使数字普惠金融的覆盖面不断拓宽，从而使数字普惠金融的普惠性得到了更为充分的发挥，进而推动了我国不同地区的协调发展，最终实现经济的高质量发展。

假设1.2：数字普惠金融覆盖广度和使用深度对经济高质量发展有促进作用。

数字技术的快速发展使数字普惠金融具有更强的针对性，从而能够为不同的融资主体提供更加高效且具有个性化特征的金融服务。这种金融服务一方面来自数字普惠金融所覆盖范围的拓宽，另一方面来自数字普惠金融使用深度的不断增加。从目前来看，随着数字普惠金融的发展，数字普惠金融已经不再是简单的电子支付，而是已经囊括了金融行业的各个方面，比如信贷业务、投资业务、保险业务等。随着数字普惠金融覆盖广度的不断提升，数字普惠金融所面向的对象更多，同时数字普惠金融使用深度的增加也使数字普惠金融本身的效能得到了极大强化，能够充分发挥本身的普惠性及高效性。正是由于这种具有针对性和高效的金融服务使金融服务实体实现了效率和公平的兼顾。因此，数字普惠金融的覆盖广度和使用深度都能够对经济高质量发展起到促进作用。

（二）数字普惠金融对经济高质量发展的门槛效应检验

从目前的实际情况来看，很少有学者进行数字普惠金融对经济高质量发展是否存在门槛效应方面的探讨，因此在当前对这方面进行研究十分有必要。在这部分内容中提出假设2：数字普惠金融与经济高质量发展之间存在门槛效应。

（三）数字普惠金融对经济高质量发展动态效率的影响

数字普惠金融对经济社会的影响是从各个方面和各个层次产生的，且这种影响随着时间的推移不断提升，已经从最初的电子支付及互联网金融等发展到囊括传统金融行业的各个方面，如前面提到的信贷业务、保险业务与信用业务等方面。同时需要认识到经济的高质量发展并不是简单地实现经济增长，而是有着更为丰富的内涵。当前很多学者认为经济高质量发展至少要实现 5 个方面的目标，具体为创新、协调、绿色、开放、共享。在假设 1 分析的基础之上，数字普惠金融也会从上述 5 个方面对经济高质量发展产生影响，所以数字普惠金融对经济高质量发展所产生的影响并不是线性影响，而是基于多维度和多层次的影响。同时，数字普惠金融对经济高质量发展所带来的多维度和多层次影响也会在其发展过程中不断进行相互叠加，从而使数字普惠金融为经济高质量发展带来的影响不再简单地只是一种促进作用，而是会表现为加速推动经济高质量发展目标的实现。所以，提出假设 3：数字普惠金融指数的提升可以促进经济高质量发展动态效率的提高。

二、变量选择与数据来源

（一）变量选择

1. 被解释变量

经济高质量发展效率：在此次市场分析过程中选择了全国 31 个省级行政区经济高质量发展效率作为一种因变量，时间跨度为从 2012 年到 2019 年。

经济高质量发展动态效率：在本次实证分析中选择了全国 31 个省级行政区经济高质量发展动态效率作为另外一种因变量，以此来进一步对数字普惠金融对经济高质量发展所产生的推动作用进行分析，时间跨度也是从 2012 年到 2019 年。

2. 解释变量

数字普惠金融指数源于北京大学数字金融研究中心所发布的《北京大学数字普惠金融指数（2011—2020）》，主要包含数字金融覆盖广度、数字金融使用深度与数字金融数字化程度等方面。该指数具有较为广泛的认可度，所以作为本次实证分析的核心解释变量之一。

数字金融覆盖广度：主要对数字金融的普惠性进行刻画。数字金融的覆盖广度越高，数字普惠金融的覆盖面就会越广，从而使普惠性得到更好的发挥。

数字金融使用深度：在这一变量方面主要从 6 个维度进行刻画，主要为支付业务、信贷业务、投资业务、货币基金业务、保险业务、信用业务，基本涉及了金融的各个方面。

数字金融数字化程度：主要由 4 个方面构成，具体为移动、信用化、便利化及实惠化。这一变量主要由 10 个二级指标构成，涉及 5 个方面，具体为移动支付、贷款利率、花呗使用程度、信用贷款使用程度、二维码使用程度。

3. 控制变量

此次实证分析最终确定的控制变量主要为地区生产总值、外国直接投资（foreign direct investment，FDI）、平均受教育程度、全国公路里程数、产业结构及新增固定资产。之所以选择地区生产总值为控制变量，是因为地区经济的整体发展情况会对整个国家经济发展质量产生重要影响，所以必然会对经济高质量发展产生影响。正常情况下，地区经济发展规模越大，就越倾向于通过转变发展方式来实现经济又好又快发展，从而提升经济发展的整体质量。

外国直接投资是当前资本国际化的重要形式，能够对经济高质量发展产生影响。外国直接投资对经济高质量发展所产生的影响主要表现在以下几个方面：第一，FDI 能够对技术创新能力产生一定程度的影响，从而对经济发展质量产生影响。对我国来说，我国正处于转型的重要时期，因此我国整个经济高质量发展从本质上来看就是创新、协调、绿色、开放、共享 5 个方面结合、协调、统一的发展，是一种多维度和可持续的发展。FDI 能够使创新能力得到提升，创新能力是实现经济高质量发展的重要基础。因此，FDI 会对经济高质量的整体发展水平产生影响。第二，FDI 会在产业结构调整的基础之上对经济高质量发展产生影响。从目前相关研究来看，外资的引入会给我国带来各种更为先进的管理技术和研发技术，同时也可以使国内企业之间形成竞争模式，这样就能够给我国企业带来更多的管理经验，从而实现产业结构的升级。所以，FDI 会对经济高质量发展产生影响。第三，FDI 会通过环境规制对经济高质量发展进程产生影响。尽管从当前学术界来看，FDI 给环境规制所带来的影响方面主要存在两种观点，一种观点认为 FDI 会带来积极影响，另一种观点则认为会带来消极影响，但也证明 FDI 会对经济高质量发展产生影响。

经济高质量发展的内涵包含高素质劳动人口所带来的影响，这是因为劳动人口平均素质高也能有效促进地区创新能力提升。同时，高素质的劳动人口也会在共享及绿色方面产生影响。主要原因在于，如果一个地区的劳动人口平均素质较高，那么这一地区的劳动人口就会拥有更强的环保意识，所以会在绿色和共享内涵方面产生影响。因此在市场分析过程中，这一方面主要采用了各个地区劳动人口受教育的平均年限来进行衡量。其中，小学等同于 6 年，初中等同于 9 年，高中等同于 12 年，大专等同于 15 年，本科等同于 16 年，研究生等同于 20 年左右。

新增固定资产不仅能够反映我国不同时期在固定资产投资方面所获得的成果，也能反映不同部门或不同地区固定资产在投资方面所获得的成果。一般来说，如果有较高的固定资产投资水平，往往就能够使地区资本信誉能力得到加强，从而使地区的实体经济固定资本快速形成。这一方面主要是对固定资产投资取对数处理。

基础设施的建设能够为不同区域之间物资流动及人员流动提供更多保障，所以如果一个地区有较高水平的基础设施，那么该地区各类生产要素所产生的损失将会降低，尤其是对经济较为落后的地区来说，加强基础设施建设能够使这些经济落后的地区更快融入整个国家的经济发展中，从而带动这些地区的经济发展，最终实现整个国家的经济高质量发展。在这一方面，主要是对全国公路里程数取对数处理。

数字普惠金融与传统金融服务都是第三产业，所以第三产业的发展会对各个地区的整体就业水平产生影响，而就业水平的提高会对共享发展产生重要影响。同时，第三产业的完善与发展能够促使自主创新能力得到有效提升，从而有助于经济高质量发展。除此之外，数字普惠金融主要是通过数字化平台向服务对象提供服务，所以在环境方面更为友好。因此，第三产业比重的提升能够促进绿色发展，而绿色发展则能够促进经济高质量发展。在这一方面，主要是对产业结构取对数处理。

（二）数据说明

1. 数据来源

在本次实证分析中，在经济高质量发展效率方面，二级指标主要来自国家统计局数据库及 EPS 数据库，相关指数主要来自北京大学数字金融研究中心所发布的《北京大学数字普惠金融指数（2011—2020）》。

2. 描述性统计

本次实证分析中所选择的各种被解释变量、解释变量及控制变量，都在均值、标准差及最值方面进行描述性统计分析及整理，具体如下所示：

在经济高质量发展效率方面，均值为 0.380，标准差为 0.350，最小值为 0.088，最大值为 1.463；在经济高质量发展动态效率方面，均值为 0.982，标准差为 0.148，最小值为 0.133，最大值为 1.898；在数字普惠金融指数方面，均值为 187.176，标准差为 85.080，最小值为 16.230，最大值为 377.735；在数字金融覆盖广度方面，均值为 166.563，标准差为 82.963，最小值为 1.970，最大值为 353.868；在数字金融使用深度方面，均值为 182.543，标准差为 85.004，最小值为 6.770，最大值为 400.398；在数字金融数字化程度方面，均值为 263.664，标准差为 116.404，最小值为 7.590，最大值为 453.670；在 GDP 方面，均值为 22906.384，标准差为 18640.685，最小值为 605.840，最大值为 99945.230；在 FDI 方面，均值为 5190001.000，标准差为 5120001.000，最小值为 9930.239，最大值为 22500001.000；在平均受教育年限方面，均值为 9.036，标准差为 1.130，最小值为 4.223，最大值为 12.676；在新增固定资产方面，均值为 10427.190，标准差为 7972.180，最小值为 359.520，最大值为 38476.239；在全国公路里程数方面，均值为 145000.000，标准差为 77445.294，最小值为 12085.000，最大值为 331593.000；在产业结构方面，均值为 0.462，标准差为 0.096，最小值为 0.298，最大值为 0.832。

三、模型选择

在此次实证分析中主要运用固定效应模型、门槛模型等探究数字普惠金融对经济高质量发展的影响。第一，在假设 1 的基础上，根据数字普惠金融对经济高质量发展效率的作用机理，选择经济高质量发展效率作为被解释变量，数字普惠金融指数为解释变量，通过面板固定效应模型探究数字普惠金融与经济高质量发展效率的相关影响，然后在上述基础上去探究其他层面对经济高质量发展效率的影响。第二，在研究假设 2 的基础上，选取数字普惠金融指数作为解释变量，将经济高质量发展效率作为解释变量，通过面板门槛模型对相关影响进行探究分析。第三，在假设 3 的基础上，在引入经济高质量发展变化率的基础上探究数字普惠金融对经济高质量发展的加速效应，其中经济高质量发展动态效率为被解释变量，数字普惠金融指数为解释变量，使用的模型为面板固定效应模型。第四，在创新效率、协调效率、共享效率、绿色效率及开放效率 5 个指标的基础上，通过面板固定效应模型来进行实证结论稳健性检验。

四、实证结果分析

（一）基准回归

在这一部分内容中，首先从整体上对数字普惠金融对经济高质量发展的影响进行验证，然后以此为基础进行基础回归，同时在基础回归的支撑下通过数字金融覆盖广度、使用深度及数字化程度 3 个层面对数字普惠金融对经济高质量发展的影响进行进一步分析与探究。

1. 总体影响

模型回归结果如下所示：

数字普惠金融指数混合回归模型回归结果为 0.0163*，面板 Tobit 模型的回归结果为 0.0989***，固定效应模型回归结果为 0.1010***。

GDP 混合回归模型回归结果为 -0.0694**，面板 Tobit 模型的回归结果为 -0.1180**，固定效应模型回归结果为 -0.0365。

FDI 混合回归模型回归结果为 0.00261，面板 Tobit 模型的回归结果为 0.01360*，固定效应模型回归结果为 0.01890**。

经济高质量发展效率混合回归模型回归结果为 -0.0700***，面板 Tobit 模型的回归结果为 -0.0701***，固定效应模型回归结果为 -0.0810***。

平均受教育年限混合回归模型回归结果为 0.1020，面板 Tobit 模型的回归结果为 0.0623，固定效应模型回归结果为 0.1700。

新增固定资产混合回归模型回归结果为 −0.226***，面板 Tobit 模型的回归结果为 −0.237***，固定效应模型回归结果为 −0.212**。

全国公路里程数混合回归模型回归结果为 0.1770***，面板 Tobit 模型的回归结果为 0.0270，固定效应模型回归结果为 0.0840。

产业结构混合回归模型回归结果为 4.097***，面板 Tobit 模型的回归结果为 4.198***，固定效应模型回归结果为 2.961***。

从上述结果可以看出，无论是混合回归模型、面板 Tobit 模型，还是固定效应模型，三者的最终结果都显示数字普惠金融的发展对经济高质量发展能够产生促进作用。其中，模型回归结果显示数字普惠金融对经济高质量发展具有显著性作用，面板 Tobit 模型和固定效应模型在 1% 的显著水平上显著。从具体系数来看，除了混合回归模型，系数都在 0.1 左右，具体为在对其他变量进行控制的情况下，数字普惠金融的指数每提高 1%，那么经济高质量发展效率就会提升 0.01 个单位。所以，这一结果使假设 1 得到证明。同时通过上述结果还可以看出，政策对数字普惠金融的影响较大，同时相较于传统普惠金融，数字普惠金融能够通过数字技术对资金进行重新配置，所以数字普惠金融在资金配置方面更为有效和高效，并且减缓了资本的逐利发展，使资金能够流向实体经济，最终促进经济高质量发展。从目前实际情况来看，数字普惠金融的产生和发展正在通过更为便捷的途径为人们提供金融服务，帮助人们实现过上美好生活的愿望，这一方面与经济高质量发展的目标相契合。

在 GDP 方面，根据结果可以看出单一 GDP 增长对经济高质量发展的抑制作用，在混合模型和面板 Tobit 模型中通过了 5% 的显著性检验。这一结果表明，在传统的单一经济体量追求方面，往往会忽略经济发展的多维性，因此与经济高质量发展的内涵不相符，所以仅仅通过单一的 GDP 增长无法实现经济的高质量发展，还会因为经济增长的单一性而导致经济发展过程中出现其他方面的阻碍。在 FDI 方面，最终结果显示 FDI 能够对经济高质量发展产生促进作用，在面板 Tobit 模型的结果通过了 10% 的显著性检验，具体为：FDI 越大，表示这一地区的开放程度越高，地区开放程度越高则表示该地区的经济运行效率越高，从而促进经济的高质量发展。新增不良资产和全国公路里程数在 1% 的显著性水平上显著，显示新增固定资产和全国公路里程数会对经济高质量发展产生促进作用，且较为显著。主要原因在于，新增固定资产能够充分反映固定资产的投资成果，如果一个地区有了较高的固定资产投资水平，那么就表示该地区对资本的吸引能力较强，同时这种吸引力能够使该地区实体经济快速发展，从而使该地区实现经济高质量发展。公路里程数水平较高则代表该地区的基础设施水平较高，并且能够充分保障该地区和其他地区之间所进行的物资及人员方面的流动，从而促进经济高质量发展。但是，上述结构显示平均受教育年限与产业结构对经济高质量发展没有明显的促进作用，尽管平均受教育年限与产业结构的变化在经济发展方面都能够发挥重要作用，但是这两个方面并不一定能够促使经济实现高质量发展。

2. 数字金融数字化程度的影响

这一部分内容进一步探究了数字金融数字化程度所产生的影响，与总体影响一样也是基于三种回归模型进行分析，最终结果如下所示：

数字金融数字化程度混合回归模型回归结果为0.0979*，面板Tobit模型的回归结果为0.0996*，固定效应模型回归结果为0.1250***。

GDP混合回归模型回归结果为–0.0140，面板Tobit模型的回归结果为–0.0158，固定效应模型回归结果为0.1070。

FDI混合回归模型回归结果为0.01000，面板Tobit模型的回归结果为0.00772，固定效应模型回归结果为0.01950。

经济高质量发展效率混合回归模型回归结果为–0.220，面板Tobit模型的回归结果为–0.191，固定效应模型回归结果为–0.674**。

平均受教育年限混合回归模型回归结果为0.00347，面板Tobit模型的回归结果为0.00483，固定效应模型回归结果为–0.05140。

新增固定资产混合回归模型回归结果为–0.0364，面板Tobit模型的回归结果为–0.0339，固定效应模型回归结果为–0.3790*。

全国公路里程数混合回归模型回归结果为0.2490，面板Tobit模型的回归结果为0.2570，固定效应模型回归结果为–0.0240。

产业结构混合回归模型回归结果为1.719**，面板Tobit模型的回归结果为1.666**，固定效应模型回归结果为2.703。

从上述结果可以看出，3 种模型最终的结果都显示数字金融覆盖广度会对经济高质量发展产生积极的促进作用。其中，前两种模型显示在 10% 的显著性水平上显著，第三种模型则是在 1% 的显著性水平上显著。从具体技术方面来看，3 种模型的系数都处于 0.1 左右。从第三种模型的回归结果能够看出，在对其他变量进行控制的基础上，数字金融覆盖广度每提升 1%，经济高质量发展效率就会提升 0.0012 个单位。从上述结果可以看出假设 1.1 成立。另外，从上述结果也能够看出，数字技术的快速发展能够促使数字普惠金融的普惠性得到更大程度的发挥，同时数字金融数字化程度的不断提升也能够充分反映数字技术在金融领域中所适用的范围在不断扩大，金融领域对数字技术的使用程度也在不断加深。第一，随着数字金融数字化程度的不断提升，能够更好进行用户数据信息的收集，同时减少在金融服务过程中出现信息不对称的情况。第二，数字金融数字化程度的提升能够降低金融市场的门槛，而金融市场门槛的降低可以促使资金的供给更为充足，因此在资金使用方面成本会降低，这样就能够有效促进实体经济的发展，从而实现经济的高质量发展。

3. 数字金融覆盖广度的影响

这一部分内容进一步探究了数字金融覆盖广度所产生的影响，也是基于 3 种回归模型进行分析，最终结果如下所示：

数字金融覆盖广度混合回归模型回归结果为 0.0379***，面板 Tobit 模型的回归结果为 0.0379***，固定效应模型回归结果为 0.0351***。

GDP 混合回归模型回归结果为 –0.1090***，面板 Tobit 模型的回归结果为 –0.1110***，固定效应模型回归结果为 –0.0490。

FDI 混合回归模型回归结果为 0.00952，面板 Tobit 模型的回归结果为 0.00942，固定效应模型回归结果为 0.01600**。

经济高质量发展效率混合回归模型回归结果为 0.0324，面板 Tobit 模型的回归结果为 0.0283，固定效应模型回归结果为 0.0726。

平均受教育年限混合回归模型回归结果为 –0.0308**，面板 Tobit 模型的回归结果为 –0.0306**，固定效应模型回归结果为 –0.0385***。

新增固定资产混合回归模型回归结果为 –0.235***，面板 Tobit 模型的回归结

果为 –0.236***，固定效应模型回归结果为 –0.103。

全国公路里程数混合回归模型回归结果为 0.0707，面板 Tobit 模型的回归结果为 0.0698，固定效应模型回归结果为 0.1990**。

产业结构混合回归模型回归结果为 4.103***，面板 Tobit 模型的回归结果为 4.144***，固定效应模型回归结果为 1.951**。

从上述结果可以看出，3 种模型最终的结果都显示数字金融覆盖广度会对经济高质量发展产生积极的促进作用。3 种模型在 1% 的显著性水平上显著。从具体技术方面来看，3 种模型的系数都处于 0.03 左右。从第三种模型的回归结果能够看出，在对其他变量进行控制的基础上，数字金融覆盖广度每提升 1%，经济高质量发展效率就会提升 0.00035 个单位。从上述结果可以看出假设 1.2 成立。另外，从上述结果也能够看出，数字金融的覆盖广度能够促使数字普惠金融更大程度地发挥普惠性，同时可以打破传统金融服务中存在的二八定律，具体为让那些受到资金歧视的弱势客户也能够在数字技术的帮助下获得资金支持，从而使金融服务所服务的对象不仅包括小微企业、创业主体，同时也包括处于偏远地区的居民，这些都能够促进经济的高质量发展。

4. 数字金融使用深度的影响

这一部分内容进一步探究了数字金融使用深度所产生的影响，也是基于 3 种回归模型进行分析，最终结果如下所示：

数字金融使用深度混合回归模型回归结果为 0.0391**，面板 Tobit 模型的回归结果为 0.0391**，固定效应模型回归结果为 0.0382***。

GDP 混合回归模型回归结果为 –0.0990***，面板 Tobit 模型的回归结果为 –0.0987***，固定效应模型回归结果为 –0.0362。

FDI 混合回归模型回归结果为 0.00522，面板 Tobit 模型的回归结果为 0.00524，固定效应模型回归结果为 0.01340*。

经济高质量发展效率混合回归模型回归结果为 –0.0402，面板 Tobit 模型的回归结果为 –0.0397，固定效应模型回归结果为 –0.0132。

平均受教育年限混合回归模型回归结果为 –0.0243**，面板 Tobit 模型的回归结果为 –0.0244**，固定效应模型回归结果为 –0.0333***。

新增固定资产混合回归模型回归结果为 –0.2490***，面板 Tobit 模型的回归结果为 –0.2480***，固定效应模型回归结果为 –0.0820。

全国公路里程数混合回归模型回归结果为 0.0555，面板 Tobit 模型的回归结果为 0.0557，固定效应模型回归结果为 0.1050**。

产业结构混合回归模型回归结果为 4.292***，面板 Tobit 模型的回归结果为 4.284***，固定效应模型回归结果为 1.728**。

从上述结果可以看出，3 种模型最终的结果都显示数字金融使用深度会对经济高质量发展产生积极的促进作用。其中，前两种模型显示在 5% 的显著性水平上显著，第三种模型则是在 1% 的显著性水平上显著。从具体技术方面来看，3 种模型的系数都处于 0.04 左右。从第三种模型的回归结果能够看出，在对其他变量进行控制的基础上，数字金融使用深度每提升 1%，经济高质量发展效率就会提升 0.00038 个单位。从上述结果可以看出假设 1.2 成立。另外，从上述结果也能够看到，当前数字普惠金融不仅包含了电子支付，而且囊括了传统金融行业的各个方面，比如信贷业务、保险业务、投资业务及信用业务等。正是对数字金融使用深度的不断提高，促使金融服务方面呈现出个性化和精准化发展的趋势，同时也提升了数字普惠金融的整体效能，使数字普惠金融能够为有需求的群体提供更具针对性和更为高效的金融服务。也正是由于这种更具有针对性和更精准的金融服务，促使经济发展能够兼顾效率与公平，所以数字普惠金融的使用深度能够推动经济高质量发展。

（二）数字普惠金融对经济高质量发展影响的门槛效应分析

这一部分主要对数字普惠金融对经济高质量发展的影响进行门槛效应的分析。在实证分析过程中，首先是将数字普惠金融指数作为门槛变量，以此来对数字普惠金融对经济高质量发展门槛效应进行探究。其次是将数字金融的覆盖广度、使用深度及数字金融数字化程度 3 个指标作为门槛变量，来探究数字普惠金融对经济高质量发展的影响路径，以此来对数字普惠金融和经济高质量发展之间的影响路径进行更为深入的探究与分析。

1.门槛值的确定及门槛效应检验

在进行面板门槛模型的回归分析时，首先需要对门槛值进行检验。这个过程主要包含两个步骤：第一步是先求解门槛值；第二步是对门槛值进行检验。在第一步，将本次实证分析的所有样本分为200份，然后通过Bootstrap进行200次抽样，然后计算出临界值、P值和置信区间。在这部分内容中所选择的门槛变量分别是数字普惠金融指数、数字金融覆盖广度、数字金融使用深度及数字金融数字化程度，其中数字普惠金融指数为核心变量，经济高质量发展效率是被解释变量。最终的检验结果如下所示：

在数字普惠金融指数方面，门槛数为单一时，P值为0.006***，门槛估计值为4.384，置信区间为［4.375,4.412］，10%临界值为15.181，5%临界值为19.274，1%临界值为22.869；门槛数为双重时，P值为0.107，门槛估计值为4.227，置信区间为［4.128,4.241］，10%临界值为29.093，5%临界值为37.852，1%临界值为50.269。

在数字金融覆盖广度方面，门槛数为单一时，P值为0.003***，门槛估计值为3.492，置信区间为［3.474,3.517］，10%临界值为25.528，5%临界值为30.819，1%临界值为42.831；门槛数为双重时，P值为0.1*，门槛估计值为3.0，置信区间为［2.995,3.050］，10%临界值为27.445，5%临界值为34.731，1%临界值为47.210。

在数字金融使用深度方面，门槛数为单一时，P值为0.027**，门槛估计值为4.457，置信区间为［4.444,4.459］，10%临界值为24.654，5%临界值为29.387，1%临界值为44.323；门槛数为双重时，P值为0.187，门槛估计值为4.004，置信区间为［3.930,4.684］，10%临界值为26.837，5%临界值为34.403，1%临界值为63.208。

在数字金融数字化程度方面，门槛数为单一时，P值为0.486，门槛估计值为4.537，置信区间为［4.286,4.673］，10%临界值为30.079，5%临界值为41.849，1%临界值为61.189；门槛数为双重时，P值为0.533，门槛估计值为3.484，置信区间为［3.407,3.506］，10%临界值为20.660，5%临界值为27.693，1%临界值为45.791。

从上述结果可以看出，数字普惠金融为门槛变量时，模型具有单一门槛效应；在以数字金融覆盖广度为门槛变量时，模型具有双重门槛效应；在以数字金融使用深度为门槛变量时，模型具有单一门槛效应；在以数字金融数字化程度为门槛变量时，模型没有门槛效应。

2.门槛回归结果

在假设的基础上对门槛效应进行检验，这一部分对数字普惠金融和经济高质量发展之间的敏感效应最终回归结果进行汇报。模型1指以数字普惠金融指数为门槛变量，模型2指以数字金融覆盖广度为门槛变量，模型3指以数字金融使用深度为门槛变量，模型4指以数字金融数字化程度为门槛变量。

在GDP方面，模型1的门槛回归结果为–0.0312，模型2的门槛回归结果为–0.0691**，模型3的门槛回归结果为–0.0377，模型4的门槛回归结果为–0.0333。

在FDI方面，模型1的门槛回归结果为–0.00976，模型2的门槛回归结果为0.01100**，模型3的门槛回归结果为0.00803，模型4的门槛回归结果为0.01650。

在平均受教育年限方面，模型1的门槛回归结果为0.147，模型2的门槛回归结果为0.143，模型3的门槛回归结果为0.129，模型4的门槛回归结果为0.160。

在新增固定资产方面，模型1的门槛回归结果为–0.0716，模型2的门槛回归结果为0.0726**，模型3的门槛回归结果为–0.0730，模型4的门槛回归结果为–0.0834。

在全国公路里程数方面，模型1的门槛回归结果为–0.1610*，模型2的门槛回归结果为0.0756，模型3的门槛回归结果为–0.1700*，模型4的门槛回归结果为–0.1940**。

在数字金融覆盖广度方面，模型1的门槛回归结果为0.0557***，模型2的门槛回归结果为0.0478**，模型3的门槛回归结果为0.0670***，模型4的门槛回归结果为0.0687***。

在数字金融使用深度方面，模型1的门槛回归结果为0.0388**，模型2的门槛回归结果为0.0798**，模型3的门槛回归结果为0.0465***，模型4的门槛回归结果为0.0497***。

在数字金融数字化发展程度方面，模型1的门槛回归结果为0.0556***，模型2的门槛回归结果为0.0428**，模型3的门槛回归结果为0.0370***，模型4

的门槛回归结果为 0.0487***。

在产业结构方面，模型 1 的门槛回归结果为 2.596***，模型 2 的门槛回归结果为 1.980**，模型 3 的门槛回归结果为 2.792***，模型 4 的门槛回归结果为 2.911***。

从上述结果中可以看出，数字普惠金融指数对经济高质量发展效率存在单一门槛效应，并且呈现出正向影响。同时，当数字金融覆盖广度低于第一重门槛值时，此时数字普惠金融指数每提升 1%，经济高质量发展效率就可以提升 0.00056 个单位；当数字惠普金融指数超过这一值时，对经济高质量发展的促进影响会减小，每提升 1%，经济高质量发展效率就会提升 0.00039 个单位。

在数字金融覆盖广度方面，结果显示，数字普惠金融指数对经济高质量发展具有双重门槛效应，并且呈现出正向影响。在数字金融覆盖广度低于门槛值 20.1 时，数字普惠金融指数每提升 1%，经济高质量发展效率就可以提升 0.00048 个单位；当数字金融覆盖广度超过这一门槛值时，对经济高质量发展的促进影响会急剧上升，每提升 1%，经济高质量发展效率就会提升 0.00080 个单位。但是当数字金融覆盖广度超过第二重门槛值 32.860 时，对经济高质量发展的效率促进作用就会快速降低，此时每提升 1%，经济高质量发展效率提高只有 0.00037 个单位。

在数字金融使用深度方面，结果显示，数字普惠金融指数对经济高质量发展具有单一门槛效应，并且呈现出正向影响。在数字金融使用深度低于门槛值 86.24 时，此时数字普惠金融指数每提升 1%，经济高质量发展效率就可以提升 0.00067 个单位；当数字金融使用深度超过这一值时，对经济高质量发展的促进影响会下降，每提升 1%，经济高质量发展效率提高只有 0.00050 个单位。

在数字金融数字化程度方面，结果显示，门槛变量为数字金融数字化程度时，数字普惠金融指数对经济高质量发展效率没有门槛效应。

（三）数字普惠金融对经济高质量发展动态效率的影响

最终结果显示，无论是数字普惠金融指数本身，还是其他 3 个方面都显示数字普惠金融对经济高质量发展动态效率有积极正向的提升作用，并且数字普惠金融指数在 5% 的显著性水平上十分显著，覆盖广度、数字化程度则是在 1% 的显著性水平上显著，使用深度则是在 1% 的显著性水平上显著。从具体系数来看，数字普惠金融指数的系数为 0.146，指的是在对其他变量进行控制的基础上，数字普惠金融指数每提升 1%，动态效率就会提升 0.00146 个单位。同时，覆盖广度、使用深度及数字化程度的系数分别是 0.068、0.193、0.161，指的是在控制其他变量的基础上，3 个方面每提升 1%，动态效率就会分别提升 0.00068 个单位、0.00193 个单位、0.00161 个单位。所以，在上述结果的支撑下，前文内容中所提出的假设 3 得到验证，具体为数字普惠金融能够对经济高质量发展中的效率产生提升作用。

五、稳健性检验

为了能够保障本次实证分析的稳健性，在下面的内容中基于指标构建了各个地区经济高质量发展创新效率、协调效率、绿色效率、开放效率及共享效率，并且将这些纳入固定效应模型中进行检验，以此为基础对数字普惠金融所产生的影响进行更加深入的研究，从而使本次实证研究的核心结论的稳健性得到增加。最终结果如下所示：

当变量是数字普惠金融指数时，创新的稳健性检验回归结果为 –0.0399**，协调的稳健性检验回归结果为 0.0777**，绿色的稳健性检验回归结果为 0.1580**，开放的稳健性检验回归结果为 0.2820**，共享的稳健性检验回归结果为 0.0560**。

当变量是 GDP 时，创新的稳健性检验回归结果为 0.08640**，协调的稳健性检验回归结果为 0.00497，绿色的稳健性检验回归结果为 –0.07350，开放的稳健性检验回归结果为 –0.1740，共享的稳健性检验回归结果为 0.2560**。

当变量是 FDI 时，创新的稳健性检验回归结果为 –0.0120**，协调的稳健性检验回归结果为 –0.0174***，绿色的稳健性检验回归结果为 –0.0500*，开放的稳健性检验回归结果为 0.1200**，共享的稳健性检验回归结果为 0.0194**。

当变量是经济高质量发展效率时，创新的稳健性检验回归结果为 0.0389，协调的稳健性检验回归结果为 –0.1250，绿色的稳健性检验回归结果为 –0.1390，开放的稳健性检验回归结果为 0.1060，共享的稳健性检验回归结果为 0.5610**。

当变量是平均受教育年限时，创新的稳健性检验回归结果为 –0.0395**，协调的稳健性检验回归结果为 –0.0654**，绿色的稳健性检验回归结果为 0.0678*，开放的稳健性检验回归结果为 –0.0196，共享的稳健性检验回归结果为 –0.1350***。

当变量是新增固定资产时，创新的稳健性检验回归结果为 –0.152**，协调的稳健性检验回归结果为 0.193**，绿色的稳健性检验回归结果为 –0.535*，开放的稳健性检验回归结果为 –0.282，共享的稳健性检验回归结果为 –0.471***。

当变量是全国公路里程数时，创新的稳健性检验回归结果为 –0.0386，协调的稳健性检验回归结果为 –0.1140**，绿色的稳健性检验回归结果为 0.0127，开放的稳健性检验回归结果为 –0.6890**，共享的稳健性检验回归结果为 0.1440*。

当变量是产业结构时，创新的稳健性检验回归结果为 1.189**，协调的稳健性检验回归结果为 –1.252**，绿色的稳健性检验回归结果为 7.089***，开放的稳健性检验回归结果为 3.002，共享的稳健性检验回归结果为 3.231**。

从上述检验结果可以看出，除了经济高质量发展创新效率，数字普惠金融指数在其他 4 个方面的回归系数均为正数，并且在 1% 的显著性水平上显著，因此验证了本次实证分析结论的稳健性，具体为数字普惠金融能够促进经济高质量发展。从创新角度来看，虽然数字普惠金融的发展能够有效缓解信息不对称的问题，并且能够通过对大量信息的收集与挖掘实现精准匹配，从而促使企业的融资成本降低，进而帮助企业能够有更多资金投入科技研发，最终促进经济的高质量发展。但是由于数字普惠金融和经济高质量创新效率之间传递链条较差，因此两者之间并没有体现出十分明确的因果关系，从而导致两者之间出现了负向影响。同时，还需要注意的是，数字普惠金融是一种新的金融服务形式，是在数字技术的基础上开展普惠金融的，促使普惠金融本身的普惠性能在更大范围实现更大程度的发挥，从而帮助经济较为落后的地区与我国的农村地区获得更多的金融服务，实现各个地区的协调发展。相较于传统的普惠金融，数字普惠金融是一种绿色金融服务形式，无论是从金融资源配置方面，还是从环境友好的角度来看，数字普惠金融在绿色发展方面都会发挥出重要的促进作用。数字普惠金融还能够显著影响经济高质量发展的共享效率和开放效率。数字普惠金融的核心属性是普惠性，而这种普惠性有效提升了所有参与者的效用，数字普惠金融在促进各个地区产业协调发展的过程中，也促进了各个地区的分配方式得到进一步完善，最终实现了国民共享。

第三节　主要结论与建议

一、主要结论

本章的研究核心是数字普惠金融对经济高质量发展的影响。首先对各种相关文件进行了梳理，并且对相关理论基础进行了分析，从而以此为基础提出了相应假设。其次在借鉴一些学者研究的基础上，以发展效率和动态效率对经济高质量发展水平进行衡量，构建相关的评价体系，同时通过各种模型来进行测度。最后在我国 31 个省级行政区 2012 年到 2019 年的数据上建立了相应模型来研究数字普惠金融对经济高质量发展的影响，最终得出了以下两方面结论：

第一，通过研究发现，数字普惠金融能够对经济高质量发展产生显著的促进作用，随后进行的稳定性检验也支持这一结论。同时，在上述研究中还对数字金融覆盖广度、使用深度、数字化程度对经济高质量发展的影响进行了验证，最终结果显示，这 3 个方面都会对经济高质量发展产生一定的促进作用，并且数字化程度对经济高质量发展所产生的影响最为显著。

第二，前述内容研究了数字普惠金融对经济高质量发展所产生的门槛效应，主要是以普惠金融指数、数字金融的覆盖广度、使用深度及数字化程度作为门槛变量，其中核心解释变量为数字普惠金融，被解释变量为经济高质量发展效率。最终的检验结果显示，数字普惠金融会对经济高质量发展产生促进作用，门槛效应主要来自不同发展阶段数字普惠金融对经济高质量发展的影响会产生一定程度的分化。当数字普惠金融指数为门槛变量时，其对经济高质量发展效率存在单一门槛效应；以覆盖广度为变量时，数字普惠金融指数对经济高质量发展效率存在双门槛效应；以使用深度为变量时，数字普惠金融指数对经济高质量发展效率存在单一门槛效应；以数字化程度为变量时，没有门槛效应。

二、对策建议

根据上述结论，在这里提出以下 3 方面对策建议：

第一，由于数字普惠金融的发展能够对经济高质量发展产生显著的促进作用，因此，当前应该大力推动数字普惠金融的发展及数字惠普金融在社会各个方面的应用，从而使数字普惠金融在经济发展过程中的地位得到提升。首先，我国需要为数字普惠金融发展营造更为宽松的政策环境，使不同行业能够与数字普惠金融服务进行有效融合，从而为经济高质量发展赋能。其次，基于前述内容所验证的数字普惠金融在覆盖广度、使用深度及数字化程度3个方面对经济高质量发展所产生的影响中，数字化程度所产生的影响最大，故需要加强数字技术和金融服务之间的结合，从而促使我国金融体系的数字化程度能够得到进一步提升。同时要通过数字化技术和金融服务之间的融合来帮助金融服务更好地打破时空所带来的各种约束，从而为实体经济的快速发展提供更加精准和更高质量的金融服务。再次，我国在数字普惠金融发展过程中要更加重视互联网技术的发展，从而通过新的互联网技术来加强数字普惠金融发展过程中的协同性及效率，从而促使数字普惠金融能够更好地实现金融资源的下沉。最后，对于经济发展水平较为落后的地区或城市而言，在当前需要推动网络基础设施建设，从而促使数字普惠金融的覆盖范围得到拓展，进而促使数字普惠金融能够与各个产业实现融合，打破传统金融存在的壁垒，削弱融资对各个产业与各个地区所带来的限制。整体来看，通过上述方式能够促进不同地区实现产业的协调发展，从而促进我国经济实现高质量发展。

第二，把握好数字普惠金融的核心价值，加强监管政策的靶向性，防止出现金融资源配置过程变扭曲的问题。从前文的分析结果可以看出，数字普惠金融对经济高质量发展所产生的影响存在一定门槛效应，反映出并不是数字普惠金融发展程度越高，越能够促进经济高速发展，而是数字普惠金融应该保持一定的发展态势，这样才能够有效保障经济高质量发展。因此，在当前我国需要强化多元化政策监管机制，以此来实现对数字普惠金融的潜在风险进行预警，防止数字普惠金融产生过度发展的问题，从而实现经济发展和数字普惠金融发展的协调统一。另外，数字普惠金融在发展过程中，不仅能够对经济高质量发展产生促进作用，同时也会带来一定风险。其中部分风险是放大了原来的风险，一些则是新的风险。所以，在当前必须建立穿透式的监管模式，加强对数字普惠金融的监管，并且要完善金融体制建设，防止数字普惠金融过度发展带来的各种风险，保障经济高质量发展。

第三，重构数字普惠金融与传统金融的互动关系，促使两者实现协调发展，达到优势互补共同发展，最终有效推动经济高质量发展。从前文内容得出的结论可以看出，数字普惠金融不仅能够促进经济高质量发展，同时也能够在这一过程中加速推动经济高质量发展。从本质上来看，数字普惠金融是一种基于传统金融的创新，是一种建立在传统金融基础上所形成的新的金融业态。同时，数字普惠金融由于充分融合了各种数字技术，实现了金融服务效率的提升，因此对传统金融产生了巨大冲击。因此在当前，必须充分结合实际情况对数字普惠金融和传统金融进行重新定位，促使两者形成新的互动关系。尽管数字普惠金融对经济高质量发展具有促进作用，但是也导致经济发展过程中出现了新的潜在风险。所以，在当前不能一味地推动数字普惠金融发展，而是应该更加合理地看待数字普惠金融和传统金融之间的关系，清晰判断传承和创新的互动，以更为长远的眼光来促使两者之间形成平衡关系。同时还应该充分发挥传统金融在风险防控及配套设施构建方面的优势，以此来防范数字普惠金融所带来的各种风险，最终加速推动经济高质量发展目标的实现。

第四章 数字普惠金融发展对我国区域经济增长的影响

随着数字化的迅速发展，数字普惠金融正在逐渐成为金融业的新趋势。数字普惠金融是一种以科技为驱动的金融服务模式，通过集成传统金融和科技手段，为广大民众提供便捷、高效的金融服务。数字普惠金融的发展对我国区域经济增长具有重要意义。在数字普惠金融的引导下，各地区的金融服务更加平等和普及，从而促进了经济发展的均衡和协调。同时，数字普惠金融也使金融机构打破了传统的地域限制，具有更多的机会和潜力在不同地区进行扩张和发展，这将极大地推动区域经济的发展和壮大。

第一节 我国数字普惠金融发展和区域经济增长的统计分析

过去几年，我国的数字普惠金融得到了快速发展，尤其是在一些欠发达地区，数字普惠金融的发展对区域经济的增长起到了重要的推动作用。本节旨在通过统计分析，探讨我国数字普惠金融的发展情况和其对区域经济增长的贡献，从而为推动数字普惠金融进一步发展提供参考和指导。

一、我国数字普惠金融的发展

2020 年，我国电子支付规模超过 2000 万亿元。这期间，各种互联网信贷平台数量快速增长，截至 2020 年初，我国共有 398 家正常运营的网贷平台。这些网贷平台的出现，使我国的信贷服务在定价方面更加透明合理。2019 年，全年网贷平台成交量达到 9649.11 亿元，具有较高的年增长率。这些互联网信贷平台确实为我国的经济发展注入了新的活力。但需要注意的是，近几年，由于政府对不正规网贷平台的打击，我国的互联网信贷平台规模增长呈现出一定程度的放缓态势。

二、我国区域经济增长现状

从目前来看，我国的经济增长已经进入新常态，整体增长速度有所放缓，但总体上仍然保持中高速增长。由于人均地区生产总值不仅包含一个地区的生产情况，同时也包含这一地区的人口情况，能够反映出一个地区的收入水平和生产水平，因此在这里使用人均地区生产总值对区域经济增长质量进行衡量。从我国东部经济带来看，由于东部经济带有着良好的区位条件，并且是进行改革开放的先行者，有着良好的工业基础和产业结构，是我国经济最为发达的地区。我国的中部经济带处于内陆，是连接东部经济带和西部经济带的桥梁。从目前来看，我国中部经济带受益于东部经济带服务业的发展，在经济发展方面有着良好的表现。我国西部经济带则是经济发展较为落后的地区，整体经济发展状况落后于东部和中部经济带。下面显示的是三个不同经济带人均地区生产总值。

东部地区：

北京市人均地区生产总值：2011 年为 86246 元，2012 年为 92758 元，2013 年为 100569 元，2014 年为 106732 元，2015 年为 113692 元，2016 年为 123391 元，2017 年为 136172 元，2018 年为 150962 元，2019 年为 161776 元，2020 年为 164158 元。

天津市人均地区生产总值：2011 年为 61458 元，2012 年为 66517 元，2013 年为 71345 元，2014 年为 74960 元，2015 年为 75868 元，2016 年为 79647 元，2017 年为 87280 元，2018 年为 95689 元，2019 年为 101557 元，2020 年为 101068 元。

河北省人均地区生产总值：2011 年为 29647 元，2012 年为 31844 元，2013 年为 33346 元，2014 年为 34507 元，2015 年为 35994 元，2016 年为 38688 元，2017 年为 41451 元，2018 年为 43808 元，2019 年为 47036 元，2020 年为 48302 元。

辽宁省人均地区生产总值：2011 年为 37353 元，2012 年为 40778 元，2013 年为 43956 元，2014 年为 45915 元，2015 年为 46482 元，2016 年为 47069 元，2017 年为 50221 元，2018 年为 54657 元，2019 年为 58019 元，2020 年为 58629 元。

上海市人均地区生产总值：2011 年为 85897 元，2012 年为 89613 元，2013 年为 95746 元，2014 年为 102827 元，2015 年为 109186 元，2016 年为 121369 元，2017 年为 133489 元，2018 年为 145767 元，2019 年为 153299 元，2020 年为 156803 元。

江苏省人均地区生产总值：2011 年为 61464 元，2012 年为 66533 元，2013 年为 72768 元，2014 年为 78711 元，2015 年为 85871 元，2016 年为 92658 元，2017 年为 102202 元，2018 年为 110508 元，2019 年为 116650 元，2020 年为 121333 元。

浙江省人均地区生产总值：2011 年为 57828 元，2012 年为 61097 元，2013 年为 65105 元，2014 年为 68569 元，2015 年为 73276 元，2016 年为 78384 元，2017 年为 85612 元，2018 年为 93230 元，2019 年为 98770 元，2020 年为 100738 元。

福建省人均地区生产总值：2011 年为 47928 元，2012 年为 52959 元，2013 年为 58255 元，2014 年为 63709 元，2015 年为 67649 元，2016 年为 74024 元，2017 年为 83758 元，2018 年为 94719 元，2019 年为 102722 元，2020 年为 105106 元。

山东省人均地区生产总值：2011 年为 40581 元，2012 年为 44348 元，2013 年为 48673 元，2014 年为 51933 元，2015 年为 56205 元，2016 年为 59239 元，2017 年为 62993 元，2018 年为 66248 元，2019 年为 69901 元，2020 年为 71825 元。

广东省人均地区生产总值：2011 年为 50076 元，2012 年为 52308 元，2013 年为 56029 元，2014 年为 59909 元，2015 年为 64516 元，2016 年为 69671 元，2017 年为 76218 元，2018 年为 81625 元，2019 年为 86956 元，2020 年为 88521 元。

海南省人均地区生产总值：2011 年为 28041 元，2012 年为 30993 元，2013 年为 34053 元，2014 年为 37166 元，2015 年为 39704 元，2016 年为 43009 元，2017 年为 46631 元，2018 年为 50263 元，2019 年为 53929 元，2020 年为 55438 元。

中部地区：

山西省人均地区生产总值：2011 年为 30534 元，2012 年为 32864 元，2013 年为 33848 元，2014 年为 34248 元，2015 年为 34942 元，2016 年为 33972 元，2017 年为 41242 元，2018 年为 45517 元，2019 年为 48469 元，2020 年为 51051 元。

吉林省人均地区生产总值：2011 年为 28270 元，2012 年为 32005 元，2013 年 为 35139 元，2014 年 为 37539 元，2015 年 为 38128 元，2016 年 为 40259 元，2017 年 为 42890 元，2018 年 为 44925 元，2019 年 为 47554 元，2020 年 为 50561 元。

黑龙江省人均地区生产总值：2011 年为 26093 元，2012 年为 29352 元，2013 年为 32068 元，2014 年为 33464 元，2015 年为 32759 元，2016 年为 34025 元，2017 年 为 35887 元，2018 年 为 38199 元，2019 年 为 41156 元，2020 年 为 42432 元。

安徽省人均地区生产总值：2011 年为 27303 元，2012 年为 30697 元，2013 年 为 34404 元，2014 年 为 37580 元，2015 年 为 39692 元，2016 年 为 43686 元，2017 年 为 49092 元，2018 年 为 56063 元，2019 年 为 60561 元，2020 年 为 62411 元。

江西省人均地区生产总值：2011 年为 25928 元，2012 年为 28624 元，2013 年为 31952 元，2014 年为 34988 元，2015 年为 37436 元，2016 年为 40950 元，2017 年为 44878 元，2018 年为 50347 元，2019 年为 54640 元，2020 年为 57065 元。

河南省人均地区生产总值：2011 年为 27901 元，2012 年为 30497 元，2013 年为 33114 元，2014 年为 35982 元，2015 年为 38338 元，2016 年为 41326 元，2017 年为 45714 元，2018 年为 50714 元，2019 年为 54356 元，2020 年为 54691 元。

湖北省人均地区生产总值：2011 年为 34791 元，2012 年为 39149 元，2013 年 为 43835 元，2014 年 为 48635 元，2015 年 为 52021 元，2016 年 为 56844 元，2017 年 为 63169 元，2018 年 为 71097 元，2019 年 为 76712 元，2020 年 为 73687 元。

湖南省人均地区生产总值：2011 年为 28766 元，2012 年为 32203 元，2013 年为 35702 元，2014 年为 39181 元，2015 年为 43155 元，2016 年为 46606 元，2017 年为 51030 元，2018 年为 54763 元，2019 年为 60104 元，2020 年为 62537 元。

西部地区：

内蒙古自治区人均地区生产总值：2011 年为 38276 元，2012 年为 42441 元，

2013 年为 46320 元, 2014 年为 49585 元, 2015 年为 52972 元, 2016 年为 56560 元, 2017 年为 61196 元, 2018 年为 66491 元, 2019 年为 71170 元, 2020 年为 71640 元。

广西壮族自治区人均地区生产总值: 2011 年为 22234 元, 2012 年为 24181 元, 2013 年为 26416 元, 2014 年为 28603 元, 2015 年为 30890 元, 2016 年为 33340 元, 2017 年为 36441 元, 2018 年为 39837 元, 2019 年为 42778 元, 2020 年为 44237 元。

重庆市人均地区生产总值: 2011 年为 34864 元, 2012 年为 39180 元, 2013 年为 43527 元, 2014 年为 48311 元, 2015 年为 52480 元, 2016 年为 58327 元, 2017 年为 64171 元, 2018 年为 68460 元, 2019 年为 74337 元, 2020 年为 78294 元。

四川省人均地区生产总值: 2011 年为 26136 元, 2012 年为 29627 元, 2013 年为 32750 元, 2014 年为 35563 元, 2015 年为 37150 元, 2016 年为 40297 元, 2017 年为 45835 元, 2018 年为 51658 元, 2019 年为 55619 元, 2020 年为 58009 元。

贵州省人均地区生产总值: 2011 年为 16024 元, 2012 年为 18947 元, 2013 年为 22089 元, 2014 年为 25101 元, 2015 年为 28547 元, 2016 年为 31589 元, 2017 年为 35988 元, 2018 年为 40271 元, 2019 年为 43727 元, 2020 年为 46355 元。

云南省人均地区生产总值: 2011 年为 20653 元, 2012 年为 23992 元, 2013 年为 27665 元, 2014 年为 30217 元, 2015 年为 32117 元, 2016 年为 35051 元, 2017 年为 39458 元, 2018 年为 44446 元, 2019 年为 49323 元, 2020 年为 52047 元。

西藏自治区人均地区生产总值: 2011 年为 20083 元, 2012 年为 22762 元, 2013 年为 26209 元, 2014 年为 29275 元, 2015 年为 31847 元, 2016 年为 35015 元, 2017 年为 39158 元, 2018 年为 44015 元, 2019 年为 47491 元, 2020 年为 52280 元。

陕西省人均地区生产总值: 2011 年为 32467 元, 2012 年为 37453 元, 2013 年为 41906 元, 2014 年为 45610 元, 2015 年为 46654 元, 2016 年为 49341 元, 2017 年为 55216 元, 2018 年为 61115 元, 2019 年为 65506 元, 2020 年为 65867 元。

甘肃省人均地区生产总值: 2011 年为 18846 元, 2012 年为 21141 元, 2013 年为 23647 元, 2014 年为 25724 元, 2015 年为 25946 元, 2016 年为 27396 元, 2017 年为 29103 元, 2018 年为 32178 元, 2019 年为 34707 元, 2020 年为 35848 元。

青海省人均地区生产总值: 2011 年为 24233 元, 2012 年为 26839 元, 2013

年为 30005 元，2014 年为 32218 元，2015 年为 34883 元，2016 年为 38968 元，2017 年为 42211 元，2018 年为 46854 元，2019 年为 49976 元，2020 年为 50845 元。

宁夏回族自治区人均地区生产总值：2011 年为 30161 元，2012 年为 32609 元，2013 年为 35135 元，2014 年为 36815 元，2015 年为 37876 元，2016 年为 40339 元，2017 年为 45718 元，2018 年为 49614 元，2019 年为 52537 元，2020 年为 55021 元。

新疆维吾尔自治区人均地区生产总值：2011 年为 29624 元，2012 年为 33103 元，2013 年为 36988 元，2014 年为 40193 元，2015 年为 39520 元，2016 年为 40020 元，2017 年为 45476 元，2018 年为 51238 元，2019 年为 53542 元，2020 年为 53606 元。

从上述数据可以看出，我国东部经济带的经济发展质量最高，中部经济带次之，西部经济带处于最后。

第二节　数字普惠金融发展对我国区域经济增长影响的实证分析

一、变量选取、数据搜集及描述性分析

本节的实证分析过程中不同变量的设置情况具体如下所示：

第一个变量是人均地区生产总值，货币为人民币，单位为元。该变量能够充分体现一个城市生产水平及收入水平，因此是较好的指标，能够用以衡量不同区域经济发展水平。第二个变量是数字普惠金融指数。该变量是核心解释变量，能够综合体现一个城市数字普惠金融的整体发展水平。第三个变量是数字惠普金融数字化程度指数。该变量是核心解释变量，主要体现的是不同地区数字普惠金融服务便利性及服务成本，同时也能够体现数字普惠金融的低门槛效应。第四个变量是数字普惠金融覆盖广度指数。该变量是核心解释变量之一，主要体现数字普惠金融在不同区域的整体覆盖情况，能够反映出数字普惠金融存在的地理排斥实际情况。通常情况下，该指数数值越高，表示该地区地理排斥的情况越少。第五个变量是数字普惠金融使用深度指数。该变量是核心解释变量，能够体现某个地

区数字普惠金融产品及金融服务的实际使用情况，同时也能够体现出数字普惠金融产品及服务存在的排斥情况。通常情况下，该变量的数值越高则表示排斥越小。另外，数字普惠金融覆盖广度指数和使用深度指数可以共同作为解释变量来体现数字普惠金融的排斥情况。第六个变量是地区人均财政科技方面支出，货币为人民币，单位为百万元。第七个变量是地区人均财政教育支出。教育支出水平能够对一个地区的技术水平产生影响，因此作为解释变量之一。第八个变量是三大产业就业总人数，单位为人。第九个变量是地区人均固定资产投资，货币为人民币，单位为百万元。

各个变量统计描述结果如下所示。

人均地区生产总值：样本数为 1806，均值为 47371.06，标准差为 28792.01，最小值为 6916.00，最大值为 215488.00。

数字普惠金融指数：样本数为 1806，均值为 131.3709，标准差为 51.4157，最小值为 17.0200，最大值为 246.9187。

数字普惠金融覆盖广度指数：样本数为 1806，均值为 124.59，标准差为 51.51428，最小值为 1.8800，最大值为 254.1257。

数字普惠金融使用深度指数：样本数为 1806，均值为 125.3819，标准差为 47.99974，最小值为 4.2900，最大值为 251.4225。

数字普惠金融数字化程度指数：样本数为 1806，均值为 164.6447，标准差为 76.25956，最小值为 2.70，最大值为 581.23。

地区人均财政教育方面支出：样本数为 1806，均值为 6096.883，标准差为 7636.768，最小值为 200.48，最大值为 88737.54。

三大产业就业总人数：样本数为 1806，均值为 1032.548，标准差为 1913.973，最小值为 21.1，最大值为 17175.2。

地区人均固定资产投资：样本数为 1806，均值为 152914.5，标准差为 160296.5，最小值为 6524.26，最大值为 1736112.00。

地区人均财政科技方面支出：样本数为 1806，均值为 837.4505，标准差为 2674.5，最小值为 7.53，最大值为 40352.40。

二、实证分析

（一）数字普惠金融发展水平对区域经济增长影响的实证分析

在本部分的实证分析中，主要是从全国层面及东部、中部、西部经济带进行展开。在进行回归分析之前，需要使用 F 检验及 Hausman 检验来确定需要使用的回归方法。全国及三大经济带相关面板数据在进行 F 检验拒绝原假设的基础上，通过 Hausman 检验，发现固定效应模型相较于随机效应模型在拟合方面更好。最终得到的检验结果如下所示。

全国层面面板数据 F 检验结果为：F-Statistic 值为 160.51，Prob 为 0.0000。Hausman 检验结果为：Chi2 为 350.14，Prob 为 0.0000。

东部经济带层面面板数据 F 检验结果为：F-Statistic 值为 144.37，Prob 为 0.0000。Hausman 检验结果为：Chi2 为 155.45，Prob 为 0.0000。

中部经济带层面面板数据 F 检验结果为：F-Statistic 值为 103.31，Prob 为 0.0000。Hausman 检验结果为：Chi2 为 135.58，Prob 为 0.0000。

西部经济带层面面板数据 F 检验结果为：F-Statistic 值为 154.00，Prob 为 0.0000。Hausman 检验结果为：Chi2 为 115.64，Prob 为 0.0000。

进一步进行考察，使用个体固定效应进行稳健回归分析，最终的回归结果如下。

数字普惠金融指数：全国方面的回归结果为 0.0881454***，东部经济带回归结果为 0.0878169***，中部经济带回归结果为 0.069431**，西部经济带回归结果为 0.1206866***。

人均财政教育支出：全国方面的回归结果为 0.1133945***，东部经济带回归结果为 0.1461835***，中部经济带回归结果为 0.053353，西部经济带回归结果为 0.0968131**。

人均财政科技支出：全国方面的回归结果为 0.0352029***，东部经济带回归结果为 0.0155567，中部经济带回归结果为 0.048335***，西部经济带回归结果为 0.03688603*。

三大产业就业总人数：全国方面的回归结果为 0.0970979***，东部经济带回归结果为 0.0189368，中部经济带回归结果为 0.0964249**，西部经济带回归结果为 0.1125392**。

地区人均固定资产投资：全国方面的回归结果为 0.02029815***，东部经济带回归结果为 0.02252826***，中部经济带回归结果为 0.2191397**，西部经济带回归结果为 0.1809894***。

常数：全国方面的回归结果为 6.092285***，东部经济带回归结果为 6.272561***，中部经济带回归结果为 6.366151**，西部经济带回归结果为 6.230345***。

拟合优度：全国方面的回归结果为 0.8246，东部经济带回归结果为 0.8809，中部经济带回归结果为 0.8036，西部经济带回归结果为 0.8104。

从上述结果可以看出，全国层面面板模型回归拟合优度为 0.8246，并且其中的关键解释变量通过了 1% 置信水平的显著性检验，反映出数字普惠金融指数提升 1% 就能够带来 0.09% 的人均生产总值增长，同时这也说明数字普惠金融的发展能够促进地区经济增长。东部经济带的回归拟合优度为 0.8809，并且其中的关键解释变量也通过了 1% 置信水平的显著性检验，反映出数字普惠金融指数每提升 1% 能够带来 0.09% 的人均生产总值增长，与全国的平均水平接近。中部经济带的回归拟合优度结果显示，关键性变量通过了 5% 置信水平的显著性检验，反映出数字普惠金融指数每提升 1% 能够带来 0.07% 的人均生产总值增长，增长幅度与全国平均水平相比较低。西部经济带回归拟合优度为 0.8104，并且关键解释变量通过了 1% 置信水平的显著性检验，反映出数字普惠金融发展指数每提升 1% 能够带来 0.12% 的人均生产总值增长，相较于全国平均水平更高。

从整体来看，在全国层面及东部、中部、西部经济带，数字普惠金融能够对区域经济增长带来促进作用，并且这种作用具有显著性。同时，促进作用在不同区域有一定差异，证明假设 1 成立。下文将进一步探讨全国层面及不同经济带数字普惠金融发展对经济增长的影响是否存在非线性关系。在这一方面的分析中，主要使用门限回归模型进行分析。

（二）数字普惠金融对区域经济增长非线性影响实证分析

1. 全国层面实证分析

在全国层面，主要是基于全国层面的面板数据模型使用 Stata 分析数字普惠金融和区域经济增长之间是否存在非线性关系。首先进行的是三门限值回归模型的分析，最终的结果如下。

在单门限值方面：F-Statistic 结果为 70.79，P-value 结果为 0.0000，10% 临界值结果为 27.3350，5% 临界值结果为 32.1890，1% 临界值结果为 40.3153。

在双门限值方面：F-Statistic 结果为 22.44，P-value 结果为 0.0100，10% 临界值结果为 13.7137，5% 临界值结果为 15.9536，1% 临界值结果为 22.2011。

在三门限值方面：F-Statistic 结果为 10.68，P-value 结果为 0.4267，10% 临界值结果为 24.4520，5% 临界值结果为 31.4520，1% 临界值结果为 42.3043。

从上述结果可以看出，三门限值的 P 值为 0.4267，不具有显著性，可以得出三门限值的假设不成立。在此基础上进一步对双门限值回归模型进行分析，最终结果如下。

在单门限值方面：F-Statistic 结果为 70.79，P-value 结果为 0.0000，10% 临界值结果为 24.0879，5% 临界值结果为 28.4318，1% 临界值结果为 35.2300。

在双门限值方面：F-Statistic 结果为 22.44，P-value 结果为 0.0067，10% 临界值结果为 14.1825，5% 临界值结果为 16.3457，1% 临界值结果为 21.3353。

从上述结果可以看出，双门限值的 P 值尽管显著，但是并没有通过临界值的检验。

在上述基础上进一步对单门限值进行分析，最终结果如下：

单门限值：F-Statistic 结果为 70.79，P-value 结果为 0.0000，10% 临界值结果为 25.3668，5% 临界值结果为 28.4665，1% 临界值结果为 41.4793。

从上述结果可以得出，单门限值的结果不仅具有显著性，而且通过了临界值检验。以此为基础可以将样本划分为两个区间，其中第一个是数字普惠金融发展水平较低区间，称为区间一；第二个是数字普惠金融发展水平较高的区间，称为区间二。单门限估计值如下所示：

数字普惠金融指数的估计值为 4.0718，在 95% 置信区间内结果分别为 4.0360 与 4.0799。

单门限值回归结果如下：

数字普惠金融指数在区间 1 时的个体固定效应结果为 0.1361763***，数字普惠金融指数在区间 2 时的个体固定效应结果为 0.1207891***，人均财政教育支出的个体固定效应结果为 0.1112551***，人均财政科技支出的个体固定效应结果为 0.036839***，三大产业就业总人数的个体固定效应结果为 0.1010095***，人均固定资产投资的个体固定效应结果为 0.1941759***，常数的个体固定效应结果为 6.016732***，拟合优度为 0.8316。

结合上述两组数据可以看出，在数字普惠金融指数处于区间 0 到 58.6624 时，数字普惠金融发展每提升 1%，就能够带来 0.14% 的人均生产总值增加。在数字普惠金融指数超过 58.6624 时，数字普惠金融发展每提升 1%，就能够带来 0.12% 的地区人均生产总值增加。同时，上述结果中数字普惠金融发展水平都通过了 1% 置信水平的显著性检验。

2. 东部地区实证分析

在东部经济带层面，主要是基于东部经济带层面的面板数据模型使用 Stata 分析数字普惠金融和区域经济增长之间是否存在非线性关系。首先进行的是三门限值的分析，最终结果如下。

在单门限值方面：F-Statistic 结果为 69.73，P-value 结果为 0.0000，10% 临界值结果为 21.8237，5% 临界值结果为 25.8253，1% 临界值结果为 32.3165。

在双门限值方面：F-Statistic 结果为 29.02，P-value 结果为 0.0100，10% 临界值结果为 15.8485，5% 临界值结果为 18.0374，1% 临界值结果为 22.1688。

在三门限值方面：F-Statistic 结果为 14.48，P-value 结果为 0.5033，10% 临界值结果为 24.7267，5% 临界值结果为 28.5079，1% 临界值结果为 34.1158。

从上述结果可以看出，三门限值的 P 值为 0.5033，不具有显著性，可以得出三门限值的假设不成立。在此基础上进一步对双门限值进行分析，最终结果如下。

在单门限值方面：F-Statistic 结果为 69.73，P-value 结果为 0.0000，10% 临界值结果为 25.4159，5% 临界值结果为 30.0131，1% 临界值结果为 35.6087。

在双门限值方面：F-Statistic 结果为 29.02，P-value 结果为 0.0033，10% 临界值结果为 17.1638，5% 临界值结果为 19.2042，1% 临界值结果为 26.7275。

从上述结果可以看出，双门限值的 P 值尽管显著，但是并没有通过临界值的检验。

在上述基础上进一步对单门限值进行分析，最终结果如下。

在单门限值方面：F-Statistic 结果为 69.73，P-value 结果为 0.0000，10% 临界值结果为 23.2847，5% 临界值结果为 26.3033，1% 临界值结果为 35.8475。

从上述结果可以得出，单门限值的结果不仅具有显著性，而且通过了临界值检验。以此为基础可以将样本划分为两个区间，其中第一个是数字普惠金融发展水平较低区间，称为区间一；第二个是数字普惠金融发展水平较高的区间，称为区间二。单门限估计值如下所示：

数字普惠金融指数的估计值为 5.3271，在 95% 置信区间内结果分别为 5.3262 与 5.3278。

单门限值回归结果如下：

数字普惠金融指数 1 的个体固定效应结果为 0.0841812***，数字普惠金融指数 2 的个体固定效应结果为 0.0948227***，人均财政教育支出的个体固定效应结果为 0.1203077***，人均财政科技支出的个体固定效应结果为 0.0089803，三大产业就业总人数的个体固定效应结果为 0.0320946，人均固定资产投资的个体固定效应结果为 0.2269535***，常数的个体固定效应结果为 6.438696***，拟合优度为 0.8933。

从上述结果可以得出，在数字普惠金融指数处于 0 到 205.84 这一区间内时，数字普惠金融发展每提升 1%，可以实现 0.08% 的人均生产总值增长。在数字普惠金融指数超出 205.84 时，每提升 1% 可以带来 0.09% 的人均生产总值增长。此外，上述结果的关键解释变量都通过了 1% 置信水平的显著性检验。

3. 中部经济带实证分析

在中部经济带层面，主要是基于中部经济带层面的面板数据模型使用 Stata 分析数字普惠金融和区域经济增长之间是否存在非线性关系。首先进行的是三门限值的分析，最终结果如下。

在单门限值方面：F-Statistic 结果为 19.71，P-value 结果为 0.1067，10% 临界值结果为 20.2450，5% 临界值结果为 23.2207，1% 临界值结果为 31.8766。

在双门限值方面：F-Statistic 结果为 8.05，P-value 结果为 0.3367，10% 临界

值结果为 13.4154，5% 临界值结果为 16.8415，1% 临界值结果为 21.1335。

在三门限值方面：F-Statistic 结果为 5.68，P-value 结果为 0.6100，10% 临界值结果为 16.1598，5% 临界值结果为 22.6962，1% 临界值结果为 55.9971。

从上述结果可以看出，三门限值的 P 值为 0.6100，不具有显著性，可以得出三门限值的假设不成立。在此基础上进一步对双门限值进行分析，最终结果如下。

在单门限值方面：F-Statistic 结果为 19.71，P-value 结果为 0.1067，10% 临界值结果为 20.2450，5% 临界值结果为 23.2207，1% 临界值结果为 31.8766。

在双门限值方面：F-Statistic 结果为 8.05，P-value 结果为 0.3389，10% 临界值结果为 13.4154，5% 临界值结果为 16.8423，1% 临界值结果为 21.2541。

从上述结果可以看出，双门限值的 P 值不显著，并且没有通过临界值的检验。

在上述基础上进一步对单门限值进行分析，最终结果如下：

在单门限值方面：F-Statistic 结果为 19.71，P-value 结果为 0.0833，10% 临界值结果为 16.6661，5% 临界值结果为 21.5737，1% 临界值结果为 26.9902。

从上述结果可以得出，单门限值的结果通过了临界值检验。以此为基础可以将样本划分为两个区间，其中第一个是数字普惠金融发展水平较低区间，称为区间一；第二个是数字普惠金融发展水平较高的区间，称为区间二。单门限估计值如下所示：

数字普惠金融指数的估计值为 4.1540，在 95% 置信区间内结果分别为 4.1195与 4.1550。

单门限值回归结果如下：

数字普惠金融指数 1 的个体固定效应结果为 0.1198502***，数字普惠金融指数 2 的个体固定效应结果为 0.1050264***，人均财政教育支出的个体固定效应结果为 0.0807896***，人均财政科技支出的个体固定效应结果为 0.0479435***，三大产业就业总人数的个体固定效应结果为 0.0919428***，人均固定资产投资的个体固定效应结果为 0.2002135***，常数的个体固定效应结果为 6.208242***，拟合优度为 0.8099。

从上述结果可以得出，在数字普惠金融指数处于 0 到 63.69 这一区间内时，数字普惠金融发展每提升 1%，可以实现 0.12% 的人均生产总值增长；在数字普惠金融指数超出 63.69 时，每提升 1% 可以带来 0.11% 的人均生产总值增长。上述结果的关键解释变量都通过了 1% 置信水平的显著性检验。

4. 西部经济带实证分析

在西部经济带层面，主要是基于西部经济带层面的面板数据模型使用 Stata 分析数字普惠金融和区域经济增长之间是否存在非线性关系。首先进行的是三门限值的分析，最终结果如下。

在单门限值方面：F-Statistic 结果为 21.05，P-value 结果为 0.1033，10% 临界值结果为 22.0364，5% 临界值结果为 27.7539，1% 临界值结果为 37.2627。

在双门限值方面：F-Statistic 结果为 8.79，P-value 结果为 0.2633，10% 临界值结果为 13.4403，5% 临界值结果为 16.7972，1% 临界值结果为 22.1619。

在三门限值方面：F-Statistic 结果为 2.32，P-value 结果为 0.9600，10% 临界值结果为 12.9243，5% 临界值结果为 15.7740，1% 临界值结果为 20.8897。

从上述结果可以看出，三门限值的 P 值为 0.9600，不具有显著性，可以得出三门限值的假设不成立。在此基础上进一步对双门限值进行分析，最终结果如下。

在单门限值方面：F-Statistic 结果为 21.05，P-value 结果为 0.1033，10% 临界值结果为 22.0364，5% 临界值结果为 27.7539，1% 临界值结果为 37.2627。

在双门限值方面：F-Statistic 结果为 8.79，P-value 结果为 0.2756，10% 临界值结果为 13.2354，5% 临界值结果为 16.8632，1% 临界值为 22.2365。

从上述结果可以看出，双门限值的 P 值不显著，并且没有通过临界值的检验。

在上述基础上进一步对单门限值进行分析，最终结果如下。

在单门限值方面：F-Statistic 结果为 21.05，P-value 结果为 0.1367，10% 临界值结果为 23.5859，5% 临界值结果为 31.0830，1% 临界值结果为 244.0567。

从上述结果可以得出，单门限值的结果尽管通过了临界值检验，但是不显著。所以可以认为对西部经济带来说，没有发现数字普惠金融发展水平和区域增长存在非线性关系。

综合上述所有实证结果可以看出，在全国层面及东部和中部经济带层面上，数字普惠金融对区域经济增长所产生的作用并不是单纯的线性关系，而是具有一定的非线性特征，即假设 2 成立。但是从西部经济带的实证结果来看，假设 2 不能成立。之所以会出现这种情况，可能是因为西部经济带的经济发展较为落后，同时该经济带的数字普惠金融发展也处于较低水平。

（三）不同维度下数字普惠金融对区域经济增长产生的影响

这一部分主要是在数字普惠金融覆盖广度、使用深度及数字化程度3个方面的基础上，从全国层面和不同经济带层面来展开分析。首先使用F检验和Hausman检验来确定要使用的回归分析方法。根据已有的数据，使用上述两种检验方法发现，无论是全国层面还是东、中、西部层面，固定效应模型相较于随机效应模型都具有更好的拟合效果。具体结果如下所示。

全国层面面板数据F检验结果为：F-Statistic值为140.64，Prob为0.0000。Hausman检验结果为：Chi2为432.73，Prob为0.0000。

东部经济带层面面板数据F检验结果为：F-Statistic值为133.72，Prob为0.0000。Hausman检验结果为：Chi2为172.60，Prob为0.0000。

中部经济带层面面板数据F检验结果为：F-Statistic值为96.55，Prob为0.0000。Hausman检验结果为：Chi2为148.58，Prob为0.0000。

西部经济带层面面板数据F检验结果为：F-Statistic值为134.93，Prob为0.0000。Hausman检验结果为：Chi2为144.68，Prob为0.0000。

在上述结果的基础上进一步使用个体固定效应稳健回归分析，最终回归结果如下。

数字化程度指数：全国方面的回归结果为0.0149085*，东部经济带回归结果为0.0373369***，中部经济带回归结果为0.0191786，西部经济带回归结果为–0.0028448。

数字普惠金融覆盖广度指数：全国方面的回归结果为0.0639082***，东部经济带回归结果为0.0346188*，中部经济带回归结果为0.0701673**，西部经济带回归结果为0.0677190***。

数字普惠金融使用深度指数：全国方面的回归结果为–0.0007935，东部经济带回归结果为–0.0027151，中部经济带回归结果为0.0332706*，西部经济带回归结果为0.0352752*。

人均财政教育支出：全国方面的回归结果为0.1201569***，东部经济带回归结果为 2.1499222***，中部经济带回归结果为 0.0624906，西部经济带回归结果为 0.1123190**。

人均财政科技支出：全国方面的回归结果为 0.0348175***，东部经济带回归结果为 0.0149991，中部经济带回归结果为 0.0427415***，西部经济带回归结果为 0.3437153*。

三大产业就业总人数：全国方面的回归结果为 0.0916362***，东部经济带回归结果为 0.024399，中部经济带回归结果为 0.0832067*，西部经济带回归结果为 0.1216159**。

地区人均固定资产投资：全国方面的回归结果为 0.2016134***，东部经济带回归结果为 0.2269286***，中部经济带回归结果为 0.2194931***，西部经济带回归结果为 0.1890914***。

常数：全国方面的回归结果为 6.137769***，东部经济带回归结果为 6.32354***，中部经济带回归结果为 6.460105**，西部经济带回归结果为 6.036303***。

拟合优度：全国方面的回归结果为 0.8247，东部经济带回归结果为 0.8825，中部经济带回归结果为 0.8036，西部经济带回归结果为 0.8104。

从上述结果可以看出，全国层面面板模型回归拟合优度为 0.8247，并且其中的解释变量数字普惠金融覆盖广度指数通过了 1% 置信水平的显著性检验，反映出数字普惠金融指数提升 1% 就能够带来 0.06% 的人均生产总值增长，同时数字普惠金融使用深度和地区人均生产总值的系数不具有显著性，因此没能发现数字普惠金融使用深度和地区经济增长的关系。另外，1% 的数字化程度提升可以带来 0.01% 的人均生产总值提升，并且相关系数通过了 10% 水平的检验，反映出数字化程度的提升能够促进区域经济实现增长。东部经济带的回归拟合优度为 0.8825，说明覆盖广度每提升 1% 就能够促使人均生产总值增长 0.03%，同时相关的技术也通过了 10% 水平的检验，反映出覆盖广度可以提升地区经济增长。但是使用深度在东部经济带与人均生产总值相关系数不显著，所以没能发现使用深度和地区经济增长之间的关系。在数字化程度方面，东部经济带数字化程度每提升 1% 就能够促使人均生产总值提升 0.04%，同时相关系数通过了 1% 水平的检验，反映出数字化程度能够促进区域经济增长。中部经济带的拟合优度为 0.8036，表明覆盖广度每提升 1% 能够促使地区人均生产总值增长 0.07%，并且相关系数通过了 5% 水平检验，反映出覆盖广度能够促进地区经济增长。在使用深度方面，使用深度每提升 1% 能够促使中部经济带人均生产总值提升 0.03%，并且相关系数通过了 10% 水平检验，反映出使用深度能够促进区域经济增长。在数字化程度方面，最终的结果反映出数字化程度和地区经济增长之间的系数并不显著，所以没能发现两者之间的关系。西部经济带的最终拟合优度为 0.8104。在覆盖广度方面，每提升 1% 能够带来 0.07% 的人均生产总值增长，并且通过了 1% 水平检验，说明覆盖广度能够促进西部经济带的经济增长。在使用深度方面，使用深度每提升 1% 能够促使地区人均生产总值提升 0.04%，并且相关系数通过了 10% 水平检验，反映出使用深度能够促进西部经济带经济增长。在数字化程度方面，最终的结果反映出数字化程度和地区经济增长之间的系数并不显著，所以没能发现两者之间的关系。

综合上述结果可以发现，数字化程度无论是在全国层面还是在东部经济带层面，都能够显著促进经济增长，但是在中部、西部经济带层面上这一作用不显著，具体为数字普惠金融在全国层面和东部经济带层面上能够通过降低门槛效应来促进经济增长，但是在中部和西部经济带没有发现数字普惠金融能够发挥这一作用。原因可能是我国中部、西部经济带数字普惠金融仍然处于发展的初级阶段，由此所形成的降低门槛效应尚不明显，无法发挥其应有的作用。从全国层面和不同区域层面看，覆盖广度对促进经济增长有显著性作用，充分说明数字普惠金融可以通过缓解排斥效应来显著促进经济增长。另外，使用深度在中部和西部经济带能够显著促进经济增长，但是在东部经济带和全国层面这一作用不显著，主要原因可能是我国中部和西部经济带存在更为严重的金融服务排斥现象。

从整体上看，在实证分析中通过使用个体固定效应进行稳健回归分析发现，无论是在全国层面还是在不同地区层面，数字普惠金融的发展都可以对区域经济发展产生促进作用，并且这种促进作用会因为不同区域而存在一定差异。

在引入门限回归模型之后发现，在全国层面及东部和中部经济带层面，数字普惠金融的发展对区域经济发展产生的促进作用并不是单一的线性关系，而是存在一定非线性特征。但是在西部经济带层面，数字普惠金融对区域经济发展所产生的促进作用只有线性关系，没有发现存在非线性关系。之所以出现这种情况，可能是因为我国西部经济带整体经济发展较为落后，同时西部经济带相较于东部和中部经济带在数字普惠金融发展水平方面是落后的，所以导致数字普惠金融发展对区域经济增长所产生的促进作用只有线性关系。

从数字普惠金融的覆盖广度、使用深度及数字化程度 3 个方面来看，在进行实证分析之后可以得出，数字化程度无论是在全国层面还是在东部经济带层面对区域经济增长都能产生显著的促进作用，但是在中部和西部经济带层面，其产生的作用不显著，具体为数字普惠金融发展无论是在全国层面还是在东部经济带层面，可以通过降低门槛效应来促进区域经济的增长，但是在中部和西部经济带数字普惠金融并没有形成这一效应，所以对中部和西部经济带的促进作用不显著。原因可能是我国中部和西部经济带数字普惠金融发展还处于初级阶段，所产生的门槛效应不够明显。无论是全国层面还是东部、中部、西部经济带层面，数字普惠金融的覆盖广度在提升的过程中都能够促进区域经济的增长，反映出数字普惠金融能够在形成缓解排斥效应的过程中显著促进经济增长。与之相比，数字普惠金融的使用深度在中部和西部经济带层面能够对区域经济增长产生显著性的作用，但是数字普惠金融使用深度在全国层面和东部经济带层面这种促进作用并不显著，可能是因为我国中部和西部经济带的金融产品和金融服务存在更加严重的排斥现象。

第三节　主要结论与建议

一、主要结论

本章主要是在相关经济数据的基础上，通过个体固定效应模型及门限回归等方式来分析全国层面及东部、中部、西部层面数字普惠金融发展对区域经济增长所产生的影响。除此之外，还通过数字普惠金融的覆盖广度、使用深度及数字化程度 3 个方面，分析了数字普惠金融对区域经济增长产生影响的机制，最终得出如下结论。

（一）对人均地区生产总值有显著影响

从上述分析结果来看，在全国层面，数字普惠金融的发展能够对地区人均生产总值产生正向影响，并且这种影响具有显著性，从而促进了地区的经济增长。从不同经济带来看，数字普惠金融对不同区域人均生产总值所产生的影响都存在显著性的正向影响，但是这种正向影响程度在不同区域具有一定差异，其中，对西部经济带所产生的促进作用最为明显，东部经济带次之，中部经济带最不明显。

（二）存在非线性差异

从门限回归结果能够看出，数字普惠金融对地区人均生产总值所产生的影响存在一定非线性差异。首先，从全国层面来看，数字普惠金融所产生的影响可以分成两个阶段来进行观察：第一个阶段是数字普惠金融对地区人均生产总值产生了大幅度的促进作用；第二个阶段则是数字普惠金融的这种促进作用幅度有所下降。从东部经济带来看，数字普惠金融所产生的影响也可以分为两个阶段，但需要注意的是，东部经济带数字普惠金融产生作用的两个阶段在幅度方面都呈现出逐渐增长的趋势。其次，东部和中部经济带的整体情况与全国类似，即数字普惠金融所产生的影响在第一个阶段和第二个阶段的促进幅度逐渐下降。在西部经济带没有发现数字普惠金融和区域经济增长之间存在非线性的关系。之所以会出现这种情况，可能是因为我国西部经济带的数字普惠金融发展尚处于起步阶段，整体发展水平较低，导致西部地区数字普惠金融与区域经济增长之间不存在非线性关系。

（三）不同维度都存在促进作用

前文从不同维度进行了实证分析，最终发现：第一，数字普惠金融在全国层面和东部经济带层面上能够通过降低门槛效应来实现对区域经济增长的促进，但是在中部和西部经济带这种促进作用不够显著。之所以会出现这种情况，可能是因为我国中部和西部经济带数字普惠金融发展水平较低。第二，数字普惠金融在全国层面和三大经济带层面都可以通过缓解效应来促进区域经济增长，尤其在中部和西部经济带这种促进作用更为显著，可能是因为我国中部和西部经济带在金融产品和金融服务方面存在的排斥情况相较于东部经济带更加严重。

二、对策建议

结合上述得到的结论，提出以下几方面建议。

第一，我国的中部和西部经济带应该在结合自身实际情况的基础上，加强数字普惠金融基础设施建设，同时要引进相关的技术人才，提升本地区的数字普惠金融发展水平，从而更好地发挥数字普惠金融发展过程中对区域经济增长所产生的促进作用。从目前来看，我国仍然是一个在资源、经济、人口等方面发展不平衡的国家，不同区域之间具有不同的实际发展情况。其中，我国东部经济带由于地理位置优势，在发展过程中获得了较好的经济发展水平，同时在数字普惠金融发展方面也已经形成了较为完善的基础设施与技术支撑，因此我国东部经济带的数字普惠金融发展水平整体较好。而我国的中部和西部经济带由于各个方面因素的影响，数字普惠金融的发展无论是在基础设施建设方面还是在技术支撑方面，相较于东部经济带都更为落后。所以，我国中部和西部经济带在当前必须因地制宜，充分结合自身的实际发展情况，向东部经济带学习，加快建设本地区的数字普惠金融基础设施，与此同时还需要重视引入培养数字普惠金融相关的技术人才，从而为数字普惠金融的发展打下坚实的基础，最终提高本地区的数字普惠金融发展水平。

第二，各个经济带应该进一步完善数字普惠金融产品和服务，同时要建立更加健全的数字普惠金融服务体系，促使数字普惠金融在覆盖广度、使用深度、数字化程度方面都得到提升，从而使数字普惠金融在发展过程中缓解排斥效应，促进区域经济增长。从目前来看，尽管我国数字普惠金融在发展过程中促使金融领域产生了各种金融创新，并且向市场推出了新的金融产品和服务，但是对于我国农村地区或偏远地区的居民而言，可以选择的金融产品和服务仍然较少，仍然不能满足这些地区居民的实际金融需求。在当前需要引起注意的是，数字普惠金融应充分结合实际情况，采用更具针对性的方式开发与实际情况相适应的金融产品和服务。同时，在服务观念方面也需要充分贯彻数字普惠金融的理念，为农村地区和偏远地区的居民与企业提供更多的金融产品和服务。除此之外，在当前还需要形成针对农村地区和偏远地区专门的金融服务渠道，如微信公众平台等，这样不仅能降低这些地区的居民学习金融知识的门槛和成本，还能够促使这些地区的居民和企业充分参与各种数字普惠金融活动，从而获得更好的金融产品和服务。

第五章 数字普惠金融发展对我国城市与农村收入差距的影响

数字普惠金融对我国城市和农村的收入差距也产生了重大影响。过去，我国城市化进程缓慢，导致城市人口与农村人口之间的收入差距逐渐扩大。但是随着数字普惠金融的发展，可以为农村地区提供更加便捷和优惠的金融服务，同时也创造了更多的就业机会，有助于解决农村人口的贫困问题。另外，数字普惠金融也为城市居民提供了更多的投资渠道，促进了城市经济的发展，从而缩小了城乡收入差距。本章将进一步探讨数字普惠金融发展对我国城市和农村收入差距的影响，以期帮助读者更好地理解数字普惠金融在促进社会经济平等发展方面的作用。

第一节 我国城市与农村收入差距的变化趋势

随着我国经济的不断发展，城市和农村之间的收入差距问题也日益引起人们的关注。城市的发展速度比农村快，城市居民的生活水平明显高于农村，这导致城乡收入差距不断扩大。然而，随着我国政策的逐步调整和实施，城乡收入差距变化趋势也开始出现了一些变化。本节将探讨我国城市和农村的收入差距变化趋势，并分析其原因和影响，以期更好地了解我国现代化进程中城乡收入差距问题的状况与发展。

一、以城乡人均可支配收入比为基础分析

我国居民的可支配收入指的是居民在转移性支付和其他税费之后实际剩余的收入，主要包括居民所进行的消费支出及在银行储蓄的存款。由于居民这一方面的数据容易获取，并且在计算方法上更加简单直观，且具有长期的连续性，因此被很多文献作为衡量城乡居民收入差距的重要指标之一。根据国家统计局公布的相关数据，在经过整理之后最终得到以下具体数据。这些数据充分反映了我国从

2000 年到 2020 年，城镇居民和农村居民人均可支配收入具体数额及相关比值的变化。

2000 年，我国城市地区人均可支配收入为 6256 元，农村地区人均可支配收入为 2282 元，两者比例为 2.74∶1。

2001 年，我国城市地区人均可支配收入为 6824 元，农村地区人均可支配收入为 2407 元，两者比例为 2.84∶1。

2002 年，我国城市地区人均可支配收入为 7652 元，农村地区人均可支配收入为 2529 元，两者比例为 3.03∶1。

2003 年，我国城市地区人均可支配收入为 8406 元，农村地区人均可支配收入为 2690 元，两者比例为 3.12∶1。

2004 年，我国城市地区人均可支配收入为 9335 元，农村地区人均可支配收入为 3027 元，两者比例为 3.08∶1。

2005 年，我国城市地区人均可支配收入为 10382 元，农村地区人均可支配收入为 3370 元，两者比例为 3.08∶1。

2006 年，我国城市地区人均可支配收入为 11620 元，农村地区人均可支配收入为 3731 元，两者比例为 3.11∶1。

2007 年，我国城市地区人均可支配收入为 13603 元，农村地区人均可支配收入为 4327 元，两者比例为 3.14∶1。

2008 年，我国城市地区人均可支配收入为 15549 元，农村地区人均可支配收入为 4999 元，两者比例为 3.11∶1。

2009 年，我国城市地区人均可支配收入为 16901 元，农村地区人均可支配收入为 5435 元，两者比例为 3.11∶1。

2010 年，我国城市地区人均可支配收入为 18779 元，农村地区人均可支配收入为 6272 元，两者比例为 2.99∶1。

2011 年，我国城市地区人均可支配收入为 21427 元，农村地区人均可支配收入为 7394 元，两者比例为 2.90∶1。

2012 年，我国城市地区人均可支配收入为 24127 元，农村地区人均可支配收入为 8389 元，两者比例为 2.88∶1。

2013 年，我国城市地区人均可支配收入为 26467 元，农村地区人均可支配收入为 9340 元，两者比例为 2.81∶1。

2014 年，我国城市地区人均可支配收入为 28844 元，农村地区人均可支配收入为 10489 元，两者比例为 2.75∶1。

2015 年，我国城市地区人均可支配收入为 31195 元，农村地区人均可支配收入为 11422 元，两者比例为 2.73∶1。

2016 年，我国城市地区人均可支配收入为 33616 元，农村地区人均可支配收入为 12363 元，两者比例为 2.72∶1。

2017 年，我国城市地区人均可支配收入为 36396 元，农村地区人均可支配收入为 13432 元，两者比例为 2.71∶1。

2018 年，我国城市地区人均可支配收入为 39251 元，农村地区人均可支配收入为 14617 元，两者比例为 2.69∶1。

2019 年，我国城市地区人均可支配收入为 42359 元，农村地区人均可支配收入为 16021 元，两者比例为 2.64∶1。

2020 年，我国城市地区人均可支配收入为 43834 元，农村地区人均可支配收入为 17131 元，两者比例为 2.56∶1。

从上述数据可以看出，21 世纪以来我国城乡居民的人均可支配收入相对差距不断增大，在 2000 年到 2008 年这一阶段，我国城乡居民之间的人均可支配收入差距呈现出不断增大的趋势。2008 年以后，我国城乡居民人均收入比开始不断下降，2010 年降到了 3.0 以下，并且呈现出逐年减小的趋势。李实和朱梦冰[1]认为，我国城乡居民人均可支配收入之间差距的减小得益于我国所实施的一系列惠农政策，同时也得益于社会保障制度的不断完善。尽管城乡居民人均可支配收入差距在不断减小，但是收入比仍然在高位徘徊，主要原因是我国生产要素市场发展相对不够完善，并且城乡居民之间在财产性收入方面的差距不断增大，所以我国收入差距的改善面临较大的压力，仍然需要进一步改善。

在城市人均可支配收入增速方面，2008 年增长率为 8.2%，2009 年增长率为 9.7%，2010 年增长率为 7.7%，2011 年增长率为 8.4%，2012 年增长率为 9.6%，

[1] 李实，朱梦冰．中国经济转型 40 年中居民收入差距的变动 [J]．管理世界，2018,34(12):19-28.

2013 年增长率为 7.0%，2014 年增长率为 6.8%，2015 年增长率为 6.6%，2016 年增长率为 5.6%，2017 年增长率为 6.5%，2018 年增长率为 5.6%，2019 年增长率为 5.0%，2020 年增长率为 1.2%。

我国农村居民人均可支配收入增速方面，2008 年增长率为 8.5%，2009 年增长率为 9.0%，2010 年增长率为 11.4%，2011 年增长率为 11.4%，2012 年增长率为 10.7%，2013 年增长率为 9.3%，2014 年增长率为 9.2%，2015 年增长率为 7.5%，2016 年增长率为 6.2%，2017 年增长率为 7.3%，2018 年增长率为 6.6%，2019 年增长率为 6.2%，2020 年增长率为 3.8%。

根据国家统计局统计数据可以看出，2008 年到 2020 年，我国农村居民人均可支配收入增速超过了城市居民人均可支配收入增速，并且 2010 年到 2014 年，城市居民人均可支配收入增速与农村居民人均可支配收入增速之间的差距最明显。2015 年之后，两者增速的差距不断缩小，并且收入差距改善速度也在一定程度上放缓。由此可以得出，缓解我国城市与农村居民人均可支配收入差距的关键在于如何让我国农村地区居民人均可支配收入实现快速增长。

根据国家统计局公布的数据信息，得出我国城市居民人均可支配收入按来源分类的数额及构成比例，具体如下所示：

2015 年，工资性收入为 19337 元，所占比例为 62.0%；经营净收入为 3476 元，所占比例为 11.1%；财产净收入为 3042 元，所占比例为 9.8%；转移净收入为 5340 元，所占比例为 17.1%。

2016 年，工资性收入为 20665 元，所占比例为 61.5%；经营净收入为 3770 元，所占比例为 11.2%；财产净收入为 3271 元，所占比例为 9.7%；转移净收入为 5910 元，所占比例为 17.6%。

2017 年，工资性收入为 22201 元，所占比例为 61.0%；经营净收入为 4065 元，所占比例为 11.2%；财产净收入为 3607 元，所占比例为 9.9%；转移净收入为 6524 元，所占比例为 17.9%。

2018 年，工资性收入为 23792 元，所占比例为 60.6%；经营净收入为 4443 元，所占比例为 11.3%；财产净收入为 4028 元，所占比例为 10.3%；转移净收入为 6988 元，所占比例为 17.8%。

2019 年，工资性收入为 25565 元，所占比例为 60.4%；经营净收入为 4840 元，所占比例为 11.4%；财产净收入为 4391 元，所占比例为 10.4%；转移净收入为 7563 元，所占比例为 17.9%。

我国农村居民人均可支配收入按来源分类的数额及构成比例：

2015 年，工资性收入为 4600 元，所占比例为 40.3%；经营净收入为 4504 元，所占比例为 39.4%；财产净收入为 252 元，所占比例为 2.2%；转移净收入为 2066 元，所占比例为 18.1%。

2016 年，工资性收入为 5022 元，所占比例为 40.6%；经营净收入为 4741 元，所占比例为 38.3%；财产净收入为 272 元，所占比例为 2.2%；转移净收入为 2328 元，所占比例为 18.8%。

2017 年，工资性收入为 5498 元，所占比例为 40.9%；经营净收入为 5028 元，所占比例为 37.4%；财产净收入为 303 元，所占比例为 2.3%；转移净收入为 2603 元，所占比例为 19.4%。

2018 年，工资性收入为 5996 元，所占比例为 41.0%；经营净收入为 5358 元，所占比例为 36.7%；财产净收入为 342 元，所占比例为 2.3%；转移净收入为 2920 元，所占比例为 20.0%。

2019 年，工资性收入为 6583 元，所占比例为 41.1%；经营净收入为 5762 元，所占比例为 36.0%；财产净收入为 377 元，所占比例为 2.4%；转移净收入为 3298 元，所占比例为 20.6%。

从上述数据可以看出，我国城市居民的收入主要是来自工资性收入，比例超过 60%，但是工资性收入近年来呈现不断下降的趋势，已经从 2015 年的 62.0% 逐渐下降到 2019 年的 60.4%。经营净收入及财产净收入所占比例基本保持稳定，转移净收入占比呈现小幅增长的发展趋势，从 2015 年的 17.1% 增长到 2019 年的 17.9%。在农村居民方面，主要的收入来源是工资性收入和经营净收入，比例分别为 40% 左右。同时，我国农村居民的工资性收入呈现逐年增长的趋势，从 2015 年的 40.3% 增长至 2019 年的 41.1%。经营净收入的所占比例呈现逐年下降的趋势，从 2015 年的 39.4% 下降到 2019 年的 36.0%。农村居民财产净收入占比相对较为稳定，在这一阶段没有发生较大变化。但是也能够看出，我国农村地区居民的财产净收入来源占比过低，仅仅只有城市居民的 8.5% 左右。

二、以泰尔指数为基础分析

泰尔指数的优势在于对总体的可分解性。对于城乡居民收入来说，泰尔指数不仅包含城乡居民绝对收入的变化，同时也能够对城乡人口结构组成所产生的变化进行刻画，因此在很多研究中往往作为我国城乡居民收入差距的重要衡量代理变量。通过泰尔指数的计算公式，最终的测算结果如下所示：

2015 年，北京市的泰尔指数为 0.724，天津市为 1.006，河北省为 1.721，山西省为 1.570，内蒙古自治区为 1.274，辽宁省为 1.026，吉林省为 1.377，黑龙江省为 1.274，上海市为 0.856，江苏省为 1.105，浙江省为 1.117，安徽省为 1.788，福建省为 1.207，江西省为 1.706，山东省为 1.478，河南省为 1.989，湖北省为 1.426，湖南省为 1.802，广东省为 0.960，广西壮族自治区为 2.063，海南省为 1.510，重庆市为 1.316，四川省为 1.986，贵州省为 2.868，云南省为 2.593，西藏自治区为 4.476，陕西省为 1.731，甘肃省为 2.656，青海省为 1.834，宁夏回族自治区为 1.580，新疆维吾尔自治区为 1.938。

2016 年，北京市的泰尔指数为 0.736，天津市为 1.020，河北省为 1.679，山西省为 1.524，内蒙古自治区为 1.246，辽宁省为 1.013，吉林省为 1.359，黑龙江省为 1.222，上海市为 0.869，江苏省为 1.089，浙江省为 1.109，安徽省为 1.717，福建省为 1.186，江西省为 1.660，山东省为 1.443，河南省为 1.911，湖北省为 1.386，湖南省为 1.754，广东省为 0.954，广西壮族自治区为 2.981，海南省为 1.456，重庆市为 1.268，四川省为 1.907，贵州省为 2.706，云南省为 2.504，西藏自治区为 4.201，陕西省为 1.679，甘肃省为 2.543，青海省为 1.770，宁夏回族自治区为 1.539，新疆维吾尔自治区为 1.893。

2017 年，北京市的泰尔指数为 0.740，天津市为 1.024，河北省为 1.630，山西省为 1.485，内蒙古自治区为 1.221，辽宁省为 0.999，吉林省为 1.357，黑龙江省为 1.256，上海市为 0.820，江苏省为 1.076，浙江省为 1.098，安徽省为 1.667，福建省为 1.169，江西省为 1.606，山东省为 1.398，河南省为 1.843，湖北省为 1.356，湖南省为 1.690，广东省为 0.949，广西壮族自治区为 2.914，海南省为 1.422，重庆市为 1.234，四川省为 1.842，贵州省为 2.567，云南省为 2.376，西藏自治区为 4.132，陕西省为 1.613，甘肃省为 2.434，青海省为 1.753，宁夏回族自治区为 1.491，新疆维吾尔自治区为 1.893。

2018 年，北京市的泰尔指数为 0.739，天津市为 1.026，河北省为 1.571，山西省为 1.470，内蒙古自治区为 1.202，辽宁省为 0.999，吉林省为 1.344，黑龙江省为 1.244，上海市为 0.839，江苏省为 1.061，浙江省为 1.089，安徽省为 1.620，福建省为 1.155，江西省为 1.561，山东省为 1.350，河南省为 1.776，湖北省为 1.330，湖南省为 1.631，广东省为 0.941，广西壮族自治区为 1.857，海南省为 1.383，重庆市为 1.203，四川省为 1.781，贵州省为 2.431，云南省为 2.275，西藏自治区为 4.897，陕西省为 1.564，甘肃省为 2.350，青海省为 1.715，宁夏回族自治区为 1.450，新疆维吾尔自治区为 1.870。

2019 年，北京市的泰尔指数为 0.737，天津市为 1.021，河北省为 1.523，山西省为 1.413，内蒙古自治区为 1.182，辽宁省为 0.988，吉林省为 1.329，黑龙江省为 1.239，上海市为 0.837，江苏省为 1.046，浙江省为 1.078，安徽省为 1.573，福建省为 1.138，江西省为 1.518，山东省为 1.309，河南省为 1.719，湖北省为 1.304，湖南省为 1.572，广东省为 0.935，广西壮族自治区为 1.805，海南省为 1.348，重庆市为 1.172，四川省为 1.722，贵州省为 2.307，云南省为 2.177，西藏自治区为 4.670，陕西省为 1.513，甘肃省为 2.256，青海省为 1.661，宁夏回族自治区为 1.412，新疆维吾尔自治区为 1.802。

以我国省级行政区域三大经济带来进行划分，可以得出我国东部、中部及西部经济带之间泰尔指数的变化。

2015 年，我国东部经济带的泰尔指数均值为 1.156，中部经济带的泰尔指数均值为 1.616，西部经济带的泰尔指数均值为 2.193。

2016 年，我国东部经济带的泰尔指数均值为 1.141，中部经济带的泰尔指数均值为 1.572，西部经济带的泰尔指数均值为 2.103。

2017 年，我国东部经济带的泰尔指数均值为 1.121，中部经济带的泰尔指数均值为 1.532，西部经济带的泰尔指数均值为 2.039。

2018 年，我国东部经济带的泰尔指数均值为 1.105，中部经济带的泰尔指数均值为 1.494，西部经济带的泰尔指数均值为 1.964。

2019 年，我国东部经济带的泰尔指数均值为 1.087，中部经济带的泰尔指数均值为 1.458，西部经济带的泰尔指数均值为 1.890。

通过上述数据可以发现，2015 年到 2019 年：首先，我国东部、中部、西部经济带的泰尔指数绝对值呈现下降趋势，这反映出我国不同地区城乡居民收入差距从整体上获得了一定程度缩小。在三大经济带中，我国西部经济带的泰尔指数变化最大，下降幅度最为明显，2019 年相较于 2015 年共下降了 0.303。我国中部经济带次之，总体下降了 0.158，我国东部经济带下降幅度最小，仅仅有 0.069。其次，我国西部经济带长期以来都是我国城乡居民收入差距最大的地区，中部经济带次之，东部经济带差距最小，这充分反映出在我国经济较为发达的地区，城乡居民收入差距往往较小，经济不发达的地区城乡居民收入差距往往较大。最后，我国三大经济带之间的泰尔指数差距呈现出不断缩小的趋势。其中，我国东部、西部经济带的泰尔指数差距已经从 2015 年的 1.037 减小到 2019 年的 0.803，这说明我国不同地区之间城市与农村的收入差距在一定程度上得到了缓解。

第二节　数字普惠金融发展对城市与农村收入差距影响的理论分析

一、数字普惠金融对我国城市与农村收入差距的影响机制

（一）降低了传统金融服务门槛效应

金融服务门槛效应指的是在金融市场发展过程中，信息不对称的问题导致金融机构需要面对较高的风险管理成本。同时，金融基础设施建设方面的不足往往会导致金融机构在运营过程中需要投入更多成本。而这种成本往往会导致金融机构出现追求利润的偏好。具体来说，金融机构更加倾向于为高净值的用户提供服务，并且在这一过程中会执行不同的信贷配给，所以，金融机构所提供的金融服务在无形之中会具有一定的显性门槛或隐性门槛。

通常情况下，低收入群体或阶层由于自身各方面因素的限制，没有足够的财

富积累，因此不能越过金融机构所设置的各种门槛，从而无法获得金融机构的资金支持，甚至无法获得常规性的贷款服务。比如，贫困家庭往往无法在短期内实现自身收入的增加，如果贫困家庭没有金融体系的助力，那么必然陷入贫困循环的陷阱中。而高收入阶层由于自身的财富积累及信用，会更容易越过金融机构所设置的门槛，进而通过金融机构去选择有更高投资收益的项目，以此来获得更多的财产性收入，并且这种财产性收入远远超过原本的劳动收入。

数字普惠金融的发展使原本处于弱势的群体可以获得更多的金融服务，从而降低了传统金融服务的准入门槛，进而减小城乡之间的收入差距。数字普惠金融能够在数字技术的支撑下克服传统金融模式下网点方面存在的缺陷，从而降低金融机构的运营成本。同时，数字普惠金融还能对各种信息资源进行整合，以此来优化金融服务的过程，实现对风险的监控，有效避免人为的道德风险，从而降低风险管理成本。从整体来看，正是由于总体成本的降低能够促使金融机构在面对低收入群体时降低服务门槛，从而促使低收入群体获得信贷资金。有了资金的支持，低收入群体就可以进入资本投资市场进行创新创业，这些项目能增加贫困家庭的收入。另外，数字普惠金融的发展还能有效促进创业的发展，从而使经济得到增长，特别是在城市化率较低且资本注册较少的省份，往往能够发挥更大的作用。

（二）缓解了传统金融非均衡发展效应

金融非均衡发展效应指的是在金融发展的过程中，特别是在初级阶段，总体资源往往有限，因此无法保证所有地区都能实现均衡配置，这就导致了城市和农村之间的金融存在非均衡发展问题，也导致农村地区的金融资源不断流向城市。从我国实际情况来看，我国城市和农村之间的金融资源非均衡配置主要产生了以下两个方面的影响：第一，农村地区的金融支付基础设施尚不完善，也没有建设较为健全的信用体系，并且金融服务需求往往较为分散，所需要的额度也较低，因此金融机构在农村地区的投入产出比较低，不能覆盖更多的人群。第二，我国城市更加偏向发展传统金融，这样就导致我国农村地区的资金不断流失，进而导致我国农村金融机构存贷比不断下降。另外，非金融行业的金融发展使城市居民的收入水平不断提升，但是这种提升更多体现在高收入人群的收入，对于低收入人群而言并没有获得收入方面的增长，这就导致城乡居民收入的差距不断加大。

数字普惠金融的发展能对这种非均衡效应产生缓解作用。一方面，数字普惠金融能够覆盖更大范围，从而促使城市与农村之间的收入差距减小。在传统普惠金融中，由于受到空间及成本方面因素的影响，传统金融机构往往不会在农村地区投入过多金融资源，但是数字普惠金融能够促使农村地区的这一劣势得到扭转。对金融机构来说，只需要在系统的后台进行统一操作，就能够减少运营成本，并且这一过程不会产生城市和农村之间的差异。对于有金融服务需求的群体来说，只需要通过互联网设备进入服务信息系统的终端，就可以进行金融服务方面的相关操作，也不会体现出城市与农村之间的非均衡发展差异。

另一方面，数字技术的发展和普及能够更好地克服传统金融发展模式的缺陷。数字普惠金融的技术支撑为数字技术，比如大数据技术、人工智能技术等，这些技术能够使金融服务与目标用户更加匹配，从而实现精准营销。在提升金融服务覆盖范围及用户触及度的同时，数字普惠金融的可视化及电子化流程能够将金融服务应用到各种生活场景中，以此提升用户的服务体验。

（三）利用了涓滴效应

金融发展能够对收入差距产生间接影响，并且这种间接影响主要是通过资源配置来实现的。在我国，东部经济带普惠金融发展水平较高，但是东部经济带经济水平的增长与数字普惠金融发展水平整体表现为负相关关系，即经济发展水平越高的地区，数字普惠金融发展水平越低。相较于东部经济带，我国中部和西部经济带的数字普惠金融发展情况则正好相反，即数字普惠金融的发展和地区经济增长呈现正相关关系，即数字普惠金融的发展促进了我国中部和西部经济带经济的增长。这是因为在普惠金融发展过程中能够在经济增长中产生涓滴效应，从而为原本无法获得金融产品或金融服务的群体提供金融服务，保障了社会低收入群体实现收入增长，从而刺激经济实现增长，最终缩小了收入差距。数字普惠金融继承了这种间接传导渠道，且数字普惠金融相较于传统普惠金融有着更强的渗透性及覆盖面，所以能够向更多群体提供金融服务，促进金融市场的流通成本不断降低，并使其流通更为顺畅。所以，数字普惠金融能够缓解收入差距的问题。

二、研究假设

假设1：数字普惠金融的发展能够降低低收入人群的借贷门槛，使我国农村地区低收入群体收入得到增加，从而改善城乡之间存在的收入差距问题。

假设2：数字普惠金融在不同地区所产生的影响不同。整体上，我国西部经济带受数字普惠金融正面影响的程度更大，即西部经济带相较于东部经济带在数字普惠金融的影响下产生了更为显著的收入差距缩小效果。

假设3：我国城市与农村居民收入差距与数字普惠金融的发展存在一定空间依赖性。

第三节　数字普惠金融发展对城市与农村收入差距影响的实证分析

一、数据来源与变量选取

（一）数据来源

数字普惠金融发展程度相关指数主要来源于当前已经发表的与数字普惠金融相关的文献，其他方面的数据主要来源于我国官方机构所公布的各种数据。本节主要选择了2015年到2019年的数据作为样本数据，并且主要考虑了以下两个方面的因素。

在人均可支配收入数据方面，由于我国在2013年之前关于人均可支配收入所使用的统计方法存在不同，并且抽样范围也不一致，所以在2013年之前我国城市居民和农村居民收入统计口径并不一致。因此，在这里就没有选择从2013年开始的数据，主要因为当时无论是抽样范围还是统计方法都不完善，所以在这里选择2015年到2019年的数据。基于这一阶段的数据进行市场分析能够保证获得有效结果。在数字普惠金融发展指数方面，主要使用的是北京大学数字金融研究中心所发布的相关数据。同时，在实际使用过程中综合了北京大学数字金融研究中心2016年和2019年所发布的相关报告，涵盖了2015年到2019年这一时间段，所以，在这里以2015年为起点来考察我国数字普惠金融的发展情况，这样得出的结果会更加符合实际。

（二）变量选取

1. 被解释变量

通过对不同文献进行总结最终得出，在城乡收入差距衡量指标方面，泰尔指数、基尼系数及人均可支配收入比是主要指标。其中，城乡居民人均可支配收入比指标更加容易获取，并且计算方法更为简单。泰尔指数则是能够准确反映人口结构发生变化时，我国城乡居民收入差距所产生的变化。基尼系数能够充分反映总体上的收入差距，是当前经济研究中最为常用的指标。但需要注意的是，基尼系数对基础数据有较为严格的要求，并且以不同机构调查样本所得出的基尼系数往往会存在一定差异。所以，在这里主要以泰尔指数为被解释变量来衡量我国城市与农村之间的收入差距。

2. 解释变量

在下面的内容中，主要选择北京大学数字普惠金融指数作为解释变量来对数字普惠金融发展水平进行衡量。

3. 控制变量

在参考其他相关文献研究方法的基础上，本节主要选择了 6 个变量作为控制变量。其中，第一个变量是经济发展水平。不同地区的经济水平具有不同的发展程度，且不同的经济发展程度会对居民的收入水平产生影响，从而对收入差距产生影响。根据相关研究，经济增长和收入差距之间的关系是倒 U 型关系。由于经济发展水平会受到多方面因素影响，因此在这里选择更具代表性的人均 GDP 来作为代理变量。第二个变量为城市化水平。城市化水平主要指的是城市规模大小及人口多少，整体上能够充分反映出经济结构的变化。通常情况下，如果城市人口的劳动力是向内流入，那么就导致城市的劳动力竞争更为激烈，从而促使城市劳动报酬向均衡方向发展。一些研究指出，以非农业人口在总人口中的比重去衡量城市化发展情况已获得了不错的效果。所以，本节内容选择城市人口占地区人口比重作为衡量城市化发展水平的代理变量。第三个变量是产业结构。一般来说，非农业比重的提升能够更好地缩小城乡之间的收入差距，所以在市场分析过程中选择其作为变量。第四个变量是政府财政支出。本节内容选择地区当年财政支出占地区生产总值的比重来作为代理变量。第五个变量是对外贸易开放程度。一些学者认为，对外开放程度越高，城乡之间的收入差距越大。但是也有一些研究持相反态度，并且指出对外贸易能够促进相关产业的发展，增加国内的就业机会，因此会缩小城乡之间的收入差距。本节内容选择地区当年外商投资进出口总额占地区生产总值的比重来作为代理变量。第六个变量是人力资本。一般来说，受教育程度越高越能帮助个体掌握更多技能，从而缩小贫富群体之间的收入差距。本节以平均受教育年限作为代理变量。

另外，在进行回归分析之前对所有变量进行了以下两方面处理：一方面，对数字普惠金融指数调整为以 1 为基准的变量；另一方面，为了减少方差的影响，对泰尔指数、城乡居民人均可支配收入比、人均 GDP 及平均受教育年限等变量取自然对数。

最终变量说明及描述结果如下所示。

泰尔指数：样本数为 166，均值为 1.69，标准差为 0.75，最小值为 0.83，最大值为 4.48。

城乡居民人均收入比：样本数为 166，均值为 0.95，标准差为 0.14，最小值为 0.61，最大值为 1.27。

数字普惠金融指数：样本数为 166，均值为 2.12，标准差为 0.47，最小值为 1.15，最大值为 3.37。

人均 GDP：样本数为 166，均值为 1.59，标准差为 0.40，最小值为 0.84，最大值为 2.56。

城市化水平：样本数为 166，均值为 0.57，标准差为 0.13，最小值为 0.24，最大值为 0.90。

产业结构比重：样本数为 166，均值为 0.90，标准差为 0.50，最小值为 0.77，最大值为 0.99。

财产支出比重：样本数为 166，均值为 0.28，标准差为 0.21，最小值为 0.12，最大值为 1.37。

对外贸易比重：样本数为 166，均值为 0.11，标准差为 0.16，最小值为 0.00，最大值为 0.81。

平均受教育年限:样本数为166,均值为2.20,标准差为0.14,最小值为1.44,最大值为2.53。

从上述结果能够看出,数字普惠金融指数的最小值为1.15,最大值为3.37,标准差为0.47。这一结果充分反映出,2015年到2019年,我国数字普惠金融体系在获得迅速发展的同时,存在较大的地区性差异。同时,泰尔指数平均值为1.69,最小值、最大值分别为0.83、4.48,标准差为0.75,这反映出我国城市与农村居民的收入存在较大差距。

二、计量模型分析

在此次实证分析中主要选择了普通面板模型、门槛面板模型、空间计量模型。

(一)普通面板模型分析

1. 基本回归分析

在基本回归分析中,主要使用的模型是个体固定效应模型,主要分析方式为将控制变量添加到模型中,然后以此为基础进行数据分析。最终得出的回归结果如下:

在变量为数字普惠金融指数时,数字普惠金融指数个体固定效应回归结果为 -0.887^{***},常数项结果为 0.571^{***},R^2 值为0.784。

在变量为数字普惠金融发展指数与数字普惠金融指数时,数字普惠金融指数的个体固定效应回归结果为 -0.264^{***} 与 0.426^{***},常数项结果为 0.752^{***}。

在变量为数字普惠金融发展指数、人均GDP时,数字普惠金融指数的个体固定效应回归结果为 -0.2550^{***} 与 0.0483^{***},人均GDP个体固定效应回归结果为 -0.158^{***},常数项结果为 0.957^{***},R^2 值为0.808。

在变量为数字普惠金融发展指数、人均GDP、城市化水平时,数字普惠金融指数的个体固定效应回归结果为 -0.0840^{***} 与 0.0178^{***},人均GDP个体固定效应回归结果为 -0.0498,城市化水平回归结果为 -1.6360^{***},常数项结果为 1.495^{***},R^2 值为0.848。

在变量为数字普惠金融发展指数、人均GDP、城市化水平、产业结构比重时,数字普惠金融指数的个体固定效应回归结果为 -0.0759^{***} 与 0.0181^{***},人均 GDP 个体固定效应回归结果为 −0.0398，城市化水平回归结果为 −1.691***，产业结构比重回归结果为 0.244，常数项结果为 1.298***，R^2 值为 0.919。

在变量为数字普惠金融发展指数、人均 GDP、城市化水平、产业结构比重、财政支出比重时，数字普惠金融指数的个体固定效应回归结果为 −0.0922** 与 0.0181***，人均 GDP 个体固定效应回归结果为 −0.0398，城市化水平回归结果为 −1.6370***，产业结构比重回归结果为 0.2340，财政支出比重回归结果为 0.1200，常数项结果为 1.250***，R^2 值为 0.922。

在变量为数字普惠金融发展指数、人均 GDP、城市化水平、产业结构比重、财政支出比重、对外贸易比重时，数字普惠金融指数的个体固定效应回归结果为 −0.0818** 与 0.0151***，人均 GDP 个体固定效应回归结果为 −0.0790*，城市化水平回归结果为 −1.4540***，产业结构比重回归结果为 0.2870*，财政支出比重回归结果为 0.0588，对外贸易比重回归结果为 −0.1700***，常数项结果为 1.188***，R^2 值为 0.928。

在变量为数字普惠金融发展指数、人均 GDP、城市化水平、产业结构比重、财政支出比重、对外贸易比重、平均受教育年限时，数字普惠金融指数的个体固定效应回归结果为 −0.0828** 与 0.0154***，人均 GDP 个体固定效应回归结果为 −0.0736，城市化水平回归结果为 −1.4540***，产业结构比重回归结果为 0.3040**，财政支出比重回归结果为 0.0869，对外贸易比重回归结果为 −0.1690***，平均受教育年限回归结果为 −0.0718**，常数项结果为 1.315***，R^2 值为 0.929。

从数字普惠金融指数方面来看，系数估计值分别为 −0.0887 和 −0.2640，都显示出 1% 水平为负值，并且具有显著性。在继续增加变量的过程中，数字普惠金融指数系数估计值在 5% 水平上为负值，并且具有显著性，整个系数一直处于 −0.0933 到 −0.0770，这反映出数字普惠金融的发展在城市与农村收入差距减小方面能够产生促进作用。在所有变量都加入模型后，相关系数估计值变为 −0.0828，并且通过了 5% 水平的显著性检验，这反映出数字普惠金融发展水平每提升 1%，就能够促进该地区城市与农村居民收入差距减小 0.0828%，因此也验证了上述内容中提出的假设 1。从整体上看，在市场没有完善的情况下，数字普惠金融的发展能够减小城市与农村之间的收入差距，但是如果数字普惠金融发展水平达到某个临界点之后，数字普惠金融对城市与农村之间的收入差距所产生的抑制作用会呈现下降趋势。

在其他控制变量方面，人均 GDP 的系数估计值为负值，但是整体并不显著。对外贸易、城市化率及人力资本系数估计值均为负值，出现这种情况的原因为：城市化发展可以吸引更多农村劳动力进入城市，这会为农村地区剩余劳动力提供更多就业机会，使农村地区的剩余劳动力收入增加，从而缩小城市与农村之间的收入差距。对外贸易发展能够促进市场的整体发展，从而促使市场为劳动者提供更多就业机会，对农村劳动力而言会有更多机会获得收入更高的工作，进而使农村居民收入水平上升。受教育程度对劳动力本身的技能水平会产生影响。通常情况下，如果受教育程得到提升，那么劳动力的整体工作技能水平就会得到提高，使农村地区居民的收入增加，从而减小城市与农村之间的收入差距。从上述结果可以看出，无论是财政支出还是产业结构，最终得出的结果都为正值。但是，在财政支出和产业结构中，财政支出的最终所得结果反映其产生的影响并不显著。而产业结构的最终结果则反映产业结构所产生的影响会导致城市与农村之间的收入差距加大，造成这种情况的主要原因是，对农村地区的居民而言，大部分收入来自第一产业，而城市居民的大部分收入来自第二产业和第三产业，且城市居民通过第二产业和第三产业获得的收入远远超过农村地区居民通过第一产业所获得的收入，这样就导致了城市与农村居民的收入差距过大。

2. 异质性分析

根据经济学理论，不同地区有不同的资源条件，所以在其发展过程中必然会形成不同的经济基础，而建立在经济基础上发展起来的数字普惠金融也会因为经济基础不同而产生不同的发展水平。下面对数字普惠金融所带来的影响进行异质性分析，以此来观察数字普惠金融发展对城乡收入差距所带来的影响是否具有异质性。下面的内容是以东部、中部、西部经济带为基础进行分析。最终得出的结果如下。

数字普惠金融指数：东部经济带的值为 –0.170，中部经济带的值为 –0.185，西部经济带的值为 –0.274。

人均 GDP：东部经济带的值为 –0.0361，中部经济带的值为 –0.0556，西部

经济带的值为 –0.2490。

城市化水平：东部经济带的值为 –0.1333，中部经济带的值为 –4.172，西部经济带的值为 –5.9360。

产业结构比重：东部经济带的值为 –0.238，中部经济带的值为 –0.169，西部经济带的值为 1.161。

财政支出比重：东部经济带的值为 –0.3950，中部经济带的值为 0.0913，西部经济带的值为 0.1930。

对外贸易比重：东部经济带的值为 –0.182，中部经济带的值为 –0.940，西部经济带的值为 –1.296。

平均受教育年限：东部经济带的值为 –0.2650，中部经济带的值为 0.0471，西部经济带的值为 –0.6520。

常数项：东部经济带的值为 4.181，中部经济带的值为 3.913，西部经济带的值为 5.697。

观测值：东部经济带的值 55，中部经济带的值为 40，西部经济带的值为 60。

R^2：东部经济带的值为 0.854，中部经济带的值为 0.983，西部经济带的值为 0.890。

在数字金融指数方面，从上述数据能够看出，我国东部经济带的系数估计值为 –0.170，中部经济带为 –0.185，西部经济带为 –0.274。三个经济带的最终结果水平都显著为负，这说明数字普惠金融发展能够对缩小收入差距起到一定改善作用。其中，我国西部经济带数字普惠金融指数最终结果最大，中部经济带次之，东部经济带这一结果最小，这说明不同经济带数字普惠金融发展效果不同，存在地区异质性。其中，我国中部和西部经济带由于整体经济发展情况较差，并且没有完善的基础设施，劳动力整体素质也落后于东部地区，所以相较于东部经济带，我国中部和西部经济带的数字普惠金融发展往往能够产生较为明显的作用。但是对于东部发达地区来说，金融机构覆盖范围广泛且整个金融体系较为完善，导致数字普惠金融对城市与农村收入差距的减小效果不够明显。在减缓收入差距拉大方面，无论是我国中部经济带还是西部经济带，都存在超过东部经济带的可能性。

从其他方面来看，对外贸易程度、城市化水平及经济增长最终得出的结果为负值，这反映出这些变量能够对缩小城市与农村之间的收入差距产生影响，但是只有其中的城市化率具有显著影响。另外，平均受教育年限除在西部经济带最终得出的结果显著为负外，其他变量无论是在东部经济带还是在中部和西部经济带，最终得到的结果都不显著。所以，从此次回归的结果可以确定前文内容所提出的假设 2 为真，具体为数字普惠金融发展能够在一定程度上解决传统金融发展过程中所形成的非均衡发展难题。除此之外，从上述数据中也能够得出在经济发展较为落后的地区，数字普惠金融所带来的影响更为明显，主要原因在于数字普惠金融能够为这些经济发展落后地区提供更多的金融服务。所以，数字普惠金融可以改善我国中部和西部经济带在金融产品和服务方面的匮乏问题，缩小城乡之间的收入差距。

3. 普通面板模型的稳健性检验

（1）内生性讨论

通过面板数据可以在一定程度上减少内生性问题的发生，但是仍然可能存在内生性问题，主要原因：首先，在数据方面，数字普惠金融的发展会受到多方面因素影响，在这些因素中一些能够被观测而另外一些难以被观测到，所以数字普惠金融在受到这些难以被观测到的因素影响时，就会造成误差。其次，数字普惠金融、地区经济及城乡收入差距在一些情况下会存在反向因果关系，这种反向因果关系会导致内生性问题。比如，在通常情况下收入较低的居民往往会形成更多的金融服务需求，但是这并不意味着收入较高的居民的金融服务需求会降低，反而有一些居民在收入提升之后会产生更多的金融服务需求，而这种金融服务需求的增长会对数字普惠金融发展产生作用。最后，当地的城乡居民收入差距会受到金融服务需求的影响。本节使用系统 GMM 进行了检验，最终的结果显示普通多元线性回归模型的结果是稳健的。

（2）替换被解释变量

为了保证最终结果的准确性，需要对检验模型进行稳定性分析。所以，在下面内容中替换了原有解释变量，最终的回归结果显示数字普惠金融发展所产生的影响具有稳健性。

对我国三大经济带不同地区进行异质性分析的稳健性检验，最终结果如下。

数字普惠金融指数：东部经济带的值为 –0.107，中部经济带的值为 –0.114，

西部经济带的值为 –0.157。

人均 GDP：东部经济带的值为 –0.0515，中部经济带的值为 –0.0894，西部经济带的值为 –0.1140。

城市化水平：东部经济带的值为 0.095，中部经济带的值为 –0.218，西部经济带的值为 0.451。

产业结构比重：东部经济带的值为 0.626，中部经济带的值为 0.146，西部经济带的值为 0.304。

财政支出比重：东部经济带的值为 –0.0584，中部经济带的值为 0.1280，西部经济带的值为 0.1600。

对外贸易比重：东部经济带的值为 –0.00599，中部经济带的值为 –0.83200，西部经济带的值为 0.12600。

平均受教育年限：东部经济带的值为 0.0997，中部经济带的值为 0.0969，西部经济带的值为 –0.0808。

常数项：东部经济带的值为 0.244，中部经济带的值为 0.889，西部经济带的值为 0.609。

观测值：东部经济带的值为 55，中部经济带的值为 40，西部经济带的值为 60。

R^2：东部经济带的值为 0.800，中部经济带的值为 0.803，西部经济带的值为 0.661。

从上述数据能够看出：首先，整体上我国三大经济带的数字普惠金融指数系数估计值均显著为负，和上述基于泰尔指数所进行的回归结果相一致，这说明数字普惠金融发展能够促进城市与农村之间的收入差距缩小。其次，将三大经济带最终得出的结果相比能够发现，西部经济带的值最大，中部经济带次之，东部经济带最小。这一结果与前文内容中检验所得出的结果相一致，再次反映出数字普惠金融发展所产生的影响在我国西部经济带最大，在中部经济带所产生的影响次之，对东部经济带所产生的影响最小。最后，R^2 的系数为正，与上述内容中的结果一致。所以，在整体上最终得出的结果是稳健的。

（二）门槛面板模型分析

门槛效应检验主要是为了确定模型是否存在门槛效应，如果存在这一效应，还需要计算出相应的门槛数量，以此为基础确定最终的门槛模型形式。在门槛面板模型分析中，主要通过 Bootstrap 方法进行了 200 次抽样，最终的检验结果如下。

在单一门槛方面：F 值为 49.00，P 值为 0.0067，BS 次数为 200 次，1% 临界值为 46.0547，5% 临界值为 31.0602，10% 临界值为 24.9048。

在双重门槛方面：F 值为 36.66，P 值为 0.0167，BS 次数为 200 次，1% 临界值为 40.8595，5% 临界值为 29.5716，10% 临界值为 21.7591。

在三重门槛方面：F 值为 31.00，P 值为 0.4433，BS 次数为 200 次，1% 临界值为 100.1182，5% 临界值为 75.6194，10% 临界值为 63.1912。

从上述结果可以看出，单一门槛检验的 F 统计量为 49.00，P 值为 0.0067，通过了 1% 显著性水平检验，这说明在模型中至少存在一个门槛值。进行双重门槛检验，最终得出的结果显示存在双重门槛效应。同时从最终的结果可以看出模型没有三重门槛效应。为了确定门槛值的大小，使用自然比函数图对门槛值进行估计。最终结果显示，第一个门槛值的估计值为 1.0000，在 95% 置信区间下界值为 0.9662，在 95% 置信区间上界值为 1.0148；第二个门槛值估计值为 2.1013，在 95% 置信区间下界值为 2.0449，在 95% 置信区间上界值为 2.1076。

最终检测到的双重门槛值将人均 GDP 值分为了 3 个区间，并且给出了从 2015 年到 2019 年处于 3 个区间内的省份数量，具体为：2015 年，门槛值在 1.0000 以下的省份数量为 4，处于 1.0000~2.1013 的省份数量为 24，大于 2.1013 的省份数量为 3；2016 年，门槛值在 1.0000 以下的省份数量为 2，处于 1.0000~2.1013 的省份数量为 25，大于 2.1013 的省份数量为 4；2017 年，门槛值在 1.0000 以下的省份数量为 1，处于 1.0000~2.1013 的省份数量为 26，大于 2.1013 的省份数量为 4；2018 年，门槛值在 1.0000 以下的省份数量为 0，处于 1.0000~2.1013 的省份数量为 26，大于 2.1013 的省份数量为 5；2019 年，门槛值在 1.0000 以下的省份数量为 0，处于 1.0000~2.1013 的省份数量为 25，大于 2.1013 的省份数量为 6。

从上述数据能够看出，我国不同省份的人均 GDP 总体上呈现出稳步增长的趋势，并且大部分省份处于第二个区间内。2015 年，有 4 个省份的人均 GDP 处于第一个区间内，分别是贵州省、甘肃省、云南省、西藏自治区，这些省份都属于我国西部地区，整体经济发展落后。2018 年，我国所有省份的人均 GDP 都超过了第一个门槛值，这说明我国经济发展进入了新的阶段。2019 年，我国人均 GDP 超过第二门槛的省份为 6 个，分别是北京市、天津市、上海市、浙江省、江苏省、福建省，这些省份都处于我国经济发展较发达的东部地区。

（三）空间计量模型分析

1. 空间自相关的检验

（1）全局自相关的检验

检验全局自相关常用统计量为 Moran 指数和 Geary 指数。对 2015 年到 2019 年泰尔指数的截面数据进行 Moran 指数和 Geary 指数检验，最终结果如下：

2015 年，Moran 指数为 0.345，P 值为 0.001，Z 值为 3.196；Geary 指数为 0.567，P 值为 0.001，Z 值为 −3.273。

2016 年，Moran 指数为 0.337，P 值为 0.002，Z 值为 3.130；Geary 指数为 0.556，P 值为 0.001，Z 值为 −3.273。

2017 年，Moran 指数为 0.331，P 值为 0.002，Z 值为 3.089；Geary 指数为 0.545，P 值为 0.002，Z 值为 −3.029。

2018 年，Moran 指数为 0.328，P 值为 0.002，Z 值为 3.074；Geary 指数为 0.551，P 值为 0.003，Z 值为 −2.964。

2019 年，Moran 指数为 0.325，P 值为 0.002，Z 值为 3.049；Geary 指数为 0.570，P 值为 0.001，Z 值为 −3.252。

从上述结果能够看出，在所有年份的泰尔指数进行 Moran 指数检验都在 1% 水平下显著大于 0，并且 Z 值都在 1.96 以上。Geary 指数在 1% 水平下显著大于 0 且小于 1，这说明我国不同省份之间城市和农村居民收入差距存在显著的正向空间自相关性，具体为城市和农村居民收入差距具有十分明显的空间集聚性，主要表现为城市和农村之间收入差距较大的省份往往在空间分布上容易聚集，差距较小的省份容易在空间分布上聚集。

对 2015 年到 2019 年数字金融指数的截面数据进行 Moran 指数和 Geary 指数检验，最终结果如下：

2015 年，Moran 指数为 0.435，P 值为 0.000，Z 值为 3.958；Geary 指数为 0.514，P 值为 0.003，Z 值为 −3.568。

2016年，Moran指数为0.421，P值为0.002，Z值为3.843；Geary指数为0.524，P值为0.000，Z值为−3.489。

2017年，Moran指数为0.399，P值为0.002，Z值为3.663；Geary指数为0.551，P值为0.001，Z值为−3.283。

2018年，Moran指数为0.401，P值为0.000，Z值为4.307；Geary指数为0.450，P值为0.000，Z值为−3.485。

2019年，Moran指数为0.473，P值为0.000，Z值为4.307；Geary指数为0.450，P值为0.000，Z值为−3.980。

每个年份数字普惠金融指数在Moran指数方面均在1%水平下显著大于0，Z值在1.96以上，Geary指数均在1%水平下显著大于0且小于1，这反映出我国各个省份数字普惠金融的发展呈现出显著的正向空间自相关性。

（2）局部空间自相关的检验

对不同省份之间的局部区域是否存在空间自相关方面的检验，除了使用上述内容所提到的Moran指数和Geary指数检验，还可以使用Moran散点图来进行检验（如图5-1所示）。该散点图中的第一象限表示的是高值和高值聚集，第三象限表示的是低值和低值聚集，这两个象限的观测值表示存在空间正相关；第二象限表示的是低值和高值聚集，第四象限表示的是高值和低值聚集，这两个象限的观测值表示存在空间负相关。如果在整个散点图内，观测值平均分布在四个象限内，则表示不存在空间自相关。

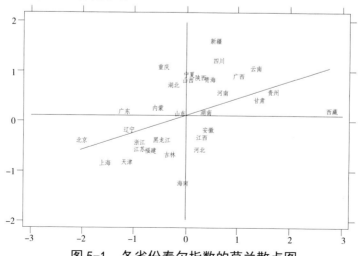

图5-1　各省份泰尔指数的莫兰散点图

最终结果显示，我国大部分省份的观测值主要分布在第一、第三象限内，这充分表明不同省份之间的城乡居民收入差距存在正向的空间相关性。其中，第一象限内的省份主要包括陕西省、甘肃省、青海省、四川省、贵州省、云南省、新疆维吾尔自治区、西藏自治区，大部分是我国西部经济带的省份。第三象限内主要包括北京市、天津市、上海市、浙江省、辽宁省、江苏省、福建省，这些地区是我国东部经济带的省份，反映出我国西部经济带省份在城市与农村居民收入差距方面存在高值聚集情况，我国东部经济带则存在低值聚集情况，所以我国城市与农村居民收入差距存在十分明显的空间分异现象，东部经济带的收入差距整体情况要优于西部经济带。另外，还有少数省份分布在第二象限内，主要原因是这些省份与一些西部经济带省份邻近。还有一些省份分布在第四象限内，这是因为这些省份与东部经济带的省份邻近。

　　从整体上看，我国城市与农村收入差距存在正向的空间相关性。所以在对收入差距问题进行研究分析的过程中，需要充分考虑这种地理空间因素所带来的影响。使用同样的方法对2015年到2019年我国数字普惠金融指数截面数据进行检验，最终结果显示大多数省份仍然集中在第一、第三象限，这充分反映出我国数字普惠金融的发展也存在正向的空间相关性。在第三象限内的省份主要包括我国的京津地区、长三角地区及华南地区，这些地区都是我国经济发展较好的地区，并且在数字技术及信息产业方面都处于全国领先地位。中部和西部经济带的大部分省份，比如内蒙古自治区、宁夏回族自治区、陕西省、四川省、贵州省等基本分布于第一象限内，这反映出我国数字普惠金融发展指数较低的省份存在低值聚集。少数一些省份，比如与京津地区相邻的河北省、靠近长三角地区的安徽省等则分布在第二象限内。第四象限内主要包括湖北省和重庆市，这些地区与数字普惠金融发展程度较低的湖南省和四川省邻近。整体上看，我国数字普惠金融的发展集聚情况与经济发展情况相似，整体具有阶梯性特征。

　　2.空间计量模型回归结果分析

　　空间计量模型回归结果如下所示。

　　变量数字普惠金融：空间滞后模型结果为 –0.00163，空间误差模型结果为 –0.0849***，空间杜宾模型结果为 –0.0947***，空间杜宾模型相应变量空间滞后因子结果为 0.0915***。

变量人均 GDP：空间滞后模型结果为 –0.0570*，空间误差模型结果为 –0.00941，空间杜宾模型结果为 0.0165，空间杜宾模型相应变量空间滞后因子结果为 –0.0631。

变量城市化水平：空间滞后模型结果为 –1.550***，空间误差模型结果为 –0.157，空间杜宾模型结果为 –1.434***，空间杜宾模型相应变量空间滞后因子结果为 –1.373***。

变量财政支出比重：空间滞后模型结果为 0.0202，空间误差模型结果为 0.397***，空间杜宾模型结果为 0.0375，空间杜宾模型相应变量空间滞后因子结果为 0.332***。

变量对外贸易比重：空间滞后模型结果为 –0.182***，空间误差模型结果为 –0.0955，空间杜宾模型结果为 –0.192***，空间杜宾模型相应变量空间滞后因子结果为 0.0993。

变量平均受教育年限：空间滞后模型结果为 –0.0648*，空间误差模型结果为 0.0410，空间杜宾模型结果为 –0.0755*，空间杜宾模型相应变量空间滞后因子结果为 0.0445。

从上述检验结果可以看出，数字普惠金融指数的系数估计值为 –0.0947，在 1% 显著水平下显著，这反映出数字普惠金融的发展能够对缩小城市与农村的收入差距产生明显作用。

从控制变量空间滞后因子方面来看，城市化率的空间滞后因子系数估计值在 1% 水平下显著为负，这反映出本省城市化发展对相邻省份城市与农村的收入差距有一定改善。造成这种情况的原因可能是相邻省份城市化的发展能够促进这些省份之间的经济要素加快流动，从而产生更强的协同效应，并且这种协同效应超过了竞争效应，就会改善城市与农村的收入差距。产业结构及政府财政支出系数估计值显著为正，这反映出这两方面变量的增大加大了相邻省份城市与农村居民的收入差距。

第四节　主要结论与建议

一、主要结论

从前述内容可知，数字普惠金融是一种在数字技术支撑下，通过更低成本和可持续方式为不同阶层提供金融产品和服务的金融形式。自 2013 年以来，我国数字普惠金融体系快速发展，并且促进了我国城市与农村收入差距的缩小。但是，现有的各种文献在这一方面的研究还不够充分，因此在本章中，基于我国 31 个省级行政区从 2015 年到 2019 年的数据充分研究了数字普惠金融发展对我国城市与农村收入差距的影响。

从理论方面来看，数字普惠金融的发展对城市与农村收入差距的影响主要有三点：第一，数字普惠金融的发展使原本被传统金融体系所排斥的群体能够获得金融服务；第二，数字普惠金融的发展有效减缓了金融体系在城市和农村地区存在的非均衡发展问题，并且更多满足了农村地区金融需求主体的金融服务需求；第三，数字普惠金融的发展促进了农村居民收入的增加。

从实证方面来看，第一，从普通面板模型来看：首先，数字普惠金融的发展在整体上缩小了城市和农村之间的收入差距，但是并没有得出倒 U 型曲线；在其他控制变量方面，城市化率、对外贸易比重及平均受教育年限在城市与农村收入差距减小方面产生了一定作用。其次，我国三大经济带的异质性分析结果表明，平均受教育年限的增加对我国西部经济带城市与农村收入差距具有显著的改善作用，中部经济带次之，东部经济带最小。最后，通过动态面板工具变量法对内生性问题进行了检验，表明回归分析结果稳健可靠。第二，从门槛模型来看：一方面，数字普惠金融的快速发展对我国城市与农村收入差距的影响存在双重门槛效应；另一方面，在人均 GDP 提升的情况下，数字普惠金融在城市与农村居民收入差距方面所产生的作用会不断增大，但是在人均 GDP 超过一定临界值之后，这种作用开始不断变小。第三，从空间计量模型来看：首先，全局空间自相关检验反映出我国城市与农村之间的收入差距与数字普惠金融发展存在正向的空间溢出效应，具体表现为，如果相邻省份的城市与农村收入差距缩小，会影响到本省城市与农村收入差距的缩小，同时相邻省份数字普惠金融的整体发展水平会影响本省数字普惠金融的发展水平。其次，局部空间自相关性检验结果表明，我国东部经济带的省份在数字普惠金融发展方面表现为高值和高值集聚，在城市与农村收入差距方面主要表现为低值和低值集聚。相较于我国东部经济带，中部和西部经济带则正好相反，主要表现为数字普惠金融发展方面的低值和低值集聚、城市与农村居民收入差距的高值和高值集聚。最后，空间杜宾模型的回归结果表明，数字普惠金融的发展对收入分配不均具有一定改善作用，但是会扩大相邻省份城市与农村之间的收入差距。

二、对策建议

在上述研究的基础上提出一些具有一定可行性的对策与建议。

（一）完善数字普惠金融体系的顶层设计

数字普惠金融在宏观层面包含多个部门，其中主要有中国人民银行、财政部门、银保监会等。所以，我国这些部门需要通过相关法律法规的制定、出台相关金融政策及规章制度等来促进数字普惠金融体系的建设。具体来看，我国需要在宏观层面有效且持续地对数字普惠金融发展的顶层设计进行完善，并且需要对各个方面的利益关系进行协调，从而研究制定更为完善且利于执行的制度。

第一，要加强相邻省份之间数字普惠金融的协同发展。前述空间计量回归结果显示，相邻省份数字金融的发展情况会对本省的数字金融发展及城市与农村收入差距产生一定影响。所以，我国在当前必须做好数字普惠金融的调查设计，加强相邻省份之间数字普惠金融系统协同发展，实现相邻省份的合作共赢。在这一过程中，要切实加强各地方政府之间的沟通与交流，协调不同省份之间出现竞争性的数字普惠金融发展格局，从而实现不同地区之间的协同发展，这样才能充分发挥数字普惠金融在缩小城市与农村居民收入差距的作用。

第二，要加强对数字普惠金融服务体系的监管，同时要以此为基础加强对金融消费者的保护。数字普惠金融的快速发展促进了地区经济的增长，同时也改善了城市与农村的收入差距，但是也导致市场产生了"使命漂移"的问题。比如，近年来出现了一些贷款平台向没有偿还能力的大学生进行贷款的情况，并且这些平台会通过各种信息技术收集用户的信息，披着数字普惠金融的"外衣"，行的却是金融掠夺的事实。同时，市场中的大型金融机构在金融市场中拥有信息优势，往往处于垄断地位，这就导致金融消费者的合法权益面临巨大风险。面对这些问题，需要我国政府出台相应的政策，建立金融监管体系，对所有金融机构的经营行为进行规范，严厉打击不法金融机构，维持良好的竞争秩序，保护金融消费者的合法权益。

（二）加强数字普惠金融基础设施建设

数字普惠金融在发展过程中需要有金融基础设施的支撑，这样才能使数字普惠金融向所有金融消费者提供更高质量的服务。所以，我国必须加强数字普惠金融的基础设施建设，促进数字普惠金融的纵向发展。

一方面，我国需要加强支付基础设施建设。互联网技术的快速发展及实际使用情况能使我国普惠金融发展程度得到提升，所以我国应该在农村地区积极推进数字技术的相关基础设施，并且要在农村地区大力推广非现金支付方式，让数字金融业务更加高效与便捷。

另一方面，我国需要加强信用基础设施建设。具体来看，我国需要在数字技术的支撑下建立关于低收入群体的信用账户及征信系统，从而使金融机构在向金融消费群体提供金融服务的过程中，减少信息不对称问题，并降低交易成本，从而更好地推动社会信用体系建设。

（三）加强金融知识的普及和教育

从微观层面来看，数字普惠金融主要包含各种金融产品与服务的提供者和消费者。对于金融产品和服务的提供者来说，必须加强对我国中部和西部经济带金融服务的覆盖程度。从前述分析内容可以看出，数字普惠金融的发展能够对我国西部经济带城市与农村收入差距问题产生显著的改善效果，所以当前我国的金融产品和服务的提供者必须改善我国西部经济带数字普惠金融的生态环境。具体来看：一要鼓励传统的银行将基金、保险等金融服务充分参与到数字普惠金融体系中，从而通过更加灵活多样的经营服务手段促进我国西部经济带数字经济的发展，同时需要在数字技术的创新支撑下对农村普惠金融服务进行创新，以此来降低金融运营的成本与风险管理成本，从而向我国中部和西部经济带提供更大范围和更为高效的数字金融服务，降低我国农村地区获得金融服务的门槛。二要积极扶持中部和西部经济带的村镇银行及小额贷款公司，使这些机构能够在金融科技手段的支撑下提升普惠金融的发展效率。同时还要鼓励这些机构向金融服务相对薄弱的地区发展，在广大农村地区普及数字普惠金融，充分满足弱势群体在金融服务方面的实际需求。三要让金融产品和金融服务的消费者充分发挥数字普惠金融在风险规避方面的作用。

数字普惠金融相较于传统普惠金融，最大的优势在于能够促使更多人享受金融服务和更大范围内享有金融经济发展成果。但是从实际情况来看，我国农村地区的金融消费群体由于金融知识匮乏，因此很难做出合理且稳健的财务决策。所以，必须充分发挥数字普惠金融的作用，提高数字普惠金融对低收入群体的输血能力，同时也提升低收入群体自身的造血能力。具体来看，一要通过各种金融知识的培训，使低收入群体的金融素养得到提升，从而进一步提升这些金融用户的安全意识和信用意识，这样不仅能够使普通民众参与金融发展的热情得到巩固与提升，还能在有限的范围内释放出更多的金融需求；二要帮助低收入群体进行更为合理的理财规划，帮助其有效规避金融风险，发挥金融跨期消费功能，进而提升我国农村地区居民的收入水平，最终缩小城乡之间的收入差距。

第六章　数字普惠金融发展对我国城乡居民消费差距的影响

第一节　数字普惠金融发展影响城乡居民消费差距的作用机制

本章在消费理论、金融发展理论与金融排斥理论的基础上，借鉴其他学者的研究成果来研究数字普惠金融对居民消费所产生的影响，并且梳理数字普惠金融对城市与农村居民消费差距的作用机制。

一、数字普惠金融影响消费能力途径

（一）金融理财

居民的消费能力是居民整体消费水平的重要基础。在数字金融发展过程中，对城市居民与农村居民消费能力所产生的直接影响途径主要是金融理财。所以，金融理财产品和服务的获取对城乡居民的消费产生直接影响。具体来看：第一，金融资产的保值与增值。居民在参与金融理财产品交易的过程中，如果居民本身所持有的资产价值不断上升，那么就会使居民的消费能力与消费意愿实现相对应的增强，进而影响居民的消费支出。第二，金融资产的投资性收入。在消费理论中，收入会对消费起到关键性作用。在日常生活中，居民会通过投资股票、债券、基金等来获取一定的投资性收入，这种投资收入必然会刺激居民的消费意愿，使居民本身的消费能力增强，最终使居民愿意进行消费。第三，投资组合。数字普惠金融可以在互联网的支撑下向所有居民展现更多的金融理财产品，居民在这一过程中可以根据自身的实际需求或自身的实力选择不同风险和收益的资产组合，这样就能分散和降低居民的投资性风险，从而增加居民的投资性收入，促进居民消费能力的提升。

在传统金融服务方面，传统金融机构在提升自身金融覆盖面方面所使用的方式是设立更多的分支机构或增加更多的营业网点，但是传统金融机构在进行这些工作的过程中会充分考虑自身的成本及收益，所以无论是分支机构的设立还是营业网点的增加，传统金融机构往往会将这些机构或网点设置在商业或经济更加发达的地区，这样就导致经济较为落后的地区无法获得相对应的金融服务。但是随着互联网及数字技术的快速发展，金融服务的成本不断降低，这样就使数字普惠金融能够覆盖农村地区和偏远地区，有利于我国农村地区打破传统金融服务带来的限制，使原本处于边缘化的农村居民能够如同城市居民一样获得各种金融资源，从而解决传统金融中存在的排斥农村地区的问题。所以，数字普惠金融能够有效缓解金融排斥与金融资源分配不合理的问题，使更多的金融服务能够被农村的低收入群体获得，让更多的农村居民享受到低风险且便捷的金融服务，进而增加农村地区居民的投资性收入，这样就能够刺激农村居民消费能力提升，最终缩小城市居民与农村居民之间的消费差距。

（二）产业支持

从目前来看，数字普惠金融在支持产业发展的基础上能够在缩小城乡居民消费能力差距方面产生一定作用。从经济发展规律来看，产业发展是经济民生增长的重要根基，同时也是促进居民收入增长的重要基础。从总体上看，产业的发展能够为居民提供更多就业岗位，这样就能够使居民的收入渠道增加，从而增加居民的实际收入。另外，产业发展能够促使经济市场更为繁荣，从而促进经济的增长，还能够为个体经营及私营经济创造更好的市场竞争环境，使居民的经营性收入增加。

长期以来，能够促进我国农村产业发展的中小企业往往难以获得金融方面的支持，最终制约了企业的发展。同时由于这种制约，中小企业难以为农村经济发展提供更多助力，也无法帮助农村居民实现收入的增加。数字普惠金融的发展已经成为我国近年来实现乡村振兴战略目标的重要手段之一，这是因为数字普惠金融能够在数字技术的支撑下降低金融服务的成本，从而打破中小企业在信息方面存在的壁垒，能够为我国农村地区产业发展提供更多的支撑。比如，我国当前很多数字普惠金融公司在乡村振兴发展过程中充分展示了数字普惠金融对农村产业发展所发挥的积极作用。如我国某公司通过对科学技术的运用实现了我国部分农村地区的信用建档，并且以此为基础切实实行了信贷扶贫等措施，提升了农村地区农产品销售、农业大数据管理，推动了农村地区产业的发展，增加了农村居民的收入。由此可以看出，数字普惠金融对农村种植、养殖等产业的支持能够发挥重要作用，不仅降低了农村生产的主要风险，还增加了农村居民的工资性收入和经营性收入，从而使农村居民的消费能力得到提升，进而缩小城市居民与农村居民之间的消费差距。

二、数字普惠金融影响消费保障途径

（一）消费信贷

流动性约束力和预防性储蓄是影响居民消费的重要因素，主要原因是这两方面因素造成了十分明显的遏制效应。而消费信贷能够促使流动性约束和预防性储蓄得到缓解，其作用主要体现在以下几个方面：第一，消费信贷可以帮助居民缓解可支配现金的流动性约束。在日常生活中，居民可以通过参与消费信贷获得一定数量的信贷资金，然后以这些资金为基础解决自身存在的流动性约束问题，使居民能够在短期内摆脱预算所带来的约束，从而促进消费的增长。第二，消费信贷可以影响消费者的预期，从而实现消费的优化。消费信贷可以降低居民对未来自身收入的不确定性所产生的担忧，从而降低居民进行预防性储蓄的频率和数量，有效刺激居民进行消费支出。第三，消费信贷可以在无形之中改变居民的消费习惯。长期以来，我国居民的消费方式多是以现金或储蓄卡进行消费，并且对超前消费往往持抵制态度。但是，消费信贷的快速发展能够使居民对信贷有更为深入的了解，从而引导居民正确使用消费信贷，最终改变居民的消费习惯。

在传统金融机构服务中，由于受信息不对称、成本较高等问题的影响，再加上传统金融机构对农村居民信用评估的不足，传统金融机构往往会对农村居民进行更为严格的风险管控，所以向这部分群体提供的信贷服务，无论是从数量上还是从质量上来看都远远低于城市居民，这样就影响了我国农村地区居民的消费水平。数字普惠金融能够通过大数据等先进的数字技术在海量的数据中对农村居民的信用进行评估，并且能够解决信息不对称的问题，最终降低信贷风险。金融机构就可以在数字普惠金融的支撑下获取与分析农村居民的信用水平等相关信息，最终确定相关的信用风险。比如，支付宝的芝麻信用就是对用户的信用历史、行为偏好等进行综合评估，掌握用户本身的还款意愿和还款能力。总而言之，在信息技术的支撑下，金融机构可以解决信息不对称的问题并降低成本，使原来处于金融服务边缘的农村居民也能够享受到更高质量和更多的消费信贷服务，从而使农村居民的消费预算增加，最终缩小城市居民和农村居民之间存在的消费差距。

（二）保险

社会保障能够在一定程度上降低城市居民与农村居民所产生的对未来不确定性的担忧，从而降低未来消费边际效用，使居民的预防性储蓄减少，增加居民的消费需求。保险是保障机制的一种，是金融和社会保障体系的重要支撑，能够在一定程度上降低居民消费过程中对未来不确定性所产生的担忧，分散风险，对居民消费产生金融保障作用，稳定居民的消费预期，提升居民的消费需求。从我国保险的发展历史来看，保险对居民消费有重要影响。比如，医疗保险，目前已经有很多学者通过实际调查和分析证实了医疗保险对农村居民的消费影响，最终结果表明农村居民参与医疗保险能够促进农村消费水平的提高。

由于城市和农村之间经济、基础设施及关联方面都存在较大差异，所以传统金融机构更加倾向于为城市居民提供保险服务，而农村地区的居民则成为传统金融机构保险服务的边缘对象，导致农村地区居民难以享受到商业保险所带来的便利。随着数字普惠金融的快速发展，传统金融机构可以通过数字技术来掌握更多的数据信息，解决信息不对称的问题，这样就能够开发出与客户实际需求相适应的保险产品。与此同时，传统金融机构也可以通过互联网渠道来进行保险产品的推广，实现保险服务的互联网化，促使保险服务在更大范围内接触客户群体，使原来被排斥在外的农村居民也能够充分了解商业保险的各种信息，增强农村居民对商业保险的认可程度。同时，通过互联网使农村居民足不出户就可以完成对商业保险的购买，这样不仅能够使商业保险发挥对居民消费的保障作用，还能够降低居民对消费所产生的担忧，从而刺激居民消费水平提高，最终缩小城市居民与农村居民之间消费支出水平的差距。

三、数字普惠金融影响消费支付途径

（一）支付成本

心理账户理论认为对于任何一个人而言，在心理层面都会无意识地将财富划归到不同的账户中进行管理，所以不同的心理账户有着不同的记账方式与不同的预算规则。因此，居民在通常情况下会使用心理支付账户来对自身的支付成本进行计算，因此支付弹性系数能够充分反映居民对支付成本的敏感程度。如果支付成本下降和支付弹性系数上升，那么居民本身的心理支付账户效应就会得到一定程度的增加，而这种效应会传递到居民的消费行为中。

数字技术的发展及在支付领域中的运用，降低了消费者在支付方式方面的成本，从时间成本方面来看，居民在银行获得支付凭证之后就可以通过电子终端，比如手机、电脑等完成支付，这样就有效减少了居民在支付过程中所付出的时间成本。从持有成本方面来看，居民可以直接在移动终端的支持下完成支付，这样就降低了现金支付所带来的各种成本。随着数字普惠金融的不断推进，我国农村地区使用移动支付的频率在不断提升，并且这一群体也在不断扩大。从目前实际情况来看，我国农村地区除了一些年龄较大的群体，其他群体都会使用移动支付进行消费，这样就促使那些长期被距离和交通限制的农村居民能够从高额的支付成本中解脱出来，比如通过微信、支付宝等移动支付来进行消费。所以，数字普惠金融的发展使农村居民支付成本降低，并且在这种支付中形成了较为松散的支付和消费关系，这样就使农村居民的消费意愿加强，从而缩小城市居民与农村居民之间的消费差距。

（二）支付便捷度

电子商务的快速发展，使消费者可以在互联网的支持下打破原来购物在时间和空间方面的限制，并可以获得更多的产品选择，使消费者能够使用最少的资金和时间买到自己心仪的产品。而消费者在电子商务平台所进行的交易需要使用第三方支付，这样才能够充分保障交易双方的权益。数字普惠金融的发展促使支付方式从原来较为固定的支付方式逐渐向移动支付方式转变，并且传统金融机构的金融服务开始向电子化和互联网化方向发展，使金融公司有了更为广阔的空间，即使是农村偏远地区也能够通过移动设备来实现商品的线上支付，从而刺激了居民的消费欲望。

第二节　我国城乡居民消费差距现状

一、我国城乡居民消费指数差距分析

随着我国经济的发展，商品制造能力的不断上升与商品价格的逐渐下降，刺激了我国城乡居民的消费。根据国家统计年鉴的数据，进入 21 世纪，我国城乡居民人均消费支出分别从 2001 年的 5350 元和 1803 元增长到 2020 年的 27007 元和 13713 元。本节内容，选择了从 2001 年到 2020 年我国城乡居民人均消费及两者之间的绝对消费差距和增长率来进行分析。从国家统计年鉴所发布的数据来看：一方面，我国城乡居民的消费数值和城乡居民消费绝对差距呈现不断加大的发展趋势，这说明我国城乡居民的消费能力在不断提升，同时城市和农村之间的消费差距也在不断扩大；另一方面，我国城市与农村居民消费差距呈现不断下降的趋势，这反映出我国城市居民和农村居民消费差距增加值在不断下降。

二、我国城乡居民消费倾向对比分析

消费倾向指的是消费者对商品需求所产生的趋向性，所以消费倾向能够反映消费者本身的消费意愿，可以表示为平均每单位收入中消费所占比例。下面内容主要根据国家统计局所公布的数据来对比我国城市和农村居民平均消费倾向的变化。根据 CNNIC 第 50 次《中国互联网络发展状况统计报告》的数据统计，我国城市居民的平均消费倾向整体上呈现出逐年下降的发展趋势，从 2001 年的77.39% 逐渐下降到 2020 年的 64.23%。而我国农村地区居民平均消费倾向则呈现出上升的趋势，从 2001 年的 77.93% 上升到了 2020 年的 82.94%。其中，这一上升趋势在 2012 年达到最高，数值为 94.54%。[1] 之所以会产生这种现象，是因为随着我国金融产品和服务不断向农村推广，使信贷业务、保险业务成为我国农村地区居民日常生活的重要组成部分，这些为我国农村居民消费支出提供了保障。同时，我国农村地区各项金融基础设施得到改善，使我国农村居民消费环境呈现

---

[1] 数据来源：CNNIC 第 50 次《中国互联网络发展状况统计报告》。

良好的发展态势，从而使农村居民消费意愿不断提升。

三、我国城乡居民消费差距泰尔指数分析

本节内容主要收集了国家统计局所公布的全国 31 个省级行政区从 2001 年到 2020 年的城乡居民人均消费支出数据，然后计算得到泰尔指数。最终结果显示，2001 年到 2020 年，我国城乡消费差距泰尔指数整体上可分为三个发展阶段：第一阶段是从 2001 年到 2005 年，这一时期正是我国城市化建设的快速发展阶段，金融基础设施不断发展，再加上利好政策使我国城市居民的消费不断增加，从而导致城市和农村之间的消费差距不断增大；2006 年到 2010 年是第二阶段，在这一阶段，我国农村经济环境开始得到改善，再加上政府对农村的大力扶持，我国农村地区居民消费水平在这一阶段快速升高，与城市居民消费水平差距也在不断缩小，形成了一种较为稳定的差距；2011 年到 2020 年是第三阶段，在该阶段，我国城市居民和农村居民的消费差距泰尔指数的平均值不断下降，总体上下降了 18 个百分点。在这一阶段，我国城市与农村消费差距水平整体呈现下降趋势，这反映我国城市居民和农村居民消费的差距在不断缩小。

第三节　数字普惠金融发展对城乡居民消费差距影响的实证分析

为了分析数字普惠金融发展对城乡居民消费差距的影响，以下内容对数字普惠金融发展与城乡居民消费差距进行了相关检验，探究了数字普惠金融发展与城乡居民消费差距的空间相关性。

一、变量选取

（一）变量选取

1. 被解释变量

实证分析的主要目的在于对数字普惠金融在城乡居民消费差距方面所产生的影响，因此选择了城乡居民消费差距作为被解释变量。从前述内容可知，泰尔指数在城市居民与农村居民消费客观事实描述方面具有一定优越性，所以在这里将

泰尔指数作为城市居民与农村居民消费差距的重要衡量指标。

2. 解释变量

此次实证分析主要将数字普惠金融指数作为解释变量，考虑到计量模型的稳定性，所以以对数字普惠金融指数取对数。

3. 控制变量

根据我国城市与农村地区居民消费差距相关的文献综述可以得出，对城市与农村居民消费差距产生影响的因素有很多。所以，为了使最终结果更全面，因此将城市居民与农村居民收入差距、城市化水平、经济发展、产业结构、财政支出、少儿抚养比、老年扶养比 7 个指标作为控制变量，以此来使最终得出的结果更加精确。具体的衡量方法及释义如下所示：

在城市居民与农村居民收入差距方面，衡量方法为各个省份城市居民和农村居民的可支配收入；在城市化水平方面，衡量方法为各个省份城市人口和总人口的比例；在经济发展方面，衡量方法为各个省份人均 GDP；在产业结构方面，衡量方法为各个省份第二产业与第三产业增加值总和与 GDP 的比例；在财政支出方面，衡量方法为各个省份财政支出与 GDP 的比例；在少儿抚养比方面，衡量方法为各个省份 0~14 岁人口与 14~65 岁人口的比例；在老年扶养比方面，衡量方法为各个省份 65 岁以上人口与 14~65 岁人口的比例。

（二）数据来源

本节选择了全国 31 个省级行政区从 2013 年到 2020 年的空间面板数据来进行市场分析，这些数据的来源是国家统计局所公开的全国各个省份历年的统计年鉴。

（三）变量的描述统计分析

泰尔指数的最大值为 6.0899，最小值为 0.7147，平均值为 1.5043，标准差为 0.6602。

数字普惠金融指数的最大值为 5.9342，最小值为 2.7862，平均值为 5.0641，标准差为 0.6776。

城乡居民收入差距的最大值为 4.7860，最小值为 2.7259，平均值为 1.5239，标准差为 0.6373。

城市化水平的最大值为 8.6154，最小值为 0.2938，平均值为 1.7024，标准差为 1.6373。

经济发展的最大值为 11.8548，最小值为 9.7073，平均值为 10.7612，标准差为 0.4299。

产业结构的最大值为 0.2431，最小值为 –0.2167，平均值为 0.0542，标准差为 0.6373。

财政支出的最大值为 1.3792，最小值为 0.1103，平均值为 0.2808，标准差为 0.2121。

少儿抚养比的最大值为 0.3621，最小值为 0.0988，平均值为 0.2277，标准差为 0.0626。

老年扶养比的最大值为 0.2269，最小值为 0.0671，平均值为 0.1346，标准差为 0.0316。

二、空间自相关性分析

本次使用的空间计量模型是在空间滞后模型、空间误差模型和空间杜宾模型基础上所构建的模型。变量是否能够选用空间计量模型进行分析，首先需要考虑的是所使用的分析数据本身是否具有空间相关性。如果变量之间存在一定空间相关性，那么实证检验应该在空间计量方法的基础上将空间效应纳入计量分析。如果变量之间不存在空间相关性，那么就需要使用其他的计量方法。所以，在进行空间计量模型实证检验之前，需要对数字普惠金融发展和城乡居民消费差距的空间自相关性进行分析。

（一）空间权重矩阵

在空间权重计算方面，当前最为常见的是邻接权重矩阵、地理权重矩阵和经济权重矩阵。本节主要使用邻接权重矩阵来对空间的关联性进行分析。

（二）空间自相关性检验判定结果分析

1. 全局 Moran 指数检验结果

下面显示的是我国数字普惠金融发展和城乡居民消费差距的全局 Moran 指数。

2013 年，城乡居民消费差距的 Moran 指数为 0.362***，Z 值为 3.82；数字普惠金融的 Moran 指数为 0.491***，Z 值为 4.44。

2014 年，城乡居民消费差距的 Moran 指数为 0.456***，Z 值为 4.26；数字普惠金融的 Moran 指数为 0.488***，Z 值为 4.46。

2015 年，城乡居民消费差距的 Moran 指数为 0.283***，Z 值为 2.68；数字普惠金融的 Moran 指数为 0.458***，Z 值为 4.22。

2016 年，城乡居民消费差距的 Moran 指数为 0.151***，Z 值为 1.64；数字普惠金融的 Moran 指数为 0.457***，Z 值为 4.22。

2017 年，城乡居民消费差距的 Moran 指数为 0.253***，Z 值为 2.50；数字普惠金融的 Moran 指数为 0.421***，Z 值为 3.92。

2018 年，城乡居民消费差距的 Moran 指数为 0.238***，Z 值为 2.41；数字普惠金融的 Moran 指数为 0.441***，Z 值为 4.09。

2019 年，城乡居民消费差距的 Moran 指数为 0.188***，Z 值为 1.98；数字普惠金融的 Moran 指数为 0.498***，Z 值为 4.59。

2020 年，城乡居民消费差距的 Moran 指数为 0.251***，Z 值为 2.57；数字普惠金融的 Moran 指数为 0.540***，Z 值为 4.92。

从上述数据可以看出，我国数字普惠金融发展和城乡居民消费差距指数都为正数，并且数字普惠金融指数都通过了 1% 水平的显著性检验，而城乡居民消费差距都在 10% 水平上显著，这反映出两者之间在空间方面呈正相关关系，具体为一个省份的数字普惠金融发展较快，同时城乡居民消费差距也较大；一个省份的数字普惠金融发展较慢，同时城乡居民消费差距也较小。

2. 局部 Moran 指数检验结果

对不同省份之间的局部区域是否存在空间自相关方面的检验，除了使用上述内容所提到的 Moran 指数和 Geary 指数检验，还可以使用 Moran 散点图来进行检验（如图 6-1 所示）。该散点图中的第一象限表示的是高值和高值聚集，第三象限表示的是低值和低值聚集，这两个象限的观测值表示存在空间正相关。第二象限表示的是低值和高值聚集，第四象限表示的是高值和低值聚集，这两个象限观测值表示存在空间负相关。如果在整个散点图内，观测值平均分布在了四个象限内，则表示不存在空间自相关。最终检验结果显示，各个省份的局部 Moran 指数在象限图内可以分为 4 种类型：第一种类型是高值和高值聚集，这一类型指的是某一地区的指数数值越高，那么与该地区相邻近地区的数值也会较高，主要分布在散点图的第一象限内。第二种是低值和高值聚集，表示的是一个地区的数值较小，那么与该地区邻近地区的数值相对较大。第三种是低值和低值聚集，表示的是本地区和邻近地区的数值指数都属于低值。第四种是高值和低值聚集，表示的是本地区数值较大，与该地区邻近的地区数值相对较小。

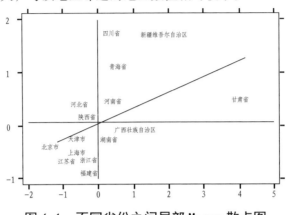

图6-1　不同省份之间局部Moran散点图

（1）城市与农村居民消费差距的空间聚集特征

最终结果显示，我国大部分省份的观测值分布在第一、第三象限内，这充分表明不同省份之间的城乡居民消费差距存在正向的空间相关性。其中，第一象限内的省份主要包括陕西省、甘肃省、四川省、青海省、新疆维吾尔自治区、贵州省、云南省、西藏自治区，基本上是我国西部经济带的省份。第三象限则主要包括北京市、天津市、上海市、浙江省、辽宁省、内蒙古自治区、江苏省、福建省等。反映出我国西部经济带省份在城乡居民消费差距方面存在高值聚集情况，我国东部经济带则存在低值聚集情况，所以我国城乡居民消费差距存在十分明显的空间分异现象，东部经济带的消费差距整体情况要优于西部经济带。另外，还有少数省份分布在第二象限内，主要原因是这些省份与西部经济带一些省份邻近。还有一些省份分布在第四象限内，这是因为这些省份与东部经济带一些省份邻近。

从整体上看，可以发现我国城乡居民消费差距存在正向的空间相关性。所以，在对消费差距问题进行研究分析的过程中，需要充分考虑这种地理空间因素所带来的影响。使用同样的方法对2015年到2019年我国数字普惠金融指数数据进行检验，最终结果显示大多数省份仍然集中在第一、第三象限，这充分反映出我国数字普惠金融的发展也存在正向的空间相关性。在第一象限内的省份主要包括我国的京津地区、长三角地区及华南地区，这些地区都是我国经济发展较好的地区，并且在数字技术及信息产业方面都处于全国领先地位。大部分中部、西部的省份，比如陕西省、内蒙古自治区、宁夏回族自治区、四川省、贵州省等基本上分布在第三象限，反映出我国数字普惠金融指数较低省份的低值集聚。少数一些省份，如与京津地区相邻的河北省、靠近长三角地区的安徽省等则分布在第二象限内。在第四象限内的主要包括湖北省和重庆市，这些地区与数字普惠金融发展程度较低的湖南省和四川省邻近。从整体来看，我国数字普惠金融的发展集聚情况与经济发展情况相似，整体具有阶梯性特征。

（2）数字普惠金融发展的空间聚集特征

最终结果显示，海南省、上海市、北京市、浙江省、天津市、福建省、广东省从 2013 年到 2020 年其数字普惠金融发展程度较高，并且其周围地区的数值也相对较高，均处在高聚集区域内。贵州省、吉林省、内蒙古、山西省、甘肃省、青海省、新疆维吾尔自治区、云南省、宁夏回族自治区、黑龙江省从 2013 年到 2020 年数字普惠金融发展程度较低，周围地区的数值也相对较低，均处在低聚集区域内。安徽省和山东省在 2020 年其数字普惠金融发展程度实现了一定程度的上升，从低高区域转向了高高区域。辽宁省、陕西省、四川省在 2020 年数值有所下降，从高低区域转为低低区域。

三、空间计量模型实证结果与分析

（一）空间计量模型诊断性检验

在进行空间计量模型实证分析之前，需要对所使用的数据进行诊断性检验，主要是 LM 检验和 Hausman 检验。其中，LM 检验的目标是要确定使用哪种模型，即要确定选择空间误差模型还是选择空间滞后模型，Hausman 检验的目标是要确定选择随机效应模型还是选择固定效应模型。这两种检验的最终目标是确立 4 种模型的选择，并且以这些模型为基础进行合理分析。

1.LM 检验

LM 检验是空间选择过程中的主要标准，具体标准为：在检验结果中，如果 Log 值相较于 Error 值显著，就应该构建空间滞后模型；如果相反就应该构建空间误差模型。

2.Hausman 检验

Hausman 检验结果具体如下所示：

数字普惠金融指数的 FE 值为 0.0317，RE 值为 –0.0197，Difference 值为 0.0515，S.E 为 0.0177。

城乡居民收入差距的 FE 值为 1.2287，RE 值为 1.1219，Difference 值为 0.1067，S.E 为 0.0322。

城市化水平的 FE 值为 0.2386，RE 值为 –0.0309，Difference 值为 0.2659，S.E 为 0.0914。

经济发展的 FE 值为 0.0369，RE 值为 0.1540，Difference 值为 –0.1171，S.E 为 0.0515。

产业结构的 FE 值为 0.0.0091，RE 值为 –0.0127，Difference 值为 0.0218，S.E 为 0.0041。

财政支出的 FE 值为 0.0228，RE 值为 0.0135，Difference 值为 0.0092，S.E 为 0.1163。

少儿抚养比的 FE 值为 –0.1520，RE 值为 –0.0613，Difference 值为 –0.0906，S.E 为 0.0518。

老年扶养比的 FE 值为 0.0533，RE 值为 0.0035，Difference 值为 0.0498，S.E 为 0.0200。

整体数据值为 43.24。

从上述结果能够看出，最终的数据值为 43.24，并且通过 1% 显著性水平检验，因此应该建立固定效应模型。

（二）空间计量模型的结果及分析

根据最终的诊断结果来看，面板数据的 Hausman 检验显著，所以选择了固定效应模型。除此之外，SDM 模型不仅包含自变量的空间滞后项，同时也包含因变量的空间滞后项，所以能够更加全面和准确地反映出空间自相关性对整个模型结果的影响效应。在这里，为了能够更好地反映出数字普惠金融对城乡居民消费差距所产生的影响，在进行密码分析的过程中，给出了三种固定效应模型的参数估计结果，分别是空间滞后模型、空间误差模型和空间杜宾模型。

最终的检验结果如下：

数字普惠金融指数的空间滞后模型 β 值为 –0.1937***，空间误差模型 β 值为 –0.2615***，空间杜宾模型 β 值为 –0.2797***，空间杜宾模型 nW 为 0.1947***。

城乡居民收入差距的空间滞后模型 β 值为 0.5541***，空间误差模型 β 值为 0.5439***，空间杜宾模型 β 值为 0.5332***，空间杜宾模型 nW 为 –0.0626。

城市化发展水平的空间滞后模型 β 值为 –0.1115*，空间误差模型 β 值为 –0.0962*，空间杜宾模型 β 值为 –0.1533***，空间杜宾模型 nW 为 –0.2398。

经济发展的空间滞后模型 β 值为 –0.1806***，空间误差模型 β 值为 –0.1842***，空间杜宾模型 β 值为 –0.1374***，空间杜宾模型 nW 为 0.0538。

产业结构的空间滞后模型 β 值为 –0.0045，空间误差模型 β 值为 –0.0004，空间杜宾模型 β 值为 –0.0048，空间杜宾模型 nW 为 –0.0185。

财政支出的空间滞后模型 β 值为 –0.1085，空间误差模型 β 值为 –0.0838，空间杜宾模型 β 值为 –0.1180，空间杜宾模型 nW 为 0.2259。

少儿抚养比的空间滞后模型 β 值为 0.0832***，空间误差模型 β 值为 0.0586*，空间杜宾模型 β 值为 0.0795**，空间杜宾模型 nW 为 0.0980。

老年扶养比的空间滞后模型 β 值为 –0.0142，空间误差模型 β 值为 –0.0071，空间杜宾模型 β 值为 –0.0243，空间杜宾模型 nW 为 0.0341。

其中，空间滞后模型的自相关系数在固定效应下为 0.1740，并且通过了 1% 显著性水平检验；空间面板误差模型误差系数在固定效应下为 0.3867，并且在 1% 显著性水平下显著；空间面板杜宾模型回归系数在固定效应下为 0.3297，并且在 1% 显著性水平上显著。这一结果反映出，我国城乡居民消费存在显著性的空间溢出效应，并且各个地区城乡居民消费差距也具有一定协同效应。从 R^2 值来看，3 种模型的结果分别为 0.8579、0.8510、0.9252，Log 值分别为 293.8507、292.4980、305.4929。这些结果充分反映出空间杜宾固定效应模型是最优的模型。所以，在面板数据计量结果方面以空间杜宾固定效应模型的结果来进行分析。

1. 数字普惠金融发展

从上述检验结果可以看出，数字普惠金融指数系为 –0.2797，并且所对应

的 P 值在 0.00 以下，这反映出我国数字普惠金融发展会对本地区城乡居民消费差距产生缩小的作用，并且这一作用较为显著。nW 为 0.1947，并且在 1% 显著水平下显著，这反映出我国各个省份相邻地区数字普惠金融的整体发展水平在本地区城乡居民消费差距缩小方面具有显著性作用。最终的结果与假设一致，具体为数字普惠金融在城乡居民消费差距缩小方面具有正向效应。

2. 城乡居民收入差距

从最终的结果来看，城乡居民收入差距系数在不同的模型中处于 0.5~0.6，都具有正向效应，并且都在 1% 显著性水平下显著，这反映出本地城乡收入差距对城乡居民消费差距具有同向相关性。在空间杜宾模型方面，nW 值为 −0.0626，这说明邻近省份的空间溢出效应不够显著。从整体来看，居民本身的收入差距影响了居民的最终消费，并且随着城乡居民收入差距的不断缩小，消费差距也在不断缩小。

3. 城市化发展水平

从上述结果能够看出，空间杜宾模型的系数值为 −0.1533，在 1% 显著性水平显著，这反映出我国的城市化发展水平能够促使我国城市与农村居民消费差距缩小。但是空间杜宾模型最终的 nW 系数值没有通过显著性检验，反映出邻近地区的城市化发展水平在城乡居民消费溢出效应方面不显著。具体来看，城市化发展的过程中能够创造出大量的就业岗位，从而吸引更多的农村劳动力进入城市，而农村劳动力在进入城市之后可以通过城市的各种岗位来获得更多收入，收入的增加必然会使农村居民消费支出增加，在一定程度上可以缩小城乡居民的收入差距和消费差距。同时，随着城市化的发展，我国农村地区的基础设施处在不断完善的过程中，基础设施的改善促进了农村地区经济的快速发展，并且也促使农村消费环境的优化，使农村居民的消费水平不断上升，从而缩小了城市与农村之间的消费差距。但需要注意的是，在我国城市化建设过程中还存在诸多问题，而正是由于这些问题的存在使得空间溢出效应被减弱。

4. 经济发展水平

从最终结果来看，空间杜宾模型的系数值为 −0.1374，在 1% 显著性水平显著，并且具有负向效应。同时，空间杜宾模型的 nW 系数为 0.0538，没有通过显著性检验，这反映出本地人均GDP增加能够在城乡居民消费差距缩小方面产生一定作用，并且相邻省份人均GDP没有显著的溢出效应。从整体上看，人均GDP增加在金融发展过程中会对城乡居民消费差距产生间接作用，经济的快速发展会带动农村地区经济的发展，从而使农村地区有更为明显的减贫效应，这就能够使农村地区居民的消费能力得到提升，最终缩小城市和农村地区居民的消费差距。

5. 产业结构

空间杜宾模型两个系数分别是 -0.0048 与 -0.0185，都没有通过显著性水平检验，这反映出本地和相邻省份的产业结构调整对城乡居民消费差距的影响较小。从整体上看，近年来随着我国经济发展开始从高速转向高质量发展，开始从劳动密集型转向知识密集型发展，使我国农村地区原来依赖外出务工的劳动力收入增加有所降低，导致我国农村居民的消费能力有所下降。

6. 财政支出

从最终结果来看，空间杜宾模型的系数分别是 -0.1180 和 0.2259，并且都没有通过显著性水平检验，这反映出本地和相邻地区财政支出对消费差距的影响并不明显。根据金融约束理论，尽管地方政府能够通过各种财政政策对城乡居民的收入分配进行调节，从而使低收入群体或偏远农村地区居民的收入增加，进而缓解居民存在的流动性约束，最终提升消费水平。但需要注意的是，财政支出的投入在城市和农村地区并不均衡，这样就导致财政支出对农村所产生的影响往往低于城市，因此财政支出对消费者的影响并不显著。

7. 少儿抚养比

从最终结果来看，空间杜宾模型的系数分别是 0.0795 和 0.0980，其中前者通过了5%的显著性水平检验，后者没有通过显著性水平检验。这一结果充分反映出少儿抚养比对消费差距产生了正向效应，但是相邻地区少儿抚养比溢出效应并不显著。

8. 老年扶养比

从最终结果来看，空间杜宾模型的系数分别是 -0.0243 和 0.0341，两者都没有通过显著性水平检验。这一结果反映出本地和相邻地区老年扶养比对消费差距的影响效应和溢出效应都不明显。

要想进一步对变量的空间溢出特征进行研究，就需要在对变量估计系数及滞后项估计系数进行分析的基础上充分考虑空间回归系数，然后以此为基础对变量的影响效应进行综合分析。下面显示的是数字普惠金融发展对我国城乡居民消费差距空间杜宾模型的分解效应。

数字普惠金融指数的直接效应值为 −0.2691***，间接效应值为 0.1496*，总效应值为 −0.1195**。

城乡居民收入差距的直接效应值为 0.5429***，间接效应值为 0.1677***，总效应值为 0.7106***。

城市化水平的直接效应值为 −0.1715***，间接效应值为 −0.4094，总效应值为 −0.5809*。

经济发展水平的直接效应值为 −0.1372***，间接效应值为 −0.0238，总效应值为 −0.1610。

产业结构的直接效应值为 −0.0063，间接效应值为 −0.0298，总效应值为 −0.0361*。

财政支出的直接效应值为 −0.0948，间接效应值为 0.2878，总效应值为 0.1930。

少儿抚养比的直接效应值为 0.0888***，间接效应值为 0.1706，总效应值为 0.2594***。

老年扶养比的直接效应值为 −0.0215，间接效应值为 0.0401，总效应值为 0.0186。

从上述数据结果可以看出，数字普惠金融的发展指数在 3 种效应方面都通过了显著性检验，其中直接效应通过了 1% 显著性水平检验，这反映出我国数字普惠金融的发展对本地区及相邻地区消费差距所产生的影响都是负向影响，并且对本地区所产生的负向影响更为明显，也充分说明数字普惠金融发展在对本地产生影响的同时也影响了该地区的相邻地区。城乡居民收入差距的 3 种效应也通过了 1% 显著性水平检验，这反映出城乡居民收入差距能够对城市与农村居民消费产生吸引的显著的正向效应，具体来看是收入差距的缩小会促使消费差距缩小，并且这种影响不仅是针对本地区，同时也包含相邻地区。城市化发展水平在第一种效应和第三种效应都通过了显著性水平检验，但是第二种没有通过，这反映出城市化发展对本地区及相邻地区消费差异的空间溢出效应不显著。经济发展水平主要是在第一种效应通过了 1% 显著性水平检验，另外两种没有通过检验，这说明人均 GDP 对于本地消费差距具有明显的效应，但是空间溢出效应并不明显。产业结构在前两种效应方面没有通过显著性水平检验，但是总效应具有 10% 显著的正向效应，这反映出产业结构调整会对消费差距产生效应。少儿抚养比在第一种和第三种效应方面都通过了 1% 显著性水平检验，但是第二种没有通过检验，这反映出少儿抚养比对本地消费差距具有显著的正向效应，具体来说少儿抚养比越高，那么本地区城乡居民消费差距就会越大。这些年，我国开始推动三孩政策，鼓励生育，但是城市的生活及教育成本等方面对城市居民的生育率产生影响，城市居民抚养婴幼儿的成本相较于农村地区有着更大压力，这也是影响城市与农村地区消费差距的重要因素之一。老年抚养比三种效应都没有通过显著性水平检验。

第四节　主要结论与建议

一、主要结论

第一，城乡居民消费差距和数字普惠金融指数存在显著的空间正相关关系，并且存在显著的空间集聚分布。

第二，数字普惠金融的发展能够对城乡居民消费差距产生正向影响，即能够缩小城乡居民消费差距。

第三，数字普惠金融的快速发展，使城乡居民消费差距整体呈现出不断缩小的发展态势，但是不同地区数字普惠金融发展的作用对本地区所产生的效应与相邻地区所产生的效应具有一定差异。

第四，数字普惠金融的发展对城乡居民消费差距的影响效应仍然需要进一步提升。相较于数字普惠金融，城乡居民收入差距对城乡居民消费差距所产生的效应更为显著。

二、对策建议

数字普惠金融的发展促使金融服务无论是在广度还是在深度方面都得到了有

效拓展，并且推动了互联网理财、消费信贷及保险等方面的金融产品和服务所覆盖的群体不断扩大，也使城乡居民消费增长，因此数字普惠金融的发展有利于我国经济实现长期可持续的平稳增长。但是，数字普惠金融的普及程度在我国城市和农村之间存在明显的差异。从最终的结果来看，数字普惠金融的整体发展水平对城乡居民消费差距所产生的影响效应还需要进一步提升。所以，基于这一结果提出以下一些建议和对策。

（一）优化金融投资环境，合理引导理财行为

从我国金融理财的发展情况来看，尽管在当前金融市场中出现了各种能够为中低收入群体提供金融服务的小额理财产品，从而使居民的投资选择渠道得以增加，但是也存在理财产品良莠不齐及信息壁垒等方面的问题，这些问题大大限制了居民所进行的金融投资行为。因此，在当前必须充分发挥数字化理财在增加居民投资性收入方面的作用，所以必须对数字普惠金融的发展进行相应的监管。首先，从宏观层面看，金融监管部门应该对相关法律法规进行完善，同时需要制定合理的行业准则，对数字普惠金融监管体系进行完善，这样才能够充分维护金融市场的秩序，保障金融市场能够稳定运行。其次，从微观层面看：第一，当前必须对小额理财产品的市场准入门槛进行规范。具体来看，我国金融监管部门及行业协会必须更加重视小额理财产品的质量，不能仅将目光放在小额理财产品的数量方面，同时还要明确行业市场准入和经营业务的范围，制定合理的奖惩制度，从而在源头进行管控，营造更为安全且放心的金融投资环境。第二，当前我国需要对金融市场信息披露制度进行完善。具体来看，我国需要针对当前信息不透明的问题规定理财平台或理财公司定期进行信息披露，并且要公布重大资金变动及会对投资收益产生影响的重大事件，这样才能够提高制度对中小投资者的保障作用。第三，当前我国需要对各种前沿技术进行融合，以此来保护个人的信息安全。数字普惠金融在交易方面主要是依赖互联网完成，因此个人征信及其他相关交易信息需要有安全保障，所以我国的金融机构及监管部门必须不断加强在数字技术能力方面的投入，建立能够涵盖农村地区的数字金融安全防护体系，以此来提升数字普惠金融的安全系数，降低交易风险。

（二）夯实农村产业基础，提升农村消费能力

大量实践已经证明扶贫是促使我国农村与偏远地区形成可持续发展能力和实现脱贫攻坚的根本性措施之一，同时也是提升我国农村地区居民消费能力的重要保障和支撑。所以，当前必须充分发挥数字普惠金融对农村产业的支持作用，使数字普惠金融能够成为乡村振兴目标实现的重要推动力，为农村消费能力的提升注入更多活力。具体来看：首先，当前必须对数字普惠金融产业的顶层设计进行完善。无论是金融对农村地区发展的支持或是对农村产业的发展，还是两者之间的融合，都必须对当地的自然资源、人力资源与其他方面资源有充分了解，这样才能够立足于农村资源的优势，通过因地制宜的方式对产业组合进行优化，最终培育出高质量的特色产业。其次，当前必须加强农村地区中长期信贷支持力度。对金融机构来说，尤其是政策性金融机构必须向我国农村地区提供更高质量和更多数量的融资服务，以此来充分满足小微企业和农村地区种植户与养殖户在资金方面的需求。最后，要深化金融科技的运用。相较于传统普惠金融，数字普惠金融能够有效降低成本，并且能够有效进行风险控制。所以，在当前必须充分借助金融科技来降低小微企业或农村地区产业融资过程中所需付出的成本，从而提升金融服务的精准度，进而提升金融服务的整体效率。

（三）创新普惠金融产品，满足多层次需求

从目前来看，我国线上消费信贷及保险发展较为迅速，但是这些金融产品还不能充分满足实际需求，其中有很多金融产品往往考虑的是供给方需求，而没有从需求方需求进行考量，特别是没有从中小企业或低收入群体方面进行考量，导致很多金融产品设计与实际脱节，没有将服务真正落实到位，必然会影响到后续的可持续发展。因此，数字普惠金融产品的供应商必须在大力发展互联网金融服务的同时，对数字普惠金融产品进行创新，从而使数字服务金融产品能够充分满足金融需求群体的实际需求。

具体来看：首先，当前数字普惠金融供应商必须树立以客户需求为基础与中心的服务准则。在实际运行过程中，数字普惠金融供应商需要以需求特点为出发点，对金融产品进行创新，完善产品的售后服务，从而提升数字普惠金融产品对客户的吸引力，进而提升数字普惠金融产品的使用效率。其次，在产品设计过程

中必须重视产品的个性化设计，并且要实现低门槛，只有这样才能使金融产品为小微企业、农户及特殊群体提供金融服务。再次，还需要稳步推进保险与消费贷款方面的产品，充分考量这些产品的风险性和流动性，从而逐步满足不同层次的实际需求。最后，当前需要实现金融产品购买方式和使用方式的简便化。从目前实际情况来看，我国大部分使用数字普惠金融的群体是整体受教育水平较低的低收入群体和农村居民，因此在当前必须对数字普惠金融的金融产品进行更加清晰的定义和解释，并且需要设计出更加简单易操作的交互界面，从而增强农村居民对数字普惠金融产品及自身相关权益的认识。

（四）完善数字基础设施建设，平衡金融资源配置

移动支付的实现必须有相应的数字化基础条件作为支撑。这些年，我国的移动支付已经基本实现，这得益于我国互联网覆盖范围的扩大、网络基础设施能力的提升与智能手机的普及。从上述结果可以看出城市化对居民消费有显著影响，反映出基础设施建设能够促进居民消费。所以，在当前需要使数字普惠金融能够向农村地区深入发展，但是在这一过程中必须完善数字基础设施建设。

具体来看，第一，地方政府应该引导当地的通信行业向农村地区发展，建设更多的数字化基础设施，比如中国移动、中国联通和中国电信等，加强对农村地区的网络设施投入，实现网络资源的合理规划，提升网络覆盖率，这样才能够为农村地区的完全数字化实现打下良好基础。同时，在这一过程中还需要降低网络资费，政府则需要增加对移动支付的补贴，这样才能够有效减轻农村居民使用网络服务的负担。另外，智能手机、电脑等设备是移动支付的重要支撑载体，是数字普惠金融服务能力得以提升的重要基础条件之一，所以当前必须在农村地区投放价格更低、操作更加简单的移动设备，并且要设计出针对性更强的应用程序，以此来充分满足农村居民数字支付的需求，提升数字普惠金融的服务能力。

（五）重视金融知识教育，提升消费者金融素养

数字普惠金融的主要客户是低收入群体、农村居民和老年人等，通常情况下，这些群体的受教育水平相对较低，对数字普惠金融没有深刻的认识，因此对数字金融所提供的产品与服务接受程度较低，使用效率也较低，导致数字普惠金融发展在我国农村地区往往会受到各种阻碍。所以，我国政府应该重视对农村居民的

金融教育，要通过各种方式促进金融教育的发展。第一，政府需要促使数字金融知识的普及程度得到提升。在我国农村地区，由于居民受到交通及经济方面的限制，难以获得对数字金融知识的正确认识，因此政府可以通过数字媒体、电视广播等在农村地区宣传金融知识，或者可以组织一些针对农村地区的专项教育活动来进行金融知识教育，也可以通过线上和线下相结合的方式开展金融知识教育，从而促使农村地区居民对数字普惠金融的认识得到提升，进而使农村地区居民能够更好地接受数字普惠金融所提供的产品和服务。第二，我国政府需要鼓励金融机构进行金融知识的宣传和普及。对金融机构而言，必须重视搭建自身的人才体系，并且要加强自身与企业及高校的合作，对金融人才资源进行整合，然后将这些人才资源下放到各个分支机构开展数字普惠金融知识的宣传教育工作，从而提升农村地区居民的金融素养。

第七章 数字普惠金融发展对我国城乡居民消费支出的影响

数字普惠金融具有便捷、高效、低成本等特点，不仅有助于提高金融服务质量，更能降低金融服务成本，让更多的城乡居民获得金融支持。数字普惠金融的发展对我国城乡居民的消费支出也产生了重要的影响。如何利用数字普惠金融提升消费能力，降低消费成本，是当前探讨的热点话题。本章将探讨数字普惠金融对我国城乡居民消费支出的影响，并从不同角度进行深入分析，旨在为数字普惠金融的发展提供一定的参考。

第一节 我国城乡居民消费支出的现状分析

一、我国城乡居民消费支出现状的多角度分析

Wind 数据库所发布的数据信息显示，1978 年到 2020 年，我国居民的消费率整体呈现下降的趋势，近年来消费力有所上升。从整体上看，我国居民消费可以分为 3 个阶段：第一个阶段是从 1978 年到 2000 年，这一阶段我国居民消费率基本维持在 45%~54%，整体处在高位。对居民消费产生影响的因素主要是居民收入，改革开放以后，我国城乡居民收入开始大幅提升。在收入提升的支撑下，我国居民的消费能力也得到提升，导致我国居民在这一阶段消费率处于高位。第二阶段是从 2000 年到 2010 年。这一阶段，我国居民的消费率从原来的 48.4% 下跌至 35.5%。这一阶段，我国经济发展十分迅速，也导致我国城市与农村之间的收入差距不断扩大，居民收入差距也在不断扩大。国家统计局公布的数据显示，从 2000 年开始我国居民收入的基尼系数长时间超过 0.4 的警戒线，这意味着我国社会存在严重的收入分配不均问题。收入差距的不断扩大，一方面可能会导致低收入人群需要面对更多的金融排斥，这就必然会压低低收入人群的消费需求；

另一方面由于消费倾向递减的存在会导致高收入人群所进行的消费增量占其收入增量的比重不断下降，从而导致居民的消费率下降。第三阶段是从 2010 年至今，在这一阶段我国居民的消费率开始提升，从 2010 年的 35.5% 增加到 2019 年的 39% 左右，但是 2019 年之后，居民消费率开始出现一定程度的下降，这是由于新冠病毒感染疫情的暴发影响了我国居民的消费。这一时期，我国数字普惠金融开始快速发展，使中低收入群体能够获得更多的金融服务，这也对我国居民的消费支出产生了积极的影响。

二、我国居民消费支出水平的区域差异

从我国实际情况来看，2000 年到 2020 年，处于不同区域内的居民消费支出水平存在较大的差异。长期以来，我国东部经济带人均消费支出水平一直处在首位，从 2000 年的 4300 元左右增加到 2020 年的 33000 元左右，整体增长了 6 倍多，年平均增长率为 10.7%。我国西部经济带的居民消费支出水平处于第二位，人均消费从 2000 年的 2600 元左右上升到 2020 年的 22000 元左右，整体增长了 7.5 倍，年平均增长率为 12% 左右。我国中部经济带处于最末位，从 2000 年到 2020 年增长了 6 倍左右。这反映出我国居民人均消费支出存在明显的区域差异，其中我国东部经济带的消费支出水平最高，西部次之，中部消费水平最低。进一步从不同区域的消费水平差异率来看，2000 年到 2020 年，我国中部和西部经济带的居民人均消费差异率长期为 0.8~1，并且整体呈现出不断下降的趋势，这反映出我国中部和西部经济带居民人均消费支出的差异较小。但是在同一时段内，我国东部经济带的差异率则为 1.6~1.9，远远超过了中部和西部经济带的差异率，这反映出我国东部经济带与中部、西部经济带人均消费差异率较大。从整体上看，不管是我国东部和西部经济带之间的差异，还是我国中部和西部经济带之间的差异，整体都呈现出不断下降的发展趋势，同时这种下降幅度较小。人均消费支出水平存在的区域差异主要原因在于不同区域的经济发展不平衡。我国东部经济带位于沿海地区，是改革开放的前沿阵地，无论是经济发展水平还是居民的收入相较于中部、西部经济带都处于更高程度，因此东部经济带的居民具有更强的消费能力。同时，东部经济带的居民还有着更超前的消费理念，在消费需求方面也更加多元

化。而我国中部和西部经济带地处我国内陆，无论是在经济发展水平还是在居民收入方面相较于东部经济带都存在一定差距，这就导致我国中部和西部经济带居民消费支出水平相对较低。

三、我国城乡居民边际消费倾向比较

2001 年到 2020 年，我国城市居民的人均收入不断上升，但是城市与农村居民的边际消费倾向却没有出现十分明显的增减趋势，整体上在 0.8 左右徘徊。同时，从城市居民和农村居民的人均收入来看，2001 年，我国城市居民的人均可支配收入为 6824 元，这一时期我国农村居民人均可支配收入为 2407 元，两者有近 2 倍的差距。2020 年，我国城市居民的人均可支配收入经过 20 年的增长已经是原来的 6.4 倍左右，同时我国农村居民的人均可支配收入相较于 2001 年增长了 6.1 倍，但是两者之间的差距却从原来的近 2 倍扩大至 2.6 倍左右。从城市和农村消费边际倾向比较来看，2001 年到 2020 年，我国农村居民的人均边际消费倾向整体高于城市居民，出现这种情况的主要原因是我国农村的居民由于收入水平较低，所以在边际消费倾向方面更高。这也充分说明收入约束或流动性约束在一定程度上被缓解时，农村居民消费需求增加的速度往往会高于城市居民。

第二节　数字普惠金融发展对城乡居民消费支出影响的实证分析

一、数据来源和变量选取

（一）数据来源

本节选择的是 2013 年到 2019 年我国 31 个省级行政区的年度数据，其中关键解释变量是数字普惠金融指数，这一方面的数据源于北京大学数字金融研究中心于 2016 年和 2019 年发布的数据，其他变量数据则源于各个省份的数据统计与各个数据库。

（二）变量选取

此次实证研究的被解释变量是人均消费支出，核心解释变量是各个省份的数

字普惠金融指数，控制变量主要包括人均可支配收入、少儿人口抚养比、老年人口扶养比、短期实际利率等方面。同时，在指标设计过程中还对相关指标进行了以下几方面处理：

第一，居民人均消费支出主要使用的数据是各个省份统计年鉴中所公布的居民消费水平相关指标，所有居民消费水平是按总人口平均计算所得出的消费支出，农村居民消费水平则是按照各个省份农村常住人口进行平均计算所得出的消费支出，城市居民消费水平则是按照城市常住人口平均计算所得出的消费支出，并且都进行对数化处理。

第二，数字普惠金融指数是根据北京大学数字金融研究中心所公布的相关数据进行汇总之后得到，同时也进行了对数处理。

第三，少儿人口抚养比与老年人口扶养比的数据来自国家统计局的调查数据，主要通过对国家统计局抽样数据进行计算得出。其中，少儿人口抚养比指的是0~14岁人口占14~65岁人口的比例，老年人口扶养比是65岁以上人口占14~65岁人口的比例。

短期实际利率通过银行的存款利率减去各个省份居民消费价格指数之后得到。另外，为了消除价格因素带来的影响，对所有涉及价格因素的数据都进行了定基化处理。

二、描述性分析

对变量的描述性统计如下所示：

在居民人均消费支出方面，均值为9.517，标准差为0.407，最小值为8.440，最大值为10.610。

在数字普惠金融指数方面，均值为4.755，标准差为0.686，最小值为2.786，最大值为5.628。

在人均可支配收入方面，均值为10.040，标准差为0.240，最小值为9.615，最大值为10.750。

在少儿人口抚养比方面，均值为16.500，标准差为0.0398，最小值为8.290，最大值为24.600。

在老年人口扶养比方面，均值为 9.280，标准差为 0.0189，最小值为 4.820，最大值为 14.100。

在实际利率方面，均值为 –0.149，标准差为 2.247，最小值为 –6.280，最大值为 2.990。

从上述统计结果可以看出，我国居民人均消费支出的均值为 9.517，所对应的绝对数值为 14843；最小值为 8.440，最大值为 10.610，所对应的绝对数值分别是 4629 和 40526。从这些数据可以看出，绝对数值最大值是最小值的 8 倍多，这反映出不同省份之间居民消费水平存在较大差异。同时，居民人均消费支出的标准差也相对较大，达到了 0.407。在数字普惠金融指数方面，均值为 4.755，最小值为 2.786，最大值为 5.628，最大值是最小值的 2 倍多，同时标准差也较大，这充分反映出我国不同省份之间数字普惠金融发展水平存在较大的差异，这一点与前面的描述统计所得出的特征相符。从人均可支配收入、少儿人口抚养比、老年人口扶养比、短期实际利率这些控制变量方面来看，少儿人口抚养比的均值为 16.500，老年人口扶养比的均值为 9.280，这反映出我国当前正面临着较大的社会抚养压力，同时最小值和最大值之间也有较大的差距，反映出我国各地人口结构具有较为明显的差异。

三、实证过程

（一）模型检验

模型检验最终所得的 F 值为 76.09，P 值为 0.000，这说明此次实证分析应该使用个体效应模型进行分析。同时还通过 Hausman 检验确定使用效应模型，最终得出的结果为 22.343，对应的 P 值为 0.0005，确定使用固定效应模型进行估计。

（二）基准回归

本节使用固定效应模型来进行估计，并且为了消除遗漏变量的影响，采取逐步添加控制变量的回归方法，然后通过观察核心解释变量回归系数的变化来确定是否存在遗漏变量的现象。回归结果如下：

第一次基准回归数字普惠金融指数的结果为 0.1702***，常数项结果为 8.7074***，观测值为 217；第二次基准回归数字普惠金融指数结果为 0.0296**，人均可支配收入的结果为0.9628***，常数项为–2.3421，观测值为217，R^2为0.8645。第三次基准回归数字普惠金融指数结果为0.0301**，人均可支配收入的结果为0.9667***，老年人口扶养比结果为–2.2598，常数项为–0.4053，观测值为217，R^2为0.8646。第四次基准回归数字普惠金融指数结果为0.0274**，人均可支配收入的结果为0.9941***，老年人口扶养比结果为–0.3109，少儿人口抚养比结果为–1.3544，常数项为–0.3394，观测值217，R^2为0.8674。第五次基准回归数字普惠金融指数结果为0.0191**，人均可支配收入的结果为0.9349***，老年人口扶养比结果为–1.1400，少儿人口抚养比结果为–1.6548，短期实际利率结果为–0.0087**，常数项0.4195，观测值为217，R^2为0.8757。

（三）区域及城乡异质性分析

我国幅员辽阔，地大物博，所以不同地区在资源禀赋及经济发展水平等方面会存在较大差异，数字普惠金融的发展水平也会存在较大差异。因此，数字普惠金融发展对不同地区居民消费会产生差异，即区域差异。为了进一步分析数字普惠金融对居民消费产生影响的区域异质性，进行了相应回归分析，具体结果如下：

东部经济带数字普惠金融指数值为0.0231，人均可支配收入值为0.8563***，老年人口扶养比值为–1.4435，少儿人口抚养比值为–1.6375，实际利率值为–0.0122，常数项值为1.3560，观测值为77，R^2值为0.7774。

中部经济带数字普惠金融指数值为0.0059，人均可支配收入值为0.9818***，老年人口扶养比值为–2.1094*，少儿人口抚养比值为0.2130，实际利率值为–0.0133**，常数项值为0.4216，观测值为56，R^2值为0.9302。

西部经济带数字普惠金融指数值为0.0223*，人均可支配收入值为1.0023***，老年人口扶养比值为0.6096，少儿人口抚养比值为–2.3759，实际利率值为–0.0047，常数项值为–0.3616，观测值为84，R^2值为0.9351。

从回归分析结果可以看出，数字普惠金融指数对我国东部、中部、西部经济带都存在正向影响，但是东部和中部经济带的回归系数不显著，西部经济带的系数则是在10%的显著性水平上显著，具体值为0.0223，高于全国样本的0.0191。这一结果充分说明，数字普惠金融对居民消费的影响存在区域差异，对我国经济发展较为落后的区域所产生的促进消费作用更为明显，主要原因在于我国西部经济带经济发展水平及金融发展水平较低，并且基础设施建设较为落后，所以这一地区的居民面对更为严重的金融排斥，数字普惠金融的发展会对我国西部地区产生更为显著的影响。

为了进一步检验数字普惠金融对城市与农村所产生影响的异质性，首先对城市与农村进行了回归分析，同时将被解释变量替换为居民消费水平，并且对城市居民收入与农村居民收入进行了控制，最终结果如下：

城市地区数字普惠金融指数值为 0.0180，人均可支配收入值为 1.0372***，老年人口扶养比值为 0.7180，少儿人口抚养比值为 –2.6189，实际利率值为 –0.0030，常数项值为 –0.9515，观测值为 217，R^2 值为 0.9379。

农村地区数字普惠金融指数值为 0.0197**，人均可支配收入值为 0.9336***，老年人口扶养比值为 –1.1616，少儿人口抚养比值为 –1.6323，实际利率值为 –0.0088**，常数项值为 0.4741，观测值为 217，R^2 值为 0.8757。

从上述结果可以看出，数字普惠金融对城市居民消费支出的影响不显著，对农村居民消费支出的影响呈现显著性，其回归系数为 0.0197，并且在 5% 显著性水平上显著，这反映出数字普惠金融具有提升农村居民消费的明显作用。出现这种现象的主要原因可能是数字普惠金融打破了以往传统金融所受到的自然条件和基础设施限制，以更低成本和更高效率向广大农村地区渗透，从而提升了农村居民获得金融产品或金融服务的能力。同时，农村地区相较于城市地区面临着更加严重的金融排斥，所以使数字普惠金融对农村地区居民消费水平的提升产生了更为明显的作用。

（四）面板分位数回归

此次主要使用固定效应模型对数字普惠金融对居民消费支出所产生的影响进行估计，考察的是解释变量对被解释变量条件均值的影响，但是这种估计容易受到样本分布及极端值的影响，并且这种估计难以观测到数字普惠金融对不同消费水平的居民消费支出的影响差异，所以在这里进一步进行了面板分位数回归。在这一回归分析中，主要选择分位点为 10%、25%、50%、75% 和 90%，最终结果如下所示：

在分位点 10% 处，数字普惠金融指数值为 0.0362，人均可支配收入值为

0.9585***，老年人口扶养比值为 -1.5093，少儿人口抚养比值为 -1.9745，实际利率值为 -0.0045，观测值为 77，R^2 值为 0.8189。

在分位点 25% 处，数字普惠金融指数值为 0.0290*，人均可支配收入值为 0.9486***，老年人口扶养比值为 -1.3545，少儿人口抚养比值为 -1.8405*，实际利率值为 -0.0062*，观测值为 56，R^2 值为 0.8634。

在分位点 50% 处，数字普惠金融指数值为 0.0212，人均可支配收入值为 0.9378***，老年人口扶养比值为 -1.1853，少儿人口抚养比值为 -1.6941**，实际利率值为 -0.0082***，观测值为 84，R^2 值为 0.7613。

在分位点 75% 处，数字普惠金融指数值为 0.0083，人均可支配收入值为 0.9199***，老年人口扶养比值为 -0.9067*，少儿人口抚养比值为 -1.4530，实际利率值为 -0.0144**，观测值为 56，R^2 值为 0.7125。

在分位点 90% 处，数字普惠金融指数值为 0.0011，人均可支配收入值为 0.9800***，老年人口扶养比值为 -0.7516，少儿人口抚养比值为 -1.3187，实际利率值为 -0.0132**，观测值为 56，R^2 值为 0.6834。

从上述数据能够看出，在 25% 分位处，我国数字普惠金融指数所产生的影响为正向显著影响，系数为 0.0290，并且随着分位数的不断上升，即居民消费水平上升，相关系数在不断下降，并且不具有显著性。出现这种情况的主要原因在于：第一，消费水平较低的地区居民收入水平整体较低，所以存在较高的边际消费倾向。随着数字普惠金融的发展，信贷约束得到解放，从而对消费水平较低的居民产生了消费支出的促进作用，并且这种促进作用更为显著。第二，数字普惠金融主要的服务对象是中低收入人群，所以数字普惠金融的发展对中低收入群体的消费行为有着更为明显的影响，而且中低收入人群的消费水平通常情况下比较低。从上述结果可以看出，数字普惠金融对低消费水平居民具有更为明显的促进作用。

四、机制分析和稳健性检验

（一）机制分析

从前述内容可以看出，数字普惠金融会通过不同的途径对居民消费产生影响，主要包含数字支付、信贷及保险等方面。同时，在北京大学发布的数字普惠金融发展指数基础上进行数字普惠金融对居民消费影响机制的分析。最终的检验结果如下所示：

数字支付指数的检验结果为 0.0371*，保险指数的检验结果为 0.0078，信贷指数的检验结果为 0.0246*，人均居民收入检验结果为 0.8969***、0.9622***、1.0079***，老年人口扶养比的检验结果为 −1.2336、−1.2384、−1.0878，少儿人口抚养比的检验结果为 −1.8885**、−1.8093**、−1.6937**，实际利率的检验结果为 −0.0075**、−0.0102***、−0.0125***，常数项的检验结果为 2.7708、0.2286、−0.1121，R^2 值为 0.8770、0.8746、0.8753。

从这一结果可以看出，数字支付指数的回归系数为 0.0371，并且在 10% 显著性水平上显著，反映出数字支付指数每提升 1%，居民消费支出就会提升 0.0371 个百分点，可以看出数字支付是提升我国居民消费水平的重要渠道机制之一。保险指数的回归结果系数显示正向显著，但是并不具有统计显著性。消费信贷指数的回归结果为 0.0246，并且在 10% 显著性水平上显著，即消费信贷指数每提升 1%，居民消费支出能够提升 0.0246 个百分点，反映出数字支付及信贷服务途径在提升居民消费水平方面都具有显著效果。通过上述结果可以发现，无论是数字支付还是消费信贷都是促进居民消费水平得到提升的重要渠道机制。对我国政府而言，应该从数字支付和消费信贷两个方面构建能够促进居民消费水平增长的机制。在保险方面所产生的促进作用不够显著，主要原因是我国的互联网保险形成较晚并且发展时间较短，尽管近年来发展十分迅速，但从整体来看业务规模还比较小，因此对居民消费的促进作用不显著。

（二）稳健性检验

本小节以固定效应模型进行了实证分析，并且在面板分位数回归的基础上对不同消费水平地区的居民消费的影响进行了分析。为了检验上述结果的稳健性，下面将被解释变量从居民消费支出替换为居民消费率，并且将人均支配收入替换为人均可支配收入增长率。最终的稳健性检验结果如下所示：

在全部样本方面，数字普惠金融指数值为 0.0191***，人均可支配收入值为 −0.0464***，老年人口扶养比值为 −0.1263，少儿人口抚养比值为 −0.3463，实际利率值为 −0.0042***，常数项值为 0.3200***，观测值为 186，R^2 值为 0.5968。

在东部经济带方面，数字普惠金融指数值为 0.0204，人均可支配收入值为 –0.0165，老年人口扶养比值为 –0.2885，少儿人口抚养比值为 0.0242，实际利率值为 –0.0045*，常数项值为 0.2556**，观测值为 66，R^2 值为 0.5268。

在中部经济带方面，数字普惠金融指数值为 0.0177，人均可支配收入值为 –0.0864，老年人口扶养比值为 –0.9745，少儿人口抚养比值为 –1.4255，实际利率值为 –0.0056*，常数项值为 0.5935***，观测值为 48，R^2 值为 0.6148。

在西部经济带方面，数字普惠金融指数值为 0.0214**，人均可支配收入值为 –0.0642***，老年人口扶养比值为 0.3942*，少儿人口抚养比值为 –0.0336，实际利率值为 –0.0030**，常数项值为 0.2218***，观测值为 72，R^2 值为 0.7489。

从上述结果可以看出，全部样本回归结果显示数字普惠金融的系数为正，具体数值为 0.0191，并且在 1% 显著水平上显著，反映出数字普惠金融指数每提升 1%，居民消费率就会提升 0.0191 个百分点，这一点与上述内容中所进行的回归结果一致。从其他 3 个方面的回归结果来看，东部经济带和中部经济带的系数仍然不显著，但是西部经济带的回归系数显著，说明数字普惠金融每提升 1%，西部经济带居民消费率就会提升 0.0214 个百分点，这一结果也与上述内容的回归结果一致。从稳健性检验方面来看，在将居民消费率作为因变量之后，最终得出的结果与上述内容一致，说明数字普惠金融的发展不仅能够使居民消费水平得到提升，同时也能够有效促进居民消费率得到增长，也反映出前文结果相对稳健。

第三节　主要结论与建议

一、主要结论

上述内容从理论和实践两个方面分析了数字普惠金融对我国居民消费支出的影响。在普惠金融相关理论的基础上分析了我国数字普惠金融发展对居民消费的影响机理。另外，在结合理论分析和现状分析的基础上，通过对我国 31 个省级行政区的数据进行回归分析，使用的模型主要为固定效应模型和面板分位数回归，充分分析了数字普惠金融发展对居民消费支出所产生的影响。最终得出的结论如下：

第一，从全国范围来看，我国居民消费支出受数字普惠金融发展的正向影响，并且从分析结果可以看出这种影响是显著性的。

第二，从不同区域来看，我国西部经济带的居民消费支出受数字普惠金融发展的正向影响，并且这种影响具有显著性。同时也能看出数字普惠金融的发展对我国东部和中部经济带所产生的影响并不显著。

第三，从城市和农村方面来看，我国农村地区的消费水平受数字普惠金融发展的正向影响，并且这种影响具有显著性。同时也能看出数字普惠金融发展对我国城市居民消费支出的影响并不显著。

第四，从分位数回归结果能够看出，低消费水平地区的居民消费受到数字普惠金融发展的正向影响，并且影响具有显著性。其中，在25%处，居民消费受到数字普惠金融指数的正向影响十分显著，并且随着分位数点位的上升，最终得出的回归系数不断下降，并且没有显著性，反映出我国消费水平较低的地区居民消费水平受到数字普惠金融的正向影响，并且这种正向影响更加明显。

第五，从影响机制检验结果可以看出，信贷和数字支付能够对居民消费支出产生正向影响，并且影响具有显著性。但是相较于信贷和数字支付，保险途径对居民消费支出的影响尽管为正向影响，但不具有显著性。

二、对策建议

数字普惠金融的发展使我国的金融服务无论是在广度方面还是在深度方面都实现了进一步提升，从而使金融机构能够为需求群体提供更高质量的金融服务，并且能够提供更多的金融产品，促进居民的消费，这对于我国经济平稳发展具有重要意义。但是，从上述分析结果也能够看出，数字普惠金融的发展在促进居民消费方面也存在一定不足，为弥补不足本书主要提出以下几方面建议：

第一，要加强基础设施建设。数字普惠金融的发展需要有相应的互联网设施作为支撑，这是因为数字普惠金融正是在互联网的推动下形成与发展起来的，所以必须完善基础设施建设。通过完善的网络基础设施建设，数字普惠金融的覆盖率及质量能够得到有效提升。从目前实际情况来看，全国范围内网络基础设施呈现出西部落后于东部的态势，同时也呈现出农村地区落后于城市地区的态势。从上述内容我们已经知道，数字普惠金融发展对我国西部经济带及农村地区居民消费支出具有显著的促进作用，所以在当前必须对网络资源进行重新规划，实现网络资源的合理配置，重视加强我国西部经济带和农村地区的网络基础设施建设，为西部经济带和农村地区营造出更好的网络环境。具体来看，在当前不仅需要扩大我国西部经济带和农村地区的无线网覆盖范围，还需要不断提升网络速率与降低相关费用，从而为数字普惠金融的发展打下良好的基础。

第二，完善数字普惠金融产品和服务体系。上述研究结果已经表明，数字普惠金融的发展对低消费水平地区的居民消费具有显著性影响，所以在当前必须针对低消费水平群体的需求来设计相关的金融产品和金融服务，从而完善数字普惠金融产品与服务体系。首先，我国传统金融机构要敢于进行创新，充分把握各种信息技术快速发展所带来的机遇和优势，使自身的产品与服务能够实现数字化转型，更加积极地投入数字普惠金融的发展中，从而实现金融产品与服务的创新。其次，互联网金融公司需要在当前继续发挥自身在数字普惠金融中的主导作用，并且要以此为基础进行创新，创造出适合低消费水平群体的数字普惠金融产品。最后，无论是金融机构还是互联网金融公司，在当前都需要充分利用各种先进信息技术的优势，构建个性化和多元化的金融产品与服务体系。

第三，提升居民的认知度和接受度。这里的认知度和接受度指的是对数字普惠金融的认知度和接受度。数字普惠金融在互联网及其他信息技术的基础上发展而来，打破了传统金融的服务模式，并且突破了时空限制，即使在基础设施较为落后的我国西部经济带或农村地区也有着良好的发展前景。但需要注意的是，我国西部经济带居民相较于东部经济带的居民，对数字普惠金融的认识和接受都存在一定不足，这些不足会影响到数字普惠金融的发展。因此在当前必须提升我国西部经济带和农村地区居民对数字普惠金融的接受度和认可度。首先，当前必须通过互联网向民众普及金融知识。当前阶段，我国农村地区对数字普惠金融接受程度较低，主要原因在于很多农村居民并不懂得如何使用智能手机，更不懂得如何使用各种手机银行软件或其他金融产品软件等。针对这一问题，金融机构可以通过举办一些金融讲座，或发放各种印刷品、进行视频宣传等方式来促进农村地区居民对数字普惠金融产生清晰的认知。其次，无论是数字普惠金融讲座还是各种视频宣传、印刷品宣传等都需要有相对应的人才支撑。因此，我国的金融机构应该更加重视人才的培养和体系建设，以此来组建更加专业、具有更高水平的数字普惠金融专业队伍，通过这些队伍来进行数字普惠金融的宣传。最后，金融机构还需要与政府进行合作，将更多的专业人才派往各个地方与当地的金融主管部门开展合作，加强数字普惠金融知识宣传工作，最终形成宣传体系，提升居民对数字普惠金融的认可度和接受度。

第八章 数字普惠金融发展对我国城乡居民风险金融资产配置的影响

第一节 我国城乡居民风险金融资产配置的现状分析

家庭是组成社会的基础单位，家庭在社会生活中承担各种消费行为，与此同时也需要面临各种财富管理需求。从目前来看，随着我国家庭可支配收入的不断增长，城乡居民的金融资产配置在不同区域和不同阶段形成了不同的特点与规律。

一、我国城乡家庭金融资产配置的总体性分析

改革开放以来，我国人口总数整体呈现逐年增长的趋势，因此我国城乡家庭数量也呈现出稳步增长的发展趋势。2020 年进行的第七次人口普查数据显示：2014 年，我国的家庭数量达到了 4.30 亿户，2015 年为 4.10 亿户，2016 年为 4.35 亿户，2017 年为 4.38 亿户，2018 年为 4.42 亿户，2019 年为 4.48 亿户，2020 年为 4.94 亿户。可以看出，截至 2020 年底，我国的家庭数量已经接近 5 亿户。同时，随着家庭居民对财富管理需求的不断增加，家庭金融市场潜力巨大，且发展势头迅猛。2016 年到 2020 年，我国家庭数量逐年增加，金融资产规模从原来的 140 万亿元增加到了 145 万亿元。除此之外，在城乡居民的金融资产中，存款依然占据金融资产的主要位置，一个家庭的人均存款占金融资产的 45% 左右。同时，社会保险（社保）、金融理财产品等也是城乡居民金融资产的重要组成部分。这充分反映出我国无论是城市居民还是农村居民，在金融资产配置方面整体都较为保守，同时对金融市场中存在的各种金融产品没有足够的认可度和接受度。

2020 年国家统计局数据显示，我国家庭金融资产中，存款所占比例为 45.8%，社保余额所占比例为 15.2%，股票数量所占比例为 11.4%，借出款所占比例为 10.3%，金融理财产品所占比例为 7.1%，现金所占比例为 5.3%，基金所

占比例为 2.7%，非人民币资产所占比例为 1.0%，衍生品所占比例为 0.5%，债券所占比例为 0.4%，贵金属所占比例为 0.2%，其他的金融资产所占比例为 0.1%。

二、我国城乡家庭金融资产配置的异质性分析

（一）不同年龄

生命周期理论认为，人在不同的生命阶段会选择不同的生活方式，因此也会选择不同的资产配置策略，以期能够通过与自己相适应的资产配置策略来实现自身金融资产配置效用的最大化。根据 2020 年中国家庭金融调查与研究中心所发布的数据，户主处在 20~40 岁阶段的家庭，无风险金融市场参与率为 98.5%，风险金融市场参与率为 11.1%，无风险金融资产为 95.4%，风险金融资产为 4.6%。户主处在 41~60 岁阶段的家庭，无风险金融市场参与率为 98.3%，风险金融市场参与率为 10.3%，无风险金融资产为 95.3%，风险金融资产为 4.7%。户主处在 61~80 岁阶段的家庭，无风险金融市场参与率为 97.0%，风险金融市场参与率为 8.3%，无风险金融资产为 95.9%，风险金融资产为 4.1%。在全国家庭方面，无风险金融市场参与率为 97.9%，风险金融市场参与率为 9.8%，无风险金融资产为 95.5%，风险金融资产为 4.5%。

从上述数据可以看出，在无风险金融市场方面，不同年龄阶段家庭所形成的差异较小，并且随着年龄增长，无风险资产配置程度出现小幅上升，这一点与一个家庭追求稳定及随着年龄增加有更多养老需求存在紧密关联。在风险金融市场配置方面，年轻的家庭具有最高的参与意愿，随着年龄增长，这种意愿会不断下降。同时，风险金融资产配置程度上是处于 20~40 岁、41~60 岁这两个阶段家庭的水平最高，处于 61~80 岁这一阶段家庭的水平最低。这一结果充分反映出，较为年轻的家庭在抗风险能力方面往往较弱，但是具有较高的配置程度，因此，在其中必然会存在一些错配问题。另外，我国当前的养老保障存在一定的缺陷，主要表现为对风险金融市场有挤压现象。

（二）不同受教育程度

根据 2020 年中国家庭金融调查与研究中心所发布的数据显示，城乡居民参与金融市场的情况和城乡居民本身受教育程度呈现出正相关关系。

受教育年限在 9 年以下的家庭参与无风险金融市场的比例为 96.3%，参与风险金融市场的比例为 2.2%，无风险金融资产为 99.2%，风险金融资产为 0.8%。

受教育年限在 9 年到 12 年的家庭参与无风险金融市场的比例为 98.7%，参与风险金融市场的比例为 9.7%，无风险金融资产为 95.7%，风险金融资产为 4.3%。

受教育年限在 12 年以上的家庭参与无风险金融市场的比例为 99.4%，参与风险金融市场的比例为 29.3%，无风险金融资产为 86.7%，风险金融资产为 13.3%。

从这一组数据可以看出，在无风险金融市场方面，随着受教育年限的增加，参与无风险金融市场的比例有一定程度的提升，但是无风险资产配置程度却呈现出下降趋势。其中，受教育年限在 12 年以上的家庭其无风险资产配置程度仅有 86.7%，相较于受教育年限在 9 年到 12 年的家庭下降了 9 个百分点。在这里需要指出的是，受教育年限在 12 年以上指的是大专以上的家庭，9 年到 12 年指的是高中教育程度的家庭，9 年以下则是初中教育程度及以下的家庭。从这里能够看出，受教育程度较高的家庭其经济水平与金融素养相较于受教育程度较低的家庭更高，因此这些家庭也更加重视资产的增值，会更多去追求有较高收益的金融产品。从风险金融市场方面来看，不同受教育年限的家庭在参与风险金融市场与风险金融资产配置程度方面呈现出随着教育年限增加而增长的趋势。这反映出，由于风险金融产品往往有较为复杂的设计，所以更容易受各种因素影响，这样就导致风险金融产品的价格往往变化较快，并且难以进行预测，从而导致风险金融产品的收益存在较大的不确定性。因此，参与风险金融资产配置对于所有的城乡居民而言都要求拥有较高的金融素养。而受教育年限的增长能够在一定程度上促进城乡居民金融素养的提升，从而使这些居民本身的风险获知能力和处理能力得到加强，这样就增加了这些家庭参与金融风险市场的可能性。

（三）不同户籍

金融资产配置在城市和农村之间存在明显的差异，根据 2020 年中国家庭金融调查与研究中心所发布的数据显示，我国农村地区的家庭参与无风险金融市场的比例为 97.2%，参与风险金融市场的比例为 2.6%，无风险金融资产配置比例为 99.1%，风险金融资产配置比例为 0.9%。我国城市地区的家庭参与无风险金融市场的比例为 99.1%，参与风险金融市场的比例为 22.6%，无风险金融资产配置比例为 89.9%，风险金融资产配置比例为 10.1%。全国方面家庭参与无风险金融市场的比例为 97.9%，参与风险金融市场的比例为 9.6%，无风险金融资产配置比例为 95.7%，风险金融资产配置比例为 4.3%。

从这组数据能够看出，金融资产配置方面，我国城市家庭相较于农村家庭拥有一定优势。首先，从无风险金融市场来看，城市家庭的整体参与率超过农村家庭，并且在配置程度方面相比下降了 10%。其次，在风险金融市场方面，城市家庭参与其中的比例为 22.6%，配置比例为 10.1%，都高于农村家庭。由此能够看出，我国农村家庭受各方面因素影响，尤其是自身财富及金融知识方面的影响，导致我国农村家庭对金融市场没有足够的认识，家庭在金融资产配置方面相较于城市家庭处于劣势。

（四）不同地区

我国不同地区之间存在明显差异，尤其是我国东部经济带由于地理条件方面的优势，导致我国东部经济带相较于西部经济带，无论是在基础设施建设方面还是在经济发展方面都具有较大的优势。

根据 2020 年中国家庭金融调查与研究中心发布的数据显示，我国东部经济带家庭参与无风险金融市场的比例为 98.8%，参与风险金融市场的比例为 14.7%，无风险金融资产配置比例为 93.5%，风险金融资产配置比例为 6.5%。我国中部经济带的家庭参与无风险金融市场的比例为 97.5%，参与风险金融市场的比例为 5.7%，无风险金融资产配置比例为 97.3%，风险金融资产配置比例为 2.7%。我国西部经济带家庭参与无风险金融市场的比例为 96.8%，参与风险金融市场的比例为 6.1%，无风险金融资产配置比例为 97.3%，风险金融资产配置比例为 2.7%。

从这组数据可以看出，我国东部经济带金融资产配置结构与程度相较于西部经济带要更好，其中在无风险市场方面具有最高的参与率。中部和西部经济带家庭更加倾向于无风险金融市场。之所以会出现这种情况，除了因为中部和西部经济带家庭自身条件，还因为我国金融市场建设在不同区域存在一定差异，因而产生了不均衡问题，比如我国金融市场建设在经济发展较为落后的地区尚不完善，这种资源支持也存在不足，这些因素都导致了上述结果的产生。

三、数字普惠金融发展和家庭金融资产配置

根据 2020 年中国家庭金融调查与研究中心发布的数据显示，在数字普惠金融不同发展水平的情况下：数字普惠金融发展水平为强时，风险资产配置程度的比例为 9.6%，无风险资产配置程度的比例为 90.4%，风险市场参与比例为 21.2%，无风险市场参与比例为 98.8%；数字普惠金融发展水平为中时，风险资产配置程度的比例为 2.6%，无风险资产配置程度的比例为 97.4%，风险市场参与比例为 6.1%，无风险市场参与比例为 97.9%；数字普惠金融发展水平为弱时，风险资产配置程度的比例为 1.0%，无风险资产配置程度的比例为 99.0%，风险市场参与比例为 2.4%，无风险市场参与比例为 96.9%。

可以看出，数字金融的整体发展水平和无风险金融资产匹配的程度整体呈现出负相关关系，出现这种现象的主要原因在于数字普惠金融的发展使家庭参与风险金融市场的门槛降低，为家庭提供了更多参与风险金融市场的机会，这样就形成了对无风险资产配置的挤出。在其他方面，随着数字普惠金融发展水平的不断提升，风险金融市场参与比例和风险金融资产配置程度都有一定程度的提升，同时家庭无风险市场参与比例也有一定程度的提升，反映出数字普惠金融为家庭提供了更多参与金融市场的可能性。相较于传统金融，数字普惠金融本身具有更多优势，比如门槛低、高效等，能够弥补传统金融所提供金融服务中存在的各种不足，这样就导致如果某地区的数字普惠金融发展水平较高，那么这一地区的家庭就有更好的金融资产配置。另外，数字普惠金融的发展也反映出不同地区经济的发展水平，而经济发展水平也能够在一定程度上影响一个家庭的金融资产配置。

从整体来看，近年来随着我国数字普惠金融的快速发展与不同地区之间差距的不断缩小，我国不同地区之间的发展水平开始趋向一致。同时，从分析我国家庭金融资产配置特征可以看出，目前我国家庭金融资产配置存在整体结构不合理、发展不均衡及错配等问题。另外，数字普惠金融的发展水平能够对家庭金融市场参与意愿与配置方面产生影响，具体为数字普惠金融发展水平越高的地区，家庭金融市场参与度也会越高，并且在金融资产配置程度方面也会更优。

第二节　数字普惠金融发展对城乡居民风险金融资产配置影响的实证分析

在上述内容的基础上，本节主要通过宏观数据和微观数据来对数字普惠金融与城乡居民风险金融资产配置之间的关系进行研究分析，从而为我国数字普惠金融的发展与完善城乡居民风险金融资产配置提供更多指导。

一、数据来源

本节所使用的数据源于中国家庭金融调查与研究中心。为了能够保障数据的随机性和代表性，该调查数据的调查问卷发放以分层抽样的方式进行，其中包括全国 31 个省份 3 万余户家庭，整个问卷设计科学合理。除此之外，为了保障数据能够更大限度地接近实际情况，中国家庭金融调查与研究中心对相关人员进行了培训，并且在数据采集完成后，中国家庭金融调查与研究中心对所有的数据进行了初步筛选，并对新的数据进行了追踪。同时，中国家庭金融调查与研究中心还对人口统计学特征、家庭收入及家庭资产等数据与国家统计局所发布的数据进行了比对，最终结果表明两者的数据具有高度一致性，反映出这一数据具有代表性。

数字普惠金融的发展是本节所研究的核心解释变量，因此在实证研究分析过程中，构建及测算该变量对保障实证分析结果的稳定性与可靠性具有重要意义。在本节中，对于数字普惠金融发展的衡量主要是通过指数构建方式来进行的，具体为：在抽样调查问卷方式基础上构建基础指数；在网络文本分析提取方法上构建指数；在底层网络交易数据的基础上构建基础指数。最终得出的指数不仅包括数字普惠金融的覆盖广度、数字化程度，也包括使用深度，覆盖全国 31 个省级行政区 2000 余个县区。

二、模型和变量

（一）模型选择

1.Probit 模型

由于家庭是否参与到风险金融市场中是一个基于二元的选择问题，因此需要进行二分变量的回归分析，在这里采用 Probit 模型来进行非线性回归分析。

2.Logit 模型

为了更加准确地分析数字普惠金融发展对家庭风险金融市场参与意愿所产生的影响，提升本节实证研究的整体稳健性，采用 Logit 这一模型。

3.Tobit 模型

对家庭风险金融资产比重影响因素进行考察，此时 Probit 模型不再适用。由于 Probit 模型只能够观察到风险金融资产比重为正的家庭参与情况，对未参与风险金融市场的家庭所得出的数值都为 0，因此使用 Tobit 模型进行分析。

4.OLS 模型

为了能够使本次实证研究的稳健性得到提升，因此选择 OLS 模型进行估计。

5. 中介效应模型

为了进一步验证数字普惠金融发展从不同途径，比如提高金融素养、优化金融可得性等对家庭风险金融资产配置的影响机制，因此在这里选择中介效应模型来进行估计。

（二）变量选取

1. 被解释变量

为了研究城乡家庭风险金融资产配置情况，同时为了验证数字普惠金融发展的作用机制，在这里主要选择两个被解释变量来衡量，第一个被解释变量是参与风险金融市场的意愿，第二个被解释变量是家庭配置风险金融资产程度。

在家庭参与风险金融市场意愿方面，主要选择了 5 个方面来进行判断，具体为股票、债券、基金、金融理财及金融衍生品。如果一个家庭包含上述 5 个方面其中一方面就代表该家庭进行了风险金融市场参与，如果不包含上述任何一项则表示该家庭没有参与风险金融市场。在家庭配置风险金融资产程度方面，主要是以问卷调查而得到的风险金融资产总值占家庭金融总资产比重来进行衡量，这一比重的范围是 0~1。同时，这一数值越大表示家庭配置风险金融资产程度越深，同时表示持有的家庭风险金融资产越多。

2. 解释变量

本节主要分析的是宏观数字普惠金融的发展对微观城乡居民家庭金融资产配

置所带来的影响。随着区域数字普惠金融的发展，对城乡居民家庭在数字普惠金融方面的使用产生影响，从而对家庭是否可以便捷通过数字手段获得风险金融资产产品和服务发挥作用。数字普惠金融的发展也能够进一步提升各个家庭的金融素养，从而缓解家庭金融可得性方面存在的问题，进而使家庭风险金融资产配置程度受到影响。在这里选择数字普惠金融发展指数来进行衡量——数字普惠金融发展指数与本节的研究方向相契合。同时，考虑到可能会存在内生性问题，在此选择滞后性的数字普惠金融指数。

3. 控制变量

对家庭风险金融资产配置产生影响的因素很多，本小节在相关研究的基础上主要选择以下变量来进行控制。

（1）性别

相关实际调查显示，男性相较于女性具有更高的风险承担能力，同时由于女性更为感性，且在日常生活中主要负责家庭的各方面开销，女性相较于男性不愿意进行风险投资。因此，本小节将性别作为家庭风险金融资产配置的重要影响因素之一，并在分析的过程中对户主性别进行控制。

（2）年龄

通常情况下，处于年轻阶段的家庭由于家庭资产有限，因此这一阶段的家庭金融资产配置水平往往会受到家庭资产本身的限制。在经过年轻阶段之后，一个家庭往往在投资方面具备了较多经验，并且也累积了一定的家庭财富，此时这一家庭就具备了投资风险市场的条件，而这些正是促使这一阶段的家庭成为关注金融资产配置的主力军。但需要注意的是，处于这一阶段的家庭也容易受到各方面压力所带来的影响而降低自身的金融资产配置水平。从整体来看，年龄与家庭金融资产配置存在一定关系，因此可以作为此次分析的控制变量。

（3）健康

对于任何人而言，身体的健康水平会对其心理状态产生影响，从而对整个家庭的运行产生影响，进而对家庭的财富与资产分配等方面产生限制作用。

（4）受教育年限

通常情况下，一个人的学历越高表示其具有更强的知识接受能力，因此在收集金融市场信息方面也具有更强的能力。所以，在此次分析中将受教育年限作为一种控制变量。

（5）风险态度

金融资产配置所涉及的市场包含无风险市场和风险市场，因此金融资产配置与家庭在面对风险过程中所持态度紧密相关。如果一个家庭对风险十分厌恶，那么该家庭就会更加倾向于将自己的资金多投入无风险市场中。如果一个家庭对风险有所偏好，这一家庭就会有更强的意愿及能力将资金投入高风险高收益的市场中。

（6）家庭收入

家庭收入是一个家庭资产积累的重要支撑，同时对任何一个家庭而言进行金融资产配置都需要有这样的前提，即具有满足日常生活之外的闲置资金。如果一个家庭有较多的财富或是收入较高，那么这样的家庭往往会有更为充裕的资金进行投资，以期实现家庭财富的增长。对于收入较低的家庭而言，由于需要大量资金投入日常生活中，比如教育、住房、医疗等，所以往往没有更多闲置资金进行投资，因此这样的家庭参与风险金融市场的意愿及进行金融资产配置的程度都会较低。

（7）负债

在日常生活中，如果一个家庭出现负债情况就必须通过家庭收入的一部分来进行偿还，这样就会导致家庭财富总量受到影响。同时，家庭负债也会对一个家庭的金融资产配置心理产生负面影响，尤其会对一个家庭的风险态度产生影响。从整体上看，负债会影响家庭金融资产配置的参与程度和参与意愿。

（8）户籍与地区

由于我国城市和农村存在一定差距，因此户籍和地区会对家庭风险金融资产配置产生间接作用。通常情况下，一个地区的经济发展水平会影响这一地区家庭的财富收入，也会影响到各个家庭金融产品与相关信息的获取能力和处理能力。特别是对于我国城市和农村地区而言，由于差距较大，已经成为影响我国城市与农村地区家庭风险金融资产配置的重要因素之一。

4. 中介变量

（1）家庭金融素养

在风险金融市场中，各种金融产品混杂其中，并且信息变化速度较快，因此对处于其中的人提出了更高的要求，任何人都需要具备一定的金融素养，才能够适应风险金融市场。同时，根据前文内容的分析，数字普惠金融的发展能够对个人金融素养产生重要影响，所以在因子分析法的基础上构建家庭金融素养变量。

（2）信息渠道

在金融资产配置方面，信息不对称问题一直是影响金融资产配置的重要因素。通常情况下，如果拥有高效的信息渠道，往往能够更好地缓解信息不对称问题，从而改善一个家庭的风险资产配置。同时，数字普惠金融的发展是在互联网技术与其他信息技术的基础上发展而来，能够对信息渠道产生一定作用，因此在这里构造信息渠道变量。

变量定义如下所示：

在被解释变量方面，主要包括家庭参与风险金融资产意愿、家庭配置风险金融资产程度。其中家庭参与风险金融资产意愿方面，如果有上述内容中所提到的其中一项，赋值1；在家庭配置风险金融资产程度方面，主要是风险金融资产占金融资产比重。

主要解释变量方面，主要包括数字金融发展指数，以北京大学数字普惠金融指数为基础。

控制变量方面，主要包括性别、年龄、健康、受教育年限、风险态度、家庭收入、负债及户籍与地区。

中介变量方面，主要包括家庭金融素养和信息渠道。其中金融素养是通过因子分析法构建，信息渠道主要根据从不关注、手机 App 获得信息、网页获得信息等选项来分别赋值 0、1、2。

（三）描述性统计

变量描述性统计：

在变量风险金融市场参与意愿中，观测值为 39314，均值为 0.101，标准差为 0.301，最大值为 1，最小值为 0，中位数为 0。

在变量风险金融市场配置程度中，观测值为 37157，均值为 0.047，标准差为 0.176，最大值为 0.98，最小值为 0，中位数为 0。

在变量数字普惠金融发展指数中，观测值为 39623，均值为 4.524，标准差为 0.089，最大值为 4.768，最小值为 4.207，中位数为 4.516。

在变量性别中，观测值为 39623，均值为 0.500，标准差为 0.500，最大值为 1，最小值为 0，中位数为 0。

在变量年龄中，观测值为 39623，均值为 52.17，标准差为 15.32，最大值为 79，最小值为 21，中位数为 54。

在年龄平方中，观测值为 39623，均值为 2958，标准差为 1545，最大值为 6241，最小值为 441，中位数为 2917。

在变量健康中，观测值为 39623，均值为 0.798，标准差为 0.399，最大值为 1，最小值为 0，中位数为 0。

在变量受教育年限中，观测值为 39623，均值为 10.57，标准差为 2.601，最大值为 23，最小值为 0，中位数为 9。

在变量风险偏好中，观测值为 39623，均值为 0.086，标准差为 0.280，最大值为 1，最小值为 0，中位数为 0。

在变量风险厌恶中，观测值为 39623，均值为 0.588，标准差为 0.493，最大值为 1，最小值为 0，中位数为 1。

在变量家庭收入中，观测值为 39623，均值为 10.53，标准差为 1.498，最大值 15.43，最小值为 0.50，中位数为 10.82。

在变量家庭资产中，观测值为 39623，均值为 12.51，标准差为 1.867，最大值 17.23，最小值为 0，中位数为 12.75。

在变量负债中，观测值为 39623，均值为 0.336，标准差为 0.473，最大值为 1，最小值为 0，中位数为 0。

在变量城乡中，观测值为 39623，均值为 0.378，标准差为 0.486，最大值为 1，最小值为 0，中位数为 0。

在变量东部中，观测值为 39623，均值为 0.444，标准差为 0.498，最大值为 1，最小值为 0，中位数为 0。

在变量中部中，观测值为 39623，均值为 0.284，标准差为 0.452，最大值为 1，最小值为 0，中位数为 0。

在变量家庭金融素养中，观测值为 39623，均值为 2.21，标准差为 1.028，最大值为 1.61，最小值为 -1.23，中位数为 0.079。

在变量信息渠道中，观测值为 39623，均值为 0.138，标准差为 0.344，最大值为 2，最小值为 0，中位数为 0。

从上述描述性统计结果可以看出，家庭风险金融资产配置情况总体较低，家庭参与风险金融市场的意愿只有 10.1%，配置程度仅有 4.7%，没有参与其中的家庭占较大比重。从户主特征方面来看，平均年龄在 52 岁左右，其中接近一半为男性，并且有超过 80% 的家庭户主身体健康。从受教育程度来看，平均受教育年限为 10.5 年，其中初中文化水平所占比重较大。同时，有超过一半以上的家庭户主在风险态度方面偏向风险业务。在家庭特征方面，有 1/3 的家庭有借贷行为，有 40% 的家庭为城市家庭，有 40% 的家庭位于我国东部经济带。在中介变量方面，整体表现为我国家庭金融素养及获取信息渠道较低。

三、数字普惠金融发展对城乡居民风险金融市场参与意愿的影响

通过 Probit 模型与 Logit 模型进行回归之后，最终的结果如下：

在变量为数字金融发展指数时，Probit 模型与 Logit 模型的回归结果分别是 0.947*** 与 0.978***，R^2 值分别为 0.128 与 0.129。

在原有基础上加入性别、年龄、健康、受教育年限、风险偏好、风险厌恶变量之后，在数字金融发展方面 Probit 模型与 Logit 模型的回归结果分别是 0.640*** 与 0.650***；在性别方面 Probit 模型与 Logit 模型的回归结果分别是 -0.014*** 与 -0.015***；在年龄方面 Probit 模型与 Logit 模型的回归结果分别是 0.007*** 与 0.007***；在年龄平方方面 Probit 模型与 Logit 模型的回归结果分别是 -0.00005*** 与 -0.00006***；在健康方面 Probit 模型与 Logit 模型的回归结果分别是 0.045*** 与 0.048***；在受教育年限方面 Probit 模型与 Logit 模型的回归结果分别是 0.019*** 与 0.019***；在风险偏好方面 Probit 模型与 Logit 模型的回归结果分别是 0.046*** 与 0.046***；在风险厌恶方面 Probit 模型与 Logit 模型的回归结果分别是 -0.073*** 与 -0.074***。R^2 值分别是为 0.267 与 0.266。

在上述基础上加入家庭收入、家庭资产、负债、东部、西部、户籍变量之后，在数字金融发展指数方面 Probit 模型与 Logit 模型的回归结果分别是 0.197***

与 0.197***；在性别方面 Probit 模型与 Logit 模型的回归结果分别是 -0.008** 与 -0.008**；在年龄方面 Probit 模型与 Logit 模型的回归结果分别是 0.002*** 与 0.002***；在年龄平方方面 Probit 模型与 Logit 模型的回归结果分别是 -0.00002** 与 -0.00002**；在健康方面 Probit 模型与 Logit 模型的回归结果分别是 0.017*** 与 0.018***；在受教育年限方面 Probit 模型与 Logit 模型的回归结果分别是 0.008*** 与 0.008***；在风险偏好方面 Probit 模型与 Logit 模型的回归结果分别是 0.040*** 与 0.039***；在风险厌恶方面 Probit 模型与 Logit 模型的回归结果分别是 -0.056*** 与 -0.058***。在家庭收入方面 Probit 模型与 Logit 模型的回归结果分别是 0.019*** 与 0.021***；在家庭资产方面 Probit 模型与 Logit 模型的回归结果分别是 0.068*** 与 0.075***；在负债方面 Probit 模型与 Logit 模型的回归结果分别是 0.031*** 与 0.030***；在东部方面 Probit 模型与 Logit 模型的回归结果分别是 0.005 与 0.004；在西部方面 Probit 模型与 Logit 模型的回归结果分别是 0.002 与 0.002；在户籍方面 Probit 模型与 Logit 模型的回归结果分别是 0.068*** 与 0.075***。R^2 值分别是为 0.358 与 0.357。

从上述分析结果能够看出，两种模型的回归结果基本保持一致，并且都在 1% 水平上显著。根据 Probit 模型的回归结果来进行分析，如果不考虑其他控制变量，可以看出数字普惠金融的发展能够促使一个家庭参与风险金融市场的意愿得到提升。在加入一些其他控制变量之后，显示数字普惠金融发展对提升一个家庭参与金融风险市场的意愿边际效应有所下降，但仍具有显著性，后续加入其他的特征变量之后，拟合度不断加强，说明数字普惠金融发展能够显著提升一个家庭参与风险金融市场的意愿。数字普惠金融的发展可以通过不同的方式或路径对城乡居民产生作用，如信息传播、产品创新等，从而促使一个家庭的信息处理能力得到提升，还能使一个家庭获得风险金融市场服务的可能性得到提升，这样就能对一个家庭参与风险金融市场的意愿产生一定影响。

除此之外，其他控制变量也对家庭参与风险金融市场的意愿产生了影响。根据最终的回归结果可以看出，性别所产生的影响具有负向作用，这一方面可能与我国各个家庭男性需要支撑家庭、面临较大压力等方面原因相关。年龄方面的回归结果显示，在年轻阶段时一个家庭具有强烈的参与风险金融市场的意愿，随着年龄的增长整体呈现出倒 U 型的发展趋势。之所以会出现这种现象，与一个家庭随着年龄增长养老金需求增加及我国养老体系尚不完善等方面相关。在健康方面，最终结果显示健康会对家庭参与风险金融市场意愿产生影响，并且在 1% 显著水平上显著，因此健康能够产生正向的促进作用。从受教育年限方面来看，最终回归结果显示受教育年限具有正向影响，而且在 1% 显著水平上显著，反映出随着受教育年限的增加，城乡居民的综合素质会得到一定程度提升，此时就会使一个家庭参与风险金融市场的参与率提高。另外，风险偏好和风险厌恶都在 1% 显著水平上显著，同时前者具有正向作用，后者具有负向作用，充分反映风险态度能够影响一个家庭参与风险金融市场的意愿，并且是所有影响因素中的重要因素之一。家庭资产和家庭收入也是重要影响因素，回归结果显示两者的系数都在 1% 显著水平上显著，充分说明如果一个家庭收入与积累的财富越多，那么其参与风险金融的意愿就会越强。负债的最终结果显示其会对家庭参与风险市场意愿产生负向效应，城市户籍能够产生正向效应，原因在于两者都会影响一个家庭的风险态度及信息处理能力；地区因素所产生的影响不显著，但是系数为正。

四、数字普惠金融发展对城乡居民风险金融资产配置程度的影响

通过 Tobit 模型与 OLS 模型进行回归之后，最终的结果如下：

在变量为数字金融发展时，Tobit 模型与 OLS 模型的回归结果分别是 0.886*** 与 0.490***，R^2 值分别为 0.115 与 0.059。

在加入性别、年龄、健康、受教育年限、风险偏好、风险厌恶变量之后，在数字金融发展方面 Tobit 模型与 OLS 模型的回归结果分别是 0.590*** 与 0.348***；在性别方面 Tobit 模型与 OLS 模型的回归结果分别是 –0.014*** 与 –0.007***；在年龄方面 Tobit 模型与 OLS 模型的回归结果分别是 0.007*** 与 0.005***；在年龄平方方面 Tobit 模型与 OLS 模型的回归结果分别是 –0.00005*** 与 –0.00004***；在健康方面 Tobit 模型与 OLS 模型的回归结果分别是 0.038*** 与 0.009***；在受教育年限方面 Tobit 模型与 OLS 模型的回归结果分别是 0.017*** 与 0.015***；在风险偏好方面 Tobit 模型与 OLS 模型的回归结果分别是 0.040*** 与 0.053***；在风险厌恶方面 Tobit 模型与 OLS 模型的回归结果分别是 –0.069*** 与 –0.038***。R^2 值分别是为 0.238 与 0.134。

在加入家庭收入、家庭资产、负债、东部、西部、户籍变量之后，在数字金融发展方面 Tobit 模型与 OLS 模型的回归结果分别是 0.174*** 与 0.195***；在性别方面 Tobit 模型与 OLS 模型的回归结果分别是 −0.007** 与 −0.005**；在年龄方面 Tobit 模型与 OLS 模型的回归结果分别是 0.002*** 与 0.003***；在年龄平方方面 Tobit 模型与 OLS 模型的回归结果分别是 −0.00001** 与 −0.00002**；在健康方面 Tobit 模型与 OLS 模型的回归结果分别是 0.013*** 与 0.004***；在受教育年限方面 Tobit 模型与 OLS 模型的回归结果分别是 0.006*** 与 0.010***；在风险偏好方面 Tobit 模型与 OLS 模型的回归结果分别是 0.032*** 与 0.052***；在风险厌恶方面 Tobit 模型与 OLS 模型的回归结果分别是 −0.051*** 与 −0.031***。在家庭收入方面 Tobit 模型与 OLS 模型的回归结果分别是 0.017*** 与 0.005***；在家庭资产方面 Tobit 模型与 OLS 模型的回归结果分别是 0.029*** 与 0.012***；在负债方面 Tobit 模型与 OLS 模型的回归结果分别是 0.016*** 与 0.002***；在东部方面 Tobit 模型与 OLS 模型的回归结果分别是 0.0030 与 0.0004；在西部方面 Tobit 模型与 OLS 模型的回归结果分别是 0.0005 与 0.0035；在户籍方面 Tobit 模型与 OLS 模型的回归结果分别是 0.066*** 与 0.035***。R^2 值分别是为 0.326 与 0.161。

从上述分析结果能够看出，两种模型的回归结果，数字普惠金融发展系数始终为正数。同时，在逐渐加入一些控制变量之后，模型的拟合度不断增加，没有对数字普惠金融发展所产生的显著性影响产生任何影响，这反映出数字普惠金融的发展对家庭风险金融资产配置程度具有显著的促进作用。在其他控制变量方面，对风险进行资产配置程度产生正向影响的控制变量主要有年龄、受教育年限、家庭收入、家庭资产、风险偏好、城市户籍与健康等方面，产生负向影响的变量主要包括性别、负债与风险厌恶。另外，地区因素的影响不显著。

五、机制分析

（一）金融素养的中介效应

金融素养是城乡居民个体对金融知识掌握及处理金融方面问题的重要体现。通常情况下，一个人的金融素养越高，那么其参与风险市场配置的可能性就越高。这里通过利率计算、股票基金风险判断及通胀理解 3 个方面来进行金融素养的分析。根据这 3 个问题得到 6 个变量，并且采用因子分析法来得出金融素养指标，最终通过因子分析法得出的结果如下：

利率计算变量 KMO 检验结果为 0.7435，利率理解变量结果为 0.7458，通胀计算检验结果为 0.6034，通胀理解检验结果为 0.7106，投资风险计算检验结果为 2.7441，投资风险理解检验结果为 0.6123，平均为 0.6723。

在上述结果中，如果最后得出的结果大于 0.6，就表明这一变量适合做因子分析。然后按照累计贡献率大于 80% 的原则，选择利率计算和利率理解两个变量来衡量金融素养，同时对金融素养指标进行旋转，然后进行加权，得出总金融素养测度指标，并且给出相应的取值范围，取值越大表明金融素养越高。

下面是金融素养的中介效应检验结果：

在变量为数字普惠金融发展时，参与意愿方面的检验结果为 0.197***，配置程度方面的检验结果为 0.174***，金融素养方面的检验结果为 1.248***。在加入变量家庭金融素养之后，数字普惠金融发展参与意愿方面的检验结果为 0.181***，配置程度的检验结果为 0.156***；家庭金融素养参与意愿的检验结果为 0.0323***，配置程度检验结果为 0.211***。

从上述检验结果能够看出，在参与意愿方面，数字普惠金融发展对家庭金融素养能够产生促进作用，同时在加入家庭金融素养这一变量之后，数字普惠金融发展对参与意愿的系数为 0.181，相较于未加入家庭金融素养这一变量时系数有一定程度下降，同时这一结果在 1% 显著水平上显著。在配置程度方面，结果显示家庭金融素养本身所产生的中介效应都具有显著性。总体上看，家庭金融素养在数字普惠金融发展作用于资产配置方面具有重要的中介作用。数字普惠金融是在数字技术的支撑下快速发展起来的，能够通过加快传播和引导来促使城乡居民的金融素养水平得到一定程度提升，而城乡居民金融素养的提升能够促使城乡居民本身处理金融信息问题的能力得到加强，这样就会对一个家庭风险金融资产配置产生影响。

（二）信息渠道的中介效应

数字普惠金融的发展能够使城乡居民的信息获取途径得到一定程度拓宽。关于信息渠道中介效应的估计结果如下所示：

在变量为数字普惠金融发展时，参与意愿方面的检验结果为 0.197***，配置程度方面的检验结果为 0.174***，信息渠道方面的检验结果为 0.100***。在加入变量信息渠道之后，数字普惠金融发展参与意愿方面的检验结果为 0.186***，配置程度的检验结果为 0.163***；信息渠道参与意愿的检验结果为 0.178***，配置程度检验结果为 0.125***。

从这一结果能够得出，数字普惠金融的发展在信息渠道方面所产生的作用系数为 0.100，同时在 1% 显著水平上显著，反映出数字普惠金融发展能够在一定程度上促进城乡居民的信息获取。在加入变量信息渠道之后，数字普惠金融发展最终得出的系数依然具有显著性，充分反映出信息渠道是一种数字普惠金融发展作用于家庭风险金融市场意愿的中介变量之一。从家庭风险金融资产配置程度方面来看，最终的检验结果说明，信息渠道在这一方面存在中介效应，是数字普惠金融发展作用于家庭风险金融资产配置程度的重要中介变量。数字普惠金融的发展使城乡居民的金融信息收集和处理能力得到加强，也使一个家庭获取各种金融信息的途径得到拓宽，为一个家庭参与风险金融市场提供了更多的信息支持，从而影响一个家庭风险金融资产配置的整体情况。

六、稳健性回归

（一）面板数据回归

在面板数据回归方面，主要使用了 2018 年和 2020 年的面板数据来替代截面数据进行回归，以此来消除因为遗漏变量所产生的内生性问题。最终得出的回归结果如下所示：

在变量数字普惠金融发展中，风险金融市场参与意愿值为 0.716***，风险金融资产配置程度为 0.221***。

在变量性别中，风险金融市场参与意愿值为 –0.237***，风险金融资产配置程度为 –0.117***。

在变量年龄中，风险金融市场参与意愿值为 0.044**，风险金融资产配置程度为 0.016***。

在年龄平方中，风险金融市场参与意愿值为 –0.000***，风险金融资产配置程度为 –0.000***。

在变量健康中，风险金融市场参与意愿值为 0.402***，风险金融资产配置程度为 0.146***。

在变量受教育年限中，风险金融市场参与意愿值为 0.128***，风险金融资产配置程度为 0.046***。

在变量风险偏好中，风险金融市场参与意愿值为 0.795***，风险金融资产配置程度为 0.298***。

在变量风险厌恶中，风险金融市场参与意愿值为 −1.018***，风险金融资产配置程度为 −0.425***。

在变量家庭收入中，风险金融市场参与意愿值为 0.223***，风险金融资产配置程度为 0.075***。

在变量家庭资产中，风险金融市场参与意愿值为 0.548***，风险金融资产配置程度为 0.194***。

在变量负债中，风险金融市场参与意愿值为 0.131*，风险金融资产配置程度为 −0.004。

在变量东部中，风险金融市场参与意愿值为 0.046，风险金融资产配置程度为 0.022。

在变量中西部中，风险金融市场参与意愿值为 0.016，风险金融资产配置程度为 0.004。

在变量户籍中，风险金融市场参与意愿值为 0.147***，风险金融资产配置程度为 0.401***。

R^2 值在风险金融市场参与意愿方面值为 0.324，在风险金融资产配置程度方面为 0.351。

从上述统计结果能够看出，数字普惠金融发展在风险金融市场参与意愿方面的系数为 0.716，在风险金融资产配置程度方面的系数为 0.221，并且两者都在 1% 水平上显著。因此这一结果充分说明，数字普惠金融的发展对家庭进行风险金融资产配置的影响为正，并且具有显著性，说明检验结果稳健。

（二）更换解释变量

在这部分内容中主要使用了 2020 年的数据，并且以县域为区域划分，选择了相应变量来对县域数字普惠金融的发展水平进行定义，替换原有的主要解释变量，从而进一步检验稳健性。这些变量主要包括互联网理财、网络借贷、网络购物及第三方支付等方面。最终的检验结果如下所示：

在变量数字普惠金融发展中，风险金融市场参与意愿值为 0.217***，风险金融资产配置程度为 0.183***。

在变量性别中，风险金融市场参与意愿值为 –0.008***，风险金融资产配置程度为 –0.007***。

在变量年龄中，风险金融市场参与意愿值为 0.003**，风险金融资产配置程度为 0.002***。

在年龄平方中，风险金融市场参与意愿值为 –0.00002**，风险金融资产配置程度为 –0.00001**。

在变量健康中，风险金融市场参与意愿值为 0.018***，风险金融资产配置程度为 0.012**。

在变量受教育年限中，风险金融市场参与意愿值为 0.009***，风险金融资产配置程度为 0.007***。

在变量风险偏好中，风险金融市场参与意愿值为 0.045***，风险金融资产配置程度为 0.034***。

在变量风险厌恶中，风险金融市场参与意愿值为 –0.063***，风险金融资产配置程度为 –0.054***。

在变量家庭收入中，风险金融市场参与意愿值为 0.019***，风险金融资产配置程度为 0.017***。

在变量家庭资产中，风险金融市场参与意愿值为 0.034***，风险金融资产配置程度为 0.029***。

在变量负债中，风险金融市场参与意愿值为 –0.017***，风险金融资产配置程度为 –0.017***。

在变量东部中，风险金融市场参与意愿值为 0.005，风险金融资产配置程度为 –0.003。

在变量中西部中，风险金融市场参与意愿值为 0.002，风险金融资产配置程度为0.001。

在变量户籍中，风险金融市场参与意愿值为0.074***，风险金融资产配置程度为0.067***。

R^2 值在风险金融市场参与意愿方面值为0.359，在风险金融资产配置程度方面为0.326。

从上述结果能够看出，数字普惠金融的发展无论是在家庭风险金融市场参与意愿方面还是在风险金融资产配置程度方面，都具有显著性影响，同时也都在1%水平上显著，充分验证了结果的稳健性。

（三）剔除贫困户家庭

为了避免样本选择偏误对最终结果所产生的影响，选择剔除贫困户家庭，然后进行回归检验。这是因为对于任何一个家庭而言，家庭财富和收入都是风险金融资产配置的重要基础支撑，而贫困户家庭由于自身的原因往往不会进行风险金融资产配置。所以，在这部分内容中剔除了贫困户家庭观测样本，然后在此基础上再次进行数据回归分析，最终结果如下所示：

在变量数字普惠金融发展中，风险金融市场参与意愿值为0.217***，风险金融资产配置程度为0.183***。

在变量性别中，风险金融市场参与意愿值为-0.009***，风险金融资产配置程度为-0.007***。

在变量年龄中，风险金融市场参与意愿值为0.002**，风险金融资产配置程度为0.002***。

在年龄平方中，风险金融市场参与意愿值为-0.00002**，风险金融资产配置程度为-0.00001**。

在变量健康中，风险金融市场参与意愿值为0.018***，风险金融资产配置程度为0.010**。

在变量受教育年限中，风险金融市场参与意愿值为0.009***，风险金融资产配置程度为0.007***。

在变量风险偏好中，风险金融市场参与意愿值为0.045***，风险金融资产配置程度为0.034***。

在变量风险厌恶中，风险金融市场参与意愿值为 –0.063***，风险金融资产配置程度为 –0.054***。

在变量家庭收入中，风险金融市场参与意愿值为 0.020***，风险金融资产配置程度为 0.018***。

在变量家庭资产中，风险金融市场参与意愿值为 0.034***，风险金融资产配置程度为 0.029***。

在变量负债中，风险金融市场参与意愿值为 –0.017***，风险金融资产配置程度为 –0.016***。

在变量东部中，风险金融市场参与意愿值为 0.005，风险金融资产配置程度为 0.003。

在变量中西部中，风险金融市场参与意愿值为 0.002，风险金融资产配置程度为 0.001。

在变量户籍中，风险金融市场参与意愿值为 0.075***，风险金融资产配置程度为 0.068***。

R^2 值在风险金融市场参与意愿方面值为 0.341，在风险金融资产配置程度方面为 0.309。

从上述结果可以看出，数字普惠金融整体发展水平对参与意愿和资产配置都有促进作用，并且这一作用具有显著性，说明回归结果是稳健的。

（四）内生性分析

在本次实证分析中，被解释变量数字普惠金融发展可能存在内生性问题，并且可能是因为以下两方面原因导致：一是互为因果。家庭对风险金融市场服务的需求存在使数字普惠金融发展产生变化的可能。比如，某个地区的家庭有风险金融产品方面的需求，并且这一需求随着时间的推移不断变大，此时与之相关联的数字普惠金融服务使用深度就会得到一定程度的提升，从而使这一区域的数字普惠金融发展水平不断提高。二是遗漏变量。无论是数字普惠金融的发展还是家庭参与风险金融市场都必然会受到各个方面因素的影响，比如当地的文化、习俗及当地家庭的理财习惯等方面，但是这些影响因素往往难以进行观测与衡量。所以，在下面内容中将家庭所在的县域非农业人口占比作为数字普惠金融发展的工具变量来进行估计。原因在于：第一，某一地区的非农人口占比越高，那么说明该地区的经济发展水平越高，同时说明这一地区的数字普惠金融发展水平越高，所以数字普惠金融的发展和县域非农人口占比紧密相关。第二，非农人口占比和家庭风险金融资产配置没有形成直接关系。因此，在这里将非农人口占比作为内生性检验的工具变量，具有一定合理性和科学性。

最终的回归结果如下所示：

在变量数字普惠金融发展中，风险金融资产配置行为 Probit 值为 0.090***，风险金融资产配置行为 Tobit 值为 0.447***。

在变量性别中，风险金融资产配置行为 Probit 值为 –0.002***，风险金融资产配置行为 Tobit 值为 –0.013***。

在变量年龄中，风险金融资产配置行为 Probit 值为 0.004***，风险金融资产配置行为 Tobit 值为 0.033***。

在年龄平方中，风险金融资产配置行为 Probit 值为 –0.000**，风险金融资产配置行为 Tobit 值为 –0.000**。

在变量健康中，风险金融资产配置行为 Probit 值为 0.021***，风险金融资产配置行为 Tobit 值为 0.069。

在变量受教育年限中，风险金融资产配置行为 Probit 值为 0.012***，风险金融资产配置行为 Tobit 值为 0.062***。

在变量风险偏好中，风险金融资产配置行为 Probit 值为 0.050***，风险金融资产配置行为 Tobit 值为 0.214***。

在变量风险厌恶中，风险金融资产配置行为 Probit 值为 –0.069***，风险金融资产配置行为 Tobit 值为 –0.457***。

在变量家庭收入中，风险金融资产配置行为 Probit 值为 0.029***，风险金融资产配置行为 Tobit 值为 0.192***。

在变量家庭资产中，风险金融资产配置行为 Probit 值为 0.025***，风险金融资产配置行为 Tobit 值为 0.145***。

在变量负债中，风险金融资产配置行为 Probit 值为 –0.023***，风险金融资产配置行为 Tobit 值为 –0.142***。

在变量东部中，风险金融资产配置行为 Probit 值为 0.035，风险金融资产配置行为 Tobit 值为 0.085。

在变量中西部中，风险金融资产配置行为 Probit 值为 0.026，风险金融资产配置行为 Tobit 值为 0.032。

在不可识别检验方面，风险金融资产配置行为 Probit 值为 24.39***，风险金融资产配置行为 Tobit 值为 22.27***。

在一阶段估计 F 值方面，风险金融资产配置行为 Probit 值为 25.61，风险金融资产配置行为 Tobit 值为 23.97。

在工具变量 T 值方面，风险金融资产配置行为 Probit 值为 10.85，风险金融资产配置行为 Tobit 值为 10.91。

在残差相关性方面，风险金融资产配置行为 Probit 值为 −0.466***，风险金融资产配置行为 Tobit 值为 −0.393***。

从回归结果可以看出，在一阶段 F 值方面最终的结果分别为 25.61 和 23.97，超过了临界值 16.3，反映出不存在弱工具变量问题。同时，不可识别检验最终结果分别是 24.39 和 22.27，说明工具变量和内生变量强相关。另外，数字普惠金融的发展无论是对参与意愿还是配置水平都产生了显著性的正向影响，进一步验证了这一结果具有稳健性。

七、异质性分析

从前述内容的分析结果能够看出，数字普惠金融发展会对家庭风险资产配置行为产生积极的影响，但需要注意的是，这一结果是在全国样本的平均观察基础之上所得。在下面的内容中，将会进一步分析这种促进作用对不同群体与不同地区之间所产生的影响是否存在区别，然后在家庭异质性、户主特征异质性等方面对上述内容所得出的结果进行深入分析。下面的内容中主要提供了主要自变量的结果。

（一）户主特征异质性分析

1.教育程度差异

对于任何一位城乡居民而言，由于其本身受教育程度及所掌握的金融知识存在一定差异，因此不同的城乡居民在对金融知识接受和处理能力方面也会存在不同。所以，学历是影响一个家庭参与风险市场的重要影响因素之一。对于任何一个家庭而言，户主的受教育程度存在差异，就会导致家庭的风险资产占比与其他家庭存在较大差异。为了考察不同教育程度基础上数字普惠金融发展对资产配置所带来的影响，将受教育程度分为初中以上和初中以下两个部分，并且在保持其他控制变量不变的情况下进行了回归分析，最终结果如下所示：

在变量为数字普惠金融发展时，在风险金融市场参与意愿方面，初中以下学历的家庭值为0.081***，初中以上学历的家庭值为0.302***；在风险金融资产配置程度方面，初中以下学历的家庭值为0.185***，初中以上学历的家庭值为0.247***。

从这一结果可以看出，无论受教育程度属于哪种水平，数字普惠金融的发展对家庭风险金融资产配置行为都带来了正向显著影响，并且都在1%水平上显著，但是也能够看出不同的受教育程度所产生的边际效用存在差异。在风险金融市场参与意愿方面，数字普惠金融的发展对初中以上的家庭具有显著性影响；在资产配置程度上，数字普惠金融发展也对初中以上家庭具有显著性影响。之所以会出现这一情况，可能原因在于受教育程度在初中以上的家庭往往在金融方面掌握了较多的基础知识，同时拥有较强的综合能力，因此接受新鲜事物的能力较强，这样就导致数字普惠金融发展能够为这样的家庭带来更多参与风险金融市场的渠道。

2. 年龄差异

一个家庭的户主年龄往往能够反映出这个家庭正处于哪个发展阶段，同时处于不同发展阶段中的家庭具有不同的财富收入情况，在风险承担能力方面也会存在较大差异，因此户主年龄会对金融资产配置行为产生不同程度的影响。在这一部分内容中，主要划分为3个阶段来进行回归分析，具体为20岁到40岁阶段、41岁到60岁阶段、61岁到80岁阶段。最终的回归结果如下所示：

在变量为数字普惠金融发展时，在风险金融市场参与意愿方面，20岁到40岁阶段的家庭值为0.240***，41岁到60岁阶段的家庭值为0.154***，61岁到80岁阶段的家庭值为0.253***；在风险金融资产配置程度方面，20岁到40岁阶段的家庭值为0.196***，41岁到60岁阶段的家庭值为0.097***，61岁到80岁阶段的家庭值为0.313***。

从上述结果可以看出，数字普惠金融的发展对家庭风险资产配置所产生的影响呈现一定规律，具体为：处于 20 岁到 40 岁阶段及处于 61 岁到 80 岁阶段的家庭，受数字普惠金融发展的影响最为明显，并且 61 岁到 80 岁这一阶段所受到的影响程度最深，41 岁到 60 岁这一阶段的家庭受到的影响程度最小。造成这一情况的原因可能是 61 岁到 80 岁的老年群体具有较高的家庭资产，同时在各个方面的压力相较于其他年龄段的家庭有一定程度的缓解，所以数字普惠金融的发展为这一群体接触风险金融市场提供了更多的可能，这一年龄段的家庭会受数字普惠金融发展的较大影响。而 20 岁到 40 岁的青年群体有着极强的新鲜事物接受能力，并且处于这一阶段的家庭，无论是在家庭收入还是财务方面都处于快速增长的阶段，并且没有较大的养老和抚养下一代负担，这样就使数字普惠金融发展对这一年龄段的家庭产生较大的影响。而对处于 41 岁到 60 岁的中年群体来说，由于需要面对各方面的压力，如扶养老人，为下一代准备结婚、房子等，这些都会导致数字普惠金融的发展对其产生的影响较低。

（二）家庭特征异质性分析

1. 收入差异

由于考虑到收入水平所产生的影响，因此在此次异质研究分析中根据家庭收入进行了四等分，并且对低收入和高收入家庭进行了定义，然后以此为基础将数字普惠金融发展对家庭风险资产配置所产生的影响进行回归分析，最终结果如下：

在变量为数字普惠金融发展时，在风险金融市场参与意愿方面，低收入的家庭值为 0.0083 与 0.0840**，高收入的家庭值为 0.260** 与 0.553***；在风险金融资产配置程度方面，低收入的家庭值为 0.091* 与 0.230**，高收入的家庭值为 0.182*** 与 0.321***。

从这些结果可以发现，数字普惠金融的发展对不同收入情况的家庭，无论是在参与意愿方面还是在配置程度方面都产生了显著性的正向影响。同时，数字普惠金融发展对高收入家庭所产生的影响更加明显。主要原因在于：第一，高收入家庭在促进自身资产得到保值及增值方面具有更为强烈的需求，并且高收入家庭在信息处理及资源掌握方面都具有较强的能力。第二，通常情况下，高收入家庭意味着该家庭的成员具备较高的综合素质，因此高收入家庭往往能够更好地去认知和掌握新事物。所以，在数字普惠金融发展过程中不仅能够为这些高收入家庭提供更多的投资渠道，同时高收入家庭也会充分利用数字普惠金融的发展来进行风险金融资产配置。

2. 负债差异

负债对于任何家庭而言都会对家庭的未来资产分配产生影响，从而影响到一个家庭风险金融资产的配置。在这部分内容中对样本中有无负债的家庭进行分组，然后以此为基础观察数字普惠金融发展对只有一部分负债家庭所带来的影响，具体结果如下：

在变量为数字普惠金融发展时，在风险金融市场参与意愿方面，有负债的家庭值为 0.090***，无负债的家庭值为 0.246***；在风险金融资产配置程度方面，有负债的家庭值为 0.264***，无负债的家庭值为 0.442***。

从这一结果可以发现，数字普惠金融发展无论是对有负债家庭，还是对无负债家庭都有显著性影响，并且这些影响都是正向影响。但是在有负债家庭方面，数字普惠金融的发展对这些家庭的参与意愿及资产配置的边际效用远远低于无负债家庭，反映出数字普惠金融的发展会对无负债家庭产生更为明显的影响。这一点和家庭收入及家庭资产等方面的规律基本一致。

（三）地区特征的异质性分析

1. 城乡差异

我国城市和农村地区存在较大差异，其中我国城市地区各个方面的发展速度较农村地区都相对较快，导致我国农村地区居民无论是在收入方面还是在生活配套等方面相较于城市地区都相对落后，所以在这部分内容中主要对城市家庭和农村家庭进行区分，在此基础上对数字普惠金融发展所带来的影响进行分析，最终结果如下：

在变量为数字普惠金融发展时，在风险金融市场参与意愿方面，城市的家庭值为 0.524***，农村的家庭值为 0.0363*；在风险金融资产配置程度方面，城市的家庭值为 0.310***，农村的家庭值为 0.0670*。

上述结果反映出，数字普惠金融的发展无论对城市地区还是农村地区都存在显著影响，但是由于我国城市地区具有更为完善的基础建设，并且城市家庭的综合素质更高，使城市家庭所受到的影响更为显著。我国的农村地区一是由于受到各种地区因素的影响，如网络建设不完善、经济发展水平较低等，导致大部分农村家庭对数字普惠金融没有深刻的认识和较深的使用程度。二是由于我国农村地区家庭由于受到自身因素的影响，金融素养水平较低，对各种数字产品无法熟练使用，这就导致我国农村地区家庭受到数字普惠金融发展的影响较弱，特别是风险金融资产配置方面所受到的影响更小。

2. 地区差异

考虑到我国不同地区发展水平存在的差异，在这部分内容中将数据样本分为东部经济带和中西部经济带来进行分析，最终结果如下：

在变量为数字普惠金融发展时，在风险金融市场参与意愿方面，东部的家庭值为 0.235***，中西部的家庭值为 0.160***；在风险金融资产配置程度方面，东部的家庭值为 0.192***，中西部的家庭值为 0.175***。

从上述结果能够看出，我国东部经济带在两个方面受数字普惠金融发展的影响更加显著。同时，我国东部经济带在两方面的边际效用超过了中西部经济带，特别是在参与意愿方面，东部经济带和中西部经济带的边际效应具有更大差距，表明我国东部经济带更容易受到数字普惠金融发展的影响。主要原因在于数字普惠金融的发展为东部经济带的群体提供了更多参与风险金融市场的渠道，从而促使这部分家庭无论是在参与意愿还是在配置程度方面都得到一定程度提升。

第三节　主要结论与建议

一、主要结论

居民家庭风险金融资产配置和我国整体经济发展紧密相关，这是因为家庭作为社会的基本单位的同时也是金融市场的参与主体。通常情况下，家庭金融资产配置行为会受到各方面因素的影响。从目前的实际情况来看，关于我国居民家庭风险金融资产配置进行的研究已经较为详尽，并且这些研究中已经有部分研究证明了数字普惠金融的发展对家庭风险金融资产配置会产生一定影响，但是极少有研究更加深入地验证不同影响渠道的作用机制。在本章内容中，通过相关数据与北京大学数字普惠金融发展指数去衡量各个地区的数字金融发展水平，然后从宏观层面和微观层面，对数字普惠金融发展及家庭风险金融资产配置等方面进行了分析，最终得出以下结论。

第一，数字普惠金融的发展在提升家庭参与风险金融市场意愿方面具有显著作用，同时也能够有效提升家庭风险金融资产配置。这一结果充分反映出数字普惠金融的发展能够补足传统金融市场存在的不足，从而促使金融市场与家庭形成交流通道，进而产生推动家庭风险金融资产配置的正向作用。数字普惠金融的快速发展使金融机构在提供金融产品和金融服务的过程中成本降低，同时也使家庭参与风险金融市场的门槛降低、金融服务范围得到拓展，为不同家庭参与风险金融市场提供了更多可能。另外，数字普惠金融的发展使我国居民的信息处理能力与搜集能力得到有效提升，从而进一步改变了我国居民对金融风险的态度，使很多家庭改变了自身原来的风险资产配置计划和行为。

第二，金融素养和信息渠道在促进家庭风险金融资产配置方面具有显著的中介效应，为我国家庭提供了新的作用渠道，比如数字普惠金融的发展使居民的金融素养得到提升，然后改变家庭的风险金融资产配置；再比如数字普惠金融的发展使信息渠道得到拓展，然后使家庭风险金融资产配置行为得以改变。一方面，金融素养是一个家庭在风险金融资产配置方面的关键影响因素之一，而数字普惠金融在发展过程中会在更大范围内更加快速地传播金融知识，这样就能够促使更多家庭接触和了解金融知识，增强更多家庭的金融资产保值和增值意识，从而使家庭成员的金融素养得到提升，进而对家庭风险金融资产配置产生影响。另一方面，数字普惠金融的发展是建立在各种先进信息技术发展基础上的，如互联网技术、大数据技术等，这些技术的发展与应用有效缓解了信息不对称问题，拓展了信息渠道，使更多家庭的信息处理能力得到提升，并且改善了自身的金融市场认知，从而改变自身的风险金融资产配置。

第三，数字普惠金融发展对中老年群体、受教育程度较高的群体及有较高收入的群体带来的影响更为显著；在城市和农村方面，数字普惠金融所带来的影响在城市方面更为显著；在东部和中西部经济带，数字普惠金融发展所带来的影响在东部经济带更为显著。首先，传统金融服务往往会排斥中老年群体，认为这部分群体存在的风险更大。但是从实际情况来看，这部分群体除有较大的养老需求外，无论是家庭资产还是家庭收入相较于其他年龄段的群体都更多，同时这一群体有更多的支配时间，所以随着数字普惠金融的发展，为这一群体提供了更多接触风险金融市场的机会。其次，无论是受教育程度高的家庭还是收入较高的家庭，相较于其他类型的家庭往往会更加重视自身资产的保值和增值，并且在风险金融投资方面具有更加激进的态度，而数字普惠金融的发展为这一部分家庭提供了更多的途径，所以这部分家庭也更加容易受到数字普惠金融发展的影响。最后，不同的地理位置与不同的家庭实力会影响到家庭风险金融资产配置。从上述分析结果能够看出，我国东部经济带由于基础设施建设和市场经济都较为发达，因此东部经济带的家庭相较于中西部经济带的家庭更加容易受到数字服务普惠发展的影响。

二、对策建议

中国人民银行的相关数据调查显示，截至 2020 年末我国居民家庭资产主要以不动产为主，其中住房资产占家庭总资产的 80% 以上，而金融资产所占比例较低，只有不到 20%。同时，我国居民家庭金融资产往往更喜欢选择无风险金融资产，这一结果与本章所得出的结果一致。当前在我国提出"房住不炒"和促使金融市场快速发展的大背景下，我国居民家庭资产配置仍然存在较多不合理的情况，如在风险市场方面参与较少，这在一定程度上抑制了我国居民家庭财富的增加，同时也影响了我国经济社会的发展。针对这些问题，提出以下几方面建议。

（一）扩大数字普惠金融服务范围

从前文内容可知，我国数字普惠金融的发展弥补了传统金融市场存在的不足，并且在服务原本被传统金融市场排斥的群体方面有更大的优势，使我国金融服务效用得到强化。当前，要想使数字普惠金融推动我国家庭金融资产配置，需要通过以下几个方面来实现：第一，在当前需要加强互联网基础设施的建设，其中不仅包含硬件设施建设，同时也包含软件设施建设，这样才能够促使数字普惠金融在发展过程中更好地深入广大人民群众，为后续数字普惠金融的应用扩大提供更多的支撑。第二，在当前必须更加重视数字普惠金融的简单性和适用性。很多家庭对新鲜事物接受度较低，并且在理解方面也较为困难，所以在当前必须对数字普惠金融所提供的金融产品进行简化，这样能够帮助数字普惠金融在广大人民群众中有更好的应用程度。第三，在当前必须大力宣传数字普惠金融的概念及使用，以此来促使我国居民对数字普惠金融的认知度得到提升。

（二）提升数字普惠金融客户导向

从前文所得到的回归结果可以发现，年龄、家庭收入、地区因素及受教育程度等方面对数字普惠金融发展所产生的影响存在较为明显的差异，所以目前我国必须做好市场调查，描绘更为清晰的客户画像，充分以客户真实需求为自己的业务发展导向，为更多客户提供更加丰富多样的金融产品与服务。通过这样的过程不仅能够充分满足当前我国家庭金融资产配置方面的实际需求，同时还能够使用户黏性得到进一步加强。另外，我国的数字普惠金融服务主体还要对不同的客户群体进行深入研究，从而得出不同客户群体的特征，向不同客户群体推荐与客户特征相适应的金融产品。同时，数字普惠金融服务主体还要不断提升自身在投资风险把控方面的能力，为那些对风险金融投资持保守态度的家庭提供更为高效且安全的投资环境，以此来促使更多家庭能够使用数字普惠金融。

（三）提升家庭金融素养教育

数字普惠金融的快速发展尽管带来了诸多正面影响，但是其中也有部分家庭居民没有完全适应。因此在当前，居民在面对数字普惠金融快速发展的过程中必须转变自身的投资理念与习惯，通过持续的学习来使自身的金融素养得到提升。与此同时，居民本身还需要在日常生活中通过各种方式丰富自身的金融知识，提升自己金融信息的收集能力及投资能力。对我国政府而言，应当在当前的环境下投入更多资金与人力普与金融素养教育，加大金融教育的宣传力度，从而为居民个人学习金融方面的知识提供更多平台支撑，并且营造更好的学习氛围。对金融机构而言，在当前需要增强自身在风险认知能力方面的培训，要能够对客户进行关于数字金融产品的全面介绍，从而提升用户的金融产品认知。

（四）增强数字普惠金融对农村家庭的支持力度

从前文的分析结果已经得出，数字普惠金融对农村家庭风险金融资产配置行为会产生显著性影响，尤其是农村家庭所受到的影响要低于城市地区。从实际情况看，大部分农村家庭由于自身经济条件的限制及对数字普惠金融认识的模糊，导致我国农村家庭风险金融资产占比较低。因此，在目前需要加大数字普惠金融知识在农村地区的普及力度，同时要完善农村地区的基础设施。具体来看：第一，政府需要加大政策倾斜力度，鼓励和引导更多数字普惠金融主体能够深入农村去开发与农村家庭相适应的金融产品，从而增强农村家庭对数字普惠金融产品的认可度。第二，数字普惠金融主体需要结合自身实际情况进一步提高农村地区的金融服务供给，以此来促进农村家庭的金融需求得到增长。

参考文献

蔡桂云，聂祎卉，隋鹏昌．数字普惠金融对农村居民消费的影响：基于江西省的实证分析 [J].农林经济管理学报，2022，21（5）：547-554.

蔡洋萍，杨志浩，段玉婷．数字普惠金融对农村居民消费的影响研究 [J].当代农村财经，2022（10）：26-31.

陈平，王书华．数字普惠金融、数字鸿沟与多维相对贫困：基于老龄化的视角 [J].经济问题探索，2022（10）：173-190.

陈平，王书华，王小腾．数字普惠金融对多维相对贫困的影响研究：基于老龄化的视角 [J].经济问题，2022（11）：36-43.

高康，何蒲明，陈银娥．数字普惠金融如何"循序渐进"推动城乡共同富裕：来自长江经济带的证据 [J].金融发展研究，2022（10）：1-10.

葛和平，吴倩．数字普惠金融对民营经济高质量发展的影响研究 [J].经济问题，2022（11）：27-35.

耿昕．数字技术对普惠金融的促进和挑战探析：基于商业银行视角 [J].中国市场，2022（28）：10-12.

耿旭令，高歌，李秀婷，等．数字普惠金融促进农村居民创业研究：基于 CHFS 数据的实证分析 [J].运筹与管理，2022，31（9）：153-160.

何宏庆，陈坪．数字普惠金融对农户创业的影响研究 [J].山东工商学院学报，2022，36（5）：20-28.

胡骞文，李湛，张广财．数字普惠金融对中小企业创新投入的影响：基于企业家精神的调节效应 [J].工业技术经济，2022，41（10）：32-41.

焦青霞，刘岳泽．数字普惠金融、农业科技创新与农村产业融合发展 [J].统计与决策，2022，38（18）：71-81.

焦文庆，薛晴．数字普惠金融对中小企业融资约束影响综述 [J].中国市场，2022（29）：59-62.

居鑫悦．数字普惠金融对中国经济增长的影响研究：基于省级面板数据的实证分析

[J]. 投资与创业，2022，33（18）：10-12.

李嘉敏. 数字普惠金融的福利效应研究：基于经济、社会、生态综合视角 [J]. 中国集体经济，2022（29）：123-125.

李娜. 农村数字普惠金融与新型城市化耦合研究 [J]. 技术经济与管理研究，2022（9）：67-72.

李玉杰，邬伟娥，汪彩君，等. 数字普惠金融对于城市经济韧性的实证研究：基于长三角区域面板数据 [J]. 科技与经济，2022（5）：71-75.

李子逸，霍通. 数字普惠金融对中小微企业创新的影响探究 [J]. 长春金融高等专科学校学报，2022（5）：18-25.

栗洪伟. 数字普惠金融风险识别及控制研究 [J]. 价格理论与实践，2022（10）：1-4.

廖悦. 数字普惠金融对消费不平等的异质性影响：基于共同富裕视角 [J]. 商业经济研究，2022（19）：45-48.

刘京焕，周奎，张勇，等. 数字普惠金融、企业生命周期与技术创新 [J]. 统计与决策，2022（19）：130-134.

刘震，王亚锋. 我国移动支付发展模式与创新研究 [J]. 价格理论与实践，2022（10）：183-187.

罗鹏，王婧，陈义国. 数字普惠金融缓解城乡资本配置扭曲的效果研究 [J]. 企业经济，2022（10）：137-148.

马千，赵洪丹，陈丽爽. 数字普惠金融发展的特征、问题及对策 [J]. 廊坊师范学院学报（自然科学版），2022，22（3）：81-85.

马秋月. 中国数字普惠金融对省域经济增长的影响：基于空间计量模型的实证研究 [J]. 长春金融高等专科学校学报，2022（5）：11-17，54.

马正霖. 数字普惠金融对居民家庭收入的传导性影响：基于 CHFS（2017）的实证研究 [J]. 河北企业，2022（10）：12-16.

彭江. 支持基础设施建设 构建信用体系 提升数字普惠金融 为农业农村引入金融活水 [J]. 农村·农业·农民（A 版），2022（10）：14-15.

齐红倩，刘倩含. 数字普惠金融发展对我国居民消费不平等的影响 [J]. 经济问题探索，2022（10）：161-172.

钱水土，程洁．数字普惠金融对我国农村居民消费的影响：基于 CHFS 数据的实证研究 [J]．海南金融，2022（10）：11-21．

乔书晨，符建华．数字普惠金融对农业发展的影响研究 [J]．商业经济，2022（11）：165-166，181．

唐红梅，赵军．数字普惠金融、产业结构与包容性增长 [J]．当代经济科学，2022，44（6）：71-83．

田瑶，赵青，郭立宏．数字普惠金融与共同富裕的实现：基于总体富裕与共享富裕的视角 [J]．山西财经大学学报，2022，44（9）：1-17．

涂晓军．金融数字化转型释放数字普惠新动能 [J]．中国金融电脑，2022（10）：30-32．

王臣钦，李咏杰．江西省数字普惠金融对城乡收入差距影响的实证研究 [J]．长春金融高等专科学校学报，2022（5）：26-32．

王静雅，赵文清，杜英娜．数字普惠金融视角下如何提升农村居民的金融素养 [J]．当代农村财经，2022（10）：60-64．

王澎涵，杨有振，范瑞．数字普惠金融对中小企业投资效率的影响 [J]．河北经贸大学学报，2022，43（6）：12-25．

王亚平，魏立乾，罗剑朝．数字普惠金融发展、收入差距与农村经济增长 [J]．统计与决策，2022，38（18）：130-135．

王振华．数字普惠金融对农村居民消费与产业结构升级的影响研究 [J]．价格理论与实践，2022（10）：1-4．

吴秋丽．数字普惠金融对流通业绿色转型的促进作用 [J]．商业经济研究，2022（19）：17-20．

熊德平，黄倩．数字普惠金融、农户创业与多维相对贫困 [J]．东岳论丛，2022，43（9）：38-48，191．

徐振宇，徐超，陈昱州．空间外溢视域下数字金融影响城市居民消费的机制 [J]．南京审计大学学报，2022（5）：1-10．

杨望，魏志恒，徐慧琳．数字经济与共同富裕：基于产业数字化的路径分析 [J]．西南金融，2022（10）：19-30．

张寒蒙，张子杨，汪昌阳．以数字普惠金融助力农村振兴：基于河北省农村地区的实证研究 [J]. 保定学院学报，2022，35（5）：13–19.

张杰飞，尚建华，乔彬．数字普惠金融对绿色创新效率的影响研究：来自中国 280 个地级市的经验证据 [J]. 经济问题，2022（11）：17–26.

张梦君．数字普惠金融对商业银行信贷风险的影响：基于中国省级面板数据的分析 [J]. 上海立信会计金融学院学报，2022，34（5）：1–15.

张梓榆，令狐煜婷．数字普惠金融发展的相对消费贫困减贫效应与机制研究 [J]. 调研世界，2022（9）：20–31.

章志华，贺建风．数字普惠金融与城市绿色经济增长：基于空间溢出的研究视角 [J]. 统计学报，2022，3（5）：10–19.

周杨，耿黎，陈志伟，等．银行创新发展正当时，构建数字普惠金融新生态 [J]. 大数据时代，2022（9）：12–27.

邹静，邓晓军．数字普惠金融、金融素养和家庭收入贫困 [J]. 产业经济评论，2022（5）：70–85.

后　记

从整体上看，数字普惠金融的发展为我国的经济发展带来了诸多正面影响，但是其中也存在一些不足，所以在当前必须通过各种方式或措施来促进数字普惠金融健康发展，并且解决发展过程中存在的问题，使数字普惠金融能够在促进我国经济发展方面发挥更大作用。首先，要把握好数字普惠金融的核心价值，加强监管政策的靶向性，防止出现金融资源配置过程发生扭曲的问题。数字普惠金融对经济发展、缩小城乡差距产生的影响存在一定门槛效应，反映出并不是数字普惠金融发展程度越高越能促进经济高速发展，而是数字普惠金融应该保持一定的发展态势，这样才能够有效保障经济发展、缩小城乡差距等。因此，当前我国需要强化多元政策监管机制，以此来实现对数字普惠金融的潜在风险进行预警，防止数字普惠金融产生过度发展的问题，从而实现经济发展和数字普惠金融发展的协调统一。另外，数字普惠金融在发展过程中，不仅能够对经济高质量发展产生促进作用，同时也会带来一定风险，其中部分风险是放大了原来的风险，一些则是新的风险。所以，在当前必须建立穿透式的监管模式，加强对数字普惠金融的监管，并且要完善金融体制、机制，防止出现数字普惠金融过度发展带来的各种风险，以保障经济稳定发展。其次，要重构数字普惠金融与传统金融的互动关系，使两者实现协调发展，达到优势互补、共同发展，最终有效推动经济发展、缩小城乡差距。从本质上看，数字普惠金融是一种基于传统金融的创新，是一种建立在传统金融基础上的金融业态。同时，数字普惠金融由于充分融合了各种数字技术，实现了金融服务效率的提升，因此对传统金融产生了巨大冲击。因此在当前，必须充分结合实际情况对数字普惠金融和传统金融进行重新定位，使两者能够形成新的互动关系。尽管数字普惠金融在经济发展、缩小城乡差距等方面具有促进作用，但也导致在经济发展过程中出现了新的潜在风险。所以，在当前不能一味推动数字普惠金融的发展，而应更加合理地看待数字普惠金融和传统金融之间的关系，清晰判断传承和创新的关系，以更为长远的眼光来促使两者协调发展。同时，在当前还应该充分发挥传统金融在风险防控与配套设施构建方面的优势，以此来防范数字普惠金融所带来的各种风险，最终加速推动经济发展、缩小城乡差距等目标的实现。

　　总而言之，在当前，我国需要大力促进数字普惠金融的发展，通过数字普惠金融本身的作用来实现金融市场的健康发展，进而促使金融市场能够为我国的经济发展提供更多帮助，有效缩小我国城乡之间居民的收入差距，并且促使我国经济实现高质量发展，以期为我国未来的健康可持续发展提供更多动力。